Diálogos sem fronteira
*História, etnografia e educação
em culturas ibero-americanas*

Sandra Pereira Tosta
Gilmar Rocha
Organizadores

Diálogos sem fronteira
*História, etnografia e educação
em culturas ibero-americanas*

autêntica

Copyright © 2014 Os organizadores
Copyright © 2014 Autêntica Editora

Todos os direitos reservados pela Autêntica Editora. Nenhuma parte desta publicação poderá ser reproduzida, seja por meios mecânicos, eletrônicos, seja via cópia xerográfica, sem a autorização prévia da Editora.

EDITORA RESPONSÁVEL
Rejane Dias

EDITORA ASSISTENTE
Cecília Martins

REVISÃO DOS TEXTOS EM PORTUGUÊS
Aline Sobreira

REVISÃO DOS TEXTOS EM ESPANHOL
Fabiana Amorim

CAPA
Alberto Bittencourt
(sobre imagem de Flashworks/IstockPhoto)

DIAGRAMAÇÃO
Christiane Morais

Dados Internacionais de Catalogação na Publicação (CIP)
(Câmara Brasileira do Livro, SP, Brasil)

Diálogos sem fronteira : história, etnografia e educação em culturas ibero-americanas / organizadores Sandra Pereira Tosta, Gilmar Rocha. -- 1. ed. -- Belo Horizonte : Autêntica Editora, 2014.

Bibliografia.
ISBN 978-85-8217-485-2

1. Antropologia educacional 2. Cultura 3. Educação multicultural 4. Etnografia educacional 5. Países Ibero-americanos - Cultura I. Tosta, Sandra Pereira. II. Rocha, Gilmar.

14-09888   CDD-306.43

Índices para catálogo sistemático:
1. Antropologia educacional   306.43

GRUPO AUTÊNTICA

Belo Horizonte
Rua Aimorés, 981, 8º andar . Funcionários
30140-071 . Belo Horizonte . MG
Tel.: (55 31) 3214-5700

Televendas: 0800 283 13 22
www.grupoautentica.com.br

São Paulo
Av. Paulista, 2.073, Conjunto Nacional,
Horsa I . 23º andar, Conj. 2301 . Cerqueira César .
01311-940 . São Paulo . SP
Tel.: (55 11) 3034-4468

Sumário

7 **Apresentação**
Sandra Pereira Tosta
Gilmar Rocha

PARTE I – ANTROPOLOGIA E EDUCAÇÃO – CONSTRUINDO INTERFACES

13 La investigación educativa etnográfica en el DIE: una tradición en evolución
Gabriela Naranjo Flores

31 Antropologia da educação, teoria e metodologia: o contexto português
Ricardo Vieira

PARTE II – ANTROPOLOGIA DA EDUCAÇÃO EM PERSPECTIVA COMPARADA

51 El campo de la antropología y la educación en la Argentina: problemáticas y contextos
María Rosa Neufeld

73 Etnografia para a América Latina: um outro olhar sobre a escola no Brasil
Sandra Pereira Tosta

PARTE III – QUANDO O CAMPO É A EDUCAÇÃO

105 Cultura popular e educação na América Latina: um olhar muitos anos depois
Carlos Rodrigues Brandão

131 "Discutindo a relação": antropologia e educação a partir de uma experiência de ensino, pesquisa e orientação
Tania Dauster

149 A reeducação do antropólogo: a pedagogia da antropologia
Marco Antônio Gonçalves

PARTE IV – O COTIDIANO COMO MÉTODO

167 A caminho da escola: reflexões sobre o cotidiano como método
Gilmar Rocha

189 Cotidiano e cotidiano escolar: chaves para pesquisas sobre jovens e escola
Carla Linhares Maia

205 Um (possível) campo de pesquisa: aprender a cultura
Ana Maria Gomes

221 Aportes finais de um debate em aberto
Neusa M. M. de Gusmão

229 Os autores

Apresentação

Sandra Pereira Tosta
Gilmar Rocha

Os anos 1980 podem ser vistos como um marco histórico no processo de aproximação da antropologia com a educação, muito embora as raízes dessa relação possam ser localizadas em período mais distante. É suficiente lembrar o caso exemplar de Margaret Mead (1901-1978), que a partir dos anos 1920 realiza vários estudos etnográficos junto a diversas sociedades tradicionais, tendo a educação como objeto privilegiado de suas investigações antropológicas. Outra possibilidade, visando ampliar e aprofundar o escopo dessa relação, é o entendimento de que a educação consiste em um fenômeno histórico e cultural mais amplo e complexo que aquele reservado ao espaço da escola.

A verdade é que um vasto e diversificado leque de situações e experiências – que envolvem desde os processos de transmissão cultural e de formação da pessoa nas chamadas sociedades primitivas, tal como apresentado nos estudos clássicos da antropologia, até estudos contemporâneos em torno dos museus e/ou das manifestações culturais populares sobre educação patrimonial – entra no campo de visão dos cientistas sociais.

É dentro desse quadro de possibilidades que se situa a experiência do Departamento de Investigaciones Educacionales (DIE), do Centro de Investigaciones y Estúdios Avanzados (Cinvestav), do Instituto Politécnico Nacional do México. Criado nos idos de 1970, o DIE reuniu um importante grupo de pesquisadores interessados em discutir, avaliar e elaborar projetos para a educação naquele país. Não demorou muito para que a proposta teórico-metodológica do DIE e, principalmente, os nomes de Elsie Rockwell e Justa Ezpeleta ganhassem projeção em outros países da América.

No Brasil, as ideias do DIE exerceram um efeito particular no campo da educação, em especial, nos trabalhos de pós-graduação dessa área.

Contudo, muitas vezes a sedução político-ideológica do DIE, com seu discurso marcado pela tradição marxista, acabou ofuscando o processo de reflexividade epistemológica que esse mesmo discurso demandava aos pesquisadores da educação. Mas nem por isso a apropriação das ideias e práticas do DIE nas análises dos educadores deixaram de apontar a importância, por exemplo, da relação da escola com seu entorno, do papel da família e de outras instituições na cultura escolar, mirando sempre o cotidiano escolar como possibilidade de contribuir com as mudanças sociais.

Essa foi a motivação para que a equipe do Grupo de Estudos em Educação e Culturas (EDUC),[1] do Programa de Pós-Graduação em Educação da Pontifícia Universidade Católica de Minas Gerais (PUC Minas), iniciasse, ainda em 2005, uma investigação sobre *Os usos da etnografia na pesquisa educacional*, que, entre os anos 2008 e 2012, foi desdobrada no projeto *Etnografia para a América Latina: um outro olhar sobre a escola no Brasil e na Argentina*, que contou com apoio da Fundação de Amparo à Pesquisa do Estado de Minas Gerais (Fapemig), do Conselho Nacional de Desenvolvimento Científico e Tecnológico (CNPq) e do Fundo de Incentivo à Pesquisa (FIP) da PUC Minas. O objetivo: investigar o alcance das ideias do DIE no Brasil e na Argentina, na produção da pesquisa em educação no primeiro, e no segundo, a pesquisa em antropologia da educação.

Um dos resultados dessa investigação é a publicação deste livro, que contém os textos, alguns deles reelaborados *a posteriori*, apresentados durante o *workshop* Diálogos Ibero-Americanos sobre a Etnografia na Educação, realizado nos dias 22 e 23 de setembro de 2011, nas dependências da PUC Minas. O encontro contou com a participação de pesquisadores do México, da Argentina e do Brasil. O Prof. Dr. Ricardo Vieira, nosso convidado de Portugal, não pode comparecer, mas nem por isso deixou de estar presente através de videoconferência realizada na ocasião. Aproveitamos, neste momento, para agradecer a todos os participantes do *workshop*, que tanto contribuíram para o sucesso do evento naquele momento e, posteriormente, enviando-nos seus textos para esta publicação. Em especial, agradecemos ainda à professora Neusa Gusmão, que, mesmo não tendo participado desse encontro, aceitou, generosamente, o convite de comentar os textos reunidos nesta coletânea.

---

[1] A equipe do EDUC conta com pesquisadores da PUC Minas e de outras instituições e com estudantes de graduação do Instituto de Ciências Humanas, como bolsistas de iniciação científica, sem os quais as pesquisas e o *workshop* não seriam realizados. A todos eles, nosso afeto e sincero reconhecimento pelo trabalho partilhado.

Entre outras razões, a importância desse evento reside no fato de ter possibilitado o encontro de gerações, reunindo pesquisadores pioneiros na interface da antropologia com a educação, dentre os quais destacamos María Rosa Neufeld, da Argentina, e Tania Dauster, do Brasil, além de Carlos Rodrigues Brandão, o mestre de toda uma geração de pesquisadores, a quem prestamos nossa homenagem, pelo que representa para antropólogos, educadores, sociólogos e muitos outros pesquisadores da cultura no Brasil e na América Latina. Não menos importantes foram as participações de Gabriela Naranjo Flores, pesquisadora do DIE, no México, e dos professores Marco Antônio Gonçalves, do Rio de Janeiro, e Carla Linhares Maia e Ana Maria Gomes, de Minas Gerais. Uma vez mais, a todos, nossos sinceros agradecimentos.

Antes de encerrarmos esta breve apresentação, gostaríamos de destacar dois pontos que nos parecem convergentes no conjunto de textos em foco. O primeiro diz respeito à importância da etnografia no curso das investigações da antropologia com a educação. Mais que somente um instrumento metodológico, a etnografia tem possibilitado um profundo e significativo processo de reflexão epistemológica na produção do conhecimento antropológico referente à educação. O segundo se refere ao papel da história na compreensão tanto das relações da antropologia com a educação quanto da dimensão política na constituição dessa relação. No caso da América Latina, não se pode perder de vista que a constituição da antropologia e da educação está inscrita em períodos históricos muito datados. Nesse sentido, a história não deve ser vista somente como pano de fundo na apresentação do processo de interação entre a antropologia e a história na América Latina, mas também como elemento fundamental na composição da etnografia educacional desenvolvida a partir de então. Como nos lembra Mariza Peirano em *A favor da etnografia*, a história alimenta a etnografia, e o resultado, entre outros, é permitir o próprio desenvolvimento teórico-metodológico e disciplinar da antropologia, em nosso caso, visando a sua aproximação com o campo da educação.

Desejamos que este livro seja um estímulo para muitos estudiosos e pesquisadores que buscam estreitar os laços e as relações, muitas vezes tensas, entre a antropologia e a educação. Esperamos ainda, com essa iniciativa, contribuir para diminuir a distância intra e intercontinental que separa, por vezes, as culturas ibero-americanas.

Parte I
Antropologia e educação – construindo interfaces

La investigación educativa etnográfica en el DIE: una tradición en evolución

Gabriela Naranjo Flores

Sin intención de profundizar ni de ser exhaustiva, en este trabajo comparto mi propia visión sobre lo que define y caracteriza a la investigación etnográfica realizada en el Departamento de Investigaciones Etnográficas (DIE), cuyas prácticas, ideas y conocimientos generados han ganado presencia en diferentes ámbitos académicos de México, otros países de América Latina y del mundo. La visión que presento se construye a partir de mi propia experiencia como alumna de los programa de maestría y de doctorado, la cual me permitió conocer, analizar, debatir y poner en práctica diferentes referentes teóricos, conceptuales y metodológicos de la etnografía en interacción con sus principales representantes en esa institución: me refiero a Elsie Rockwell, Antonia Candela, Ruth Mercado, Ruth Paradise y Justa Ezpeleta. Esa visión también se construye tomando como referente algunos trabajos del DIE donde se analiza su propia tradición de investigación etnográfica (Rockwell, 2005; Rockwell; Gonzalez, 2010; Weiss et al., 2006).

El inicio de la investigación etnográfica en el DIE tuvo como antecedente directo un proyecto de desarrollo educativo orientado a la elaboración de los libros de texto gratuitos (LTG) de Ciencias Naturales para el nivel de educación primaria en el marco de la Reforma de la década de 1970 en México. Los libros elaborados incluyeron propuestas pedagógicas sumamente innovadoras, por lo que, con ellos, se esperaba revolucionar la enseñanza en esta área. Las primeras estancias en las escuelas tuvieron como propósito el dar seguimiento al uso que efectivamente se hacía de los textos en las aulas y lo que se mostró fue que las propuestas incluidas no eran incorporadas en las clases, aun en aquellos casos en los que los maestros habían sido capacitados intensivamente para ello.

La reflexión sobre la experiencia desarrollada originó nuevas y diversas preguntas sobre los procesos educativos que marcarían el rumbo de la investigación que en adelante se haría en el DIE. Más que evaluar la práctica de los maestros en función de un modelo pedagógico propuesto, lo que se pretendía era comprender lo que ocurría en las escuelas. Este interés propició que un grupo de investigadores del DIE, encabezados por Rockwell y Ezpeleta, recurrieran a la realización de un trabajo de campo intensivo en las escuelas y al análisis interpretativo de lo que ahí ocurría. A partir de entonces iniciaría el desarrollo de toda una tradición de investigación etnográfica que, a lo largo de más de tres décadas, se ha ido consolidando, pero también evolucionando y diversificando, tanto por los objetos que aborda, como por los referentes teóricos y metodológicos que utiliza.

Mi exposición se desarrolla a través del abordaje de cuatro puntos. En el primero, presento algunas de las condiciones o factores que han favorecido o propiciado el desarrollo y evolución de esta tradición de investigación en el DIE. En el segundo, destaco algunas de las características fundamentales que atraviesan las etnografías que ahí se realizan; en el tercero, planteo los sentidos en los que las temáticas y objetos de investigación que se abordan se han ido diversificando. Finalmente, a modo de ejemplo, presento una breve reseña de mi propia investigación, que si bien no puede ser considerada como representativa de las etnografías del DIE, sí permite mostrar algunos de los sentidos en los que la tradición permanece y otros en los que ha cambiado.

Condiciones que han favorecido el desarrollo de una tradición etnográfica

Múltiples son los factores que han contribuido al desarrollo de una tradición de investigación etnográfica en DIE, sin embargo, aquí quiero destacar algunos de los más importantes.

1. La participación del DIE en la definición y elaboración de proyectos innovadores para la educación pública dirigidos a elevar su calidad. Como ya se dijo, la elaboración de los libros de texto gratuitos durante la reforma educativa de la década de 1970 por el grupo fundador del DIE abrió una gran cantidad de preguntas sobre la escuela y el proceso de enseñanza que derivaron en nuevas vetas para la investigación. En el mismo sentido, a través de los años, distintos proyectos de importancia nacional han sido terreno fértil no solo para plantear nuevas interrogantes, sino también para alimentar fecundas discusiones, ya que en ellos generalmente se ven involucrados grupos de investigación con perspectivas teóricas y metodológicas distintas. De esta manera, la investigación etnográfica en esta institución ha mantenido como una de sus preocupaciones centrales el producir conocimiento que permita avanzar en la construcción de alternativas para mejorar y democratizar la educación, el cual se pone en juego cuando participa en el desarrollo de propuestas curriculares y materiales didácticos para la educación pública, tales como los LTG de Ciencias Naturales en la década de 1970, los *Manuales del Instructor Comunitario* y la serie *Dialogar y Descubrir*, los dos últimos dirigidos a las escuelas rurales multigrado.

2. *El debate académico continuo al interior del DIE y con otros grupos de investigación, tanto nacionales como internacionales.* La pertenencia del DIE a una institución académica pública y autónoma como el Centro de Investigación y de Estudios Avanzados (CINVESTAV), del Instituto Politécnico Nacional, la alternancia entre proyectos de desarrollo y de investigación, el hecho de que muchos de estos proyectos sean colectivos, entre otros factores, ha permitido y estimulado una orientación hacia el debate que ha marcado el rumbo y evolución de las investigaciones etnográficas que ahí se realizan.

Dada la formación interdisciplinaria del DIE, cuando Elsie Rockwell y Justa Ezpeleta eligen utilizar la orientación etnográfica para abordar las interrogantes que la implementación de los nuevos textos había abierto, se hizo necesario que explicitaran los supuestos epistemológicos de su investigación y se involucraran en discusiones teóricas relacionadas con varios campos y diferentes aproximaciones teóricas y metodológicas. Por otro lado, el intercambio continuo con otros investigadores de América Latina puso en el centro del debate del DIE diversas cuestiones educativas de suma importancia para la región, lo cual influyó en las discusiones teóricas, las posiciones políticas y las agendas de investigación etnográfica, básicamente comprometidas con la defensa de una educación pública democrática y de calidad.

En los últimos años, el intercambio académico del grupo de investigación etnográfica se ha extendido hacia otros países, ganando poco a poco presencia internacional más allá de América Latina, especialmente en los casos de Elsie Rockwell, Antonia Candela y Ruth Paradise. Este intercambio ha estimulado la discusión con y desde otros referentes teóricos y metodológicos que han influido en la diversificación de sus formas de hacer etnografía.

3. *La formación de estudiantes en la tradición etnográfica a través de los programas de maestría y doctorado.* Como parte de estos programas, una gran cantidad de estudiantes de procedencia nacional e internacional se han formado en la investigación etnográfica a lo largo de la historia del DIE. En alguna época, los alumnos participaban en proyectos de investigación en marcha, abriéndose, así, espacios de trabajo y discusión colectiva en los que los supuestos y referentes teóricos, conceptuales y metodológicos tenían que ser explicitados, discutidos y reelaborados.

Actualmente, los estudiantes trabajan sobre sus propias investigaciones bajo la dirección y asesoría de un investigador de alto nivel en concordancia con la línea de trabajo en la que esté especializado. Los nuevos y variados intereses que los alumnos ponen en juego - producidos a partir de sus propias trayectorias y experiencias profesionales y laborales, obtenidas en diferentes instituciones educativas, públicas y privadas de los diferentes niveles y modalidades de educación formal e informal - han contribuido a la diversificación de los temas de investigación etnográfica y a la búsqueda de nuevos referentes teóricos y conceptuales que permitan abordar los variados objetos de estudio.

4. *Las condiciones institucionales para el desarrollo de la investigación.* El DIE nació con una libertad relativa para hacer investigación educativa desde una postura política y social propia, comprometida con la búsqueda de una educación pública, gratuita, democrática y de calidad. Esta es una de las características que ha permanecido presente en la definición de los objetos de estudio y formas de abordarlos, situación que no pocas veces ha puesto en tensión al grupo de investigación etnográfica con diferentes instancias gubernamentales.

Las evaluaciones institucionales a las que se ve sometido el trabajo de los investigadores, tanto en términos de productos de investigación como de alumnos titulados en tiempos definidos, han tenido cierto impacto en la forma cómo se concretan los estudios etnográficos, tal como se verá más adelante.

5. *El contexto sociopolítico de México y América Latina.* Desde sus inicios, la investigación etnográfica en el DIE ha mantenido en el centro de sus preocupaciones diversas cuestiones vitales para el país y la región. Los movimientos sociales de los años 1960 y 1970, especialmente los estudiantiles y magisteriales que reclamaban a las escuelas como espacios de reivindicación democrática y el derecho a una educación pública y gratuita como responsabilidad del Estado (Rockwell; González, 2010), abrieron debates intensos sobre la función social y política de la educación formal

que confluyeron en un fuerte cuestionamiento a las escuelas al ubicarlas como espacios de reproducción del *status quo*. Ante el creciente descontento social, países como México y Perú impulsaron procesos de reforma orientados hacia la transformación de las escuelas públicas con propuestas pedagógicas de vanguardia en ese tiempo. En este marco, la investigación etnográfica en el DIE empezó a dar cuenta de una realidad escolar compleja, en la que un conjunto de dinámicas y procesos hasta entonces inexplorados parecían obstaculizar los intentos por transformarla.

Al no obtenerse los resultados esperados con las reformas educativas, los investigadores latinoamericanos plantearon la pregunta de si las reformas curriculares y el crecimiento del sistema educativo llevarían efectivamente a la democratización educativa. Lo que se observaba era una estructura económica fuertemente diferenciada y dependiente y una realidad educativa caracterizada por grandes desigualdades que se reflejaban en bajas tasas de retención y un acceso inequitativo a la escuela. Todo esto contribuyó a dar auge a la teoría de la reproducción (ALTHUSSER, 1979; BOURDIEU; PASSERON, 1977; entre otros), y, con ello, a atribuir a la escuela el papel de reproducir las estructuras de clase y la ideología dominante.

La intensa reflexión sobre las escuelas públicas de América Latina llevó al cuestionamiento de las tesis reproduccionistas. Aquí, solo quiero mencionar algunas de las reflexiones más relevantes en función de su impacto en las discusiones y rumbo de la investigación etnográfica en el DIE. En primer lugar - si bien las sociedades latinoamericanas estaban fuertemente divididas, económica, social, política y culturalmente y había un inequitativo acceso a la educación formal -, se documentaron experiencias en las que la escuela pública había brindado posibilidades diferentes a quienes sobrevivían dentro del sistema, atenuando un poco las fuertes diferencias de género, clase y etnia reproducidas a través de otras prácticas sociales (ROCKWELL, 2005). Así, algunos estudios concluyeron que la educación pública, con todo lo desigual e inadecuada que era, brindaba posibilidades de abrir espacios y procesos de disidencia y democratización social.

En segundo lugar, las peculiaridades propias de la región latinoamericana propiciaron que se tomaran en cuenta las diferencias estructurales y culturales entre los países del primer mundo y los de América Latina, donde las herencias prehispánicas y coloniales se articulan con la modernidad de formas específicas en los diferentes espacios y procesos sociales, incluyendo, por supuesto, los de la educación formal, lo cual contravenía las afirmaciones presuntamente universales de la teoría de la reproducción

(ROCKWELL; GONZÁLEZ, 2010). Lo que se observó en algunas partes de Latinoamérica era que lo que estaba ocurriendo era más bien una apropiación popular de la escuela y no una oposición a la misma, tal y como lo llegó a plantear la teoría de la resistencia, que, de alguna manera, reforzaba la de la reproducción (ROCKWELL, 2005). En este contexto, los trabajos del DIE documentaron las formas singulares en las que maestros se apropiaban de los contenidos propuestos por el Estado a través de los LTG.

Finalmente, los críticos de la teoría de la reproducción relevaron el hecho de que los regímenes más represivos de la región no habían extendido la escolaridad, antes bien habían restringido el acceso a las instituciones educativas que habían sido construidas durante regímenes anteriores. Una tendencia que contradecía la tesis sobre la función del maestro y la escuela como reproductores de la ideología dominante.

En suma, la reflexión de los años 1980 giró en torno a la complejidad de los procesos hegemónicos y contrahegemónicos que se desarrollaban a través de la educación formal y a las peculiaridades estructurales y culturales de América Latina. Los argumentos generados llevaron a los educadores a repensar la naturaleza y significado de la escuela pública. En este marco, la investigación etnográfica en el DIE ha dedicado sus esfuerzos a tratar de comprender la complejidad de la escuela, mostrando la heterogeneidad de sus prácticas y culturas y las formas cómo los actores educativos juegan un papel fundamental en la construcción de la vida escolar, más allá e, incluso, en contra de las disposiciones y normas oficiales.

En las dos últimas décadas, la realidad ha cambiado considerablemente tanto en México como en otros países de América Latina; las políticas neoliberales han propiciado profundas transformaciones en la educación pública: el retiro o restricción del financiamiento público a la educación y la cultura, la búsqueda de medidas educativas redituables ligadas a evaluaciones estrictas y la participación creciente del sector privado, entre otras.

Por otro lado, ante las presiones de diversas luchas sociales y políticas que se han opuesto a la uniformidad y homogeneidad tradicionales de la política educativa, los gobiernos han optado por modelos de diversificación curricular, incluida la educación intercultural bilingüe, aunque manteniendo un estricto control político y la promoción de modelos económicos que han minado la economía de las familias. Así, la realidad de nuestra región, y en particular la de México, sigue marcada por la desigualdad económica y relaciones asimétricas de poder, pero ahora se ve atravesada también por dinámicas de trasnacionalidad, globalización y violencia.

En este cambiante contexto, las preguntas para la investigación etnográfica se han replanteado y han surgido otras nuevas, algunas relacionadas con los nuevos actores políticos, tales como los grupos juveniles, movimientos urbanos, feministas, trabajadores migrantes y grupos de personas con discapacidad; otras vinculadas con los variados contextos (rurales, urbanos, migratorios, virtuales) que, además, se caracterizan por su gran diversidad social, cultural y étnica. Y otras más que interrogan sobre las acciones, luchas de poder y significados de los actores educativos y políticos. Lo común de esas preguntas sigue siendo la búsqueda de la comprensión de los procesos hegemónicos y contrahegemónicos que tienen lugar en esos contextos. Para abordar esas interrogantes, y teniendo como base el referencial teórico metodológico de la primera década de trabajo, en el DIE se ha recurrido a la incorporación de diversas orientaciones teóricas y metodológicas que han enriquecido y diversificado las formas de concretar la investigación.

Hacia una descripción de las investigaciones etnográficas en el DIE

Las formas de hacer etnografía educativa en el DIE han cambiado y se han enriquecido con el tiempo. En función de los factores descritos anteriormente, las formas de hacer etnografía se han concretado con énfasis variables en las características que en adelante se describen.

Los primeros estudios etnográficos del DIE se hicieron a partir de estancias prolongadas en las escuelas y, de hecho, esta condición se constituyó como una de las características fundamentales de las investigaciones de este tipo. Los criterios institucionales de evaluación a la productividad de los investigadores y las presiones para egresar a los estudiantes de posgrado en tiempos perentorios han impuesto limitaciones prácticas para realizar estancias prolongadas. Así, los tiempos de trabajo de campo tienen una mayor flexibilidad, aunque no por ello las formas de llevarlo a cabo son menos rigurosas e intensas, ya que se han desarrollado una amplia gama de herramientas teóricas, conceptuales, metodológicas e incluso tecnológicas que permiten penetrar en las realidades escolares y educativas de maneras distintas. Por otro lado, a través de los años, los investigadores han acumulado corpus de datos con posibilidades diversas de análisis, como, por ejemplo, estudios comparativos e históricos de valor inigualable.

Una de las características del trabajo etnográfico en el DIE que se ha mantenido a lo largo del tiempo es su compromiso con los significados, conocimientos y sentidos locales. De esta manera, lo que se busca es entender los procesos educativos desde las perspectivas de los participantes, recuperando su poder como agentes que negocian, resisten, consensúan, disputan, se apropian, producen, reproducen y transforman los significados de la vida social en el transcurso mismo de su vida cotidiana.

Otra característica que permanece, aunque con distintos matices, es el análisis de la vida cotidiana en los espacios educativos. Esto, desde una concepción que, de acuerdo con Rockwell (2005), recupera la visión sobre la acción humana desde la tradición fenomenológica de Schütz (1970), pero que no se ve separada de procesos sociales más amplios, tales como la reproducción social (HELLER, 1977), la estructuración (GIDDENS, 1984) o la formación del Estado (HOLLOWAY, 1980).

El diálogo permanente entre la teoría y los datos es otra de las constantes que hasta la fecha caracterizan a los estudios etnográficos en el DIE. Diálogo que tiene lugar desde el desarrollo mismo del trabajo de campo, no para definir un marco que restringe las posibilidades de lo que se observa y de cómo se observa, sino para elaborar las categorías teóricas de diferente nivel que permitan desentrañar y reconstruir las complejidades de los procesos educativos que se estudian.

La producción de textos que incluyen descripciones contextualizadas, interpretativas, teóricamente informadas de los procesos socioculturales y de sus connotaciones de poder (ROCKWELL; GONZÁLEZ, 2010) es otro de los elementos fundamentales desde los cuales se define la etnografía del DIE. Son textos que reconstruyen procesos educativos cotidianos, que hacen que lo familiar parezca extraño y lo extraño llegue a ser familiar; que documentan lo no documentado, lo inconsciente, lo oculto de la realidad escolar; que hacen visible y comprensible lo que en otras escalas es ignorado, supuesto o deducido (EZPELETA, 1986).

La atención a la dimensión cultural es una característica fundamental de la investigación etnográfica y la forma en que se ha concretado su abordaje en el DIE mantiene un sello propio desde sus primeros estudios. Mientras la tradición angloamericana se enfocaba en la indagación de las identidades culturales que entran en conflicto con patrones escolares dominantes, los investigadores del DIE se preocuparon más por analizar cómo los diferentes actores sociales se involucran en la configuración cultural de cada escuela (ROCKWELL, 2005). Esta característica sigue siendo parte esencial de la investigación etnográfica en esta institución, sin embargo, su perspectiva se ha ido ampliando y enriqueciendo en la medida que el diálogo interdisciplinario ha ido avanzando y que nuevas preguntas de investigación han surgido.

La investigación etnográfica en el DIE ha sido enriquecida y complementada por otros enfoques y recursos metodológicos, tales como: el análisis del discurso, las entrevistas en profundidad, el estudio de políticas públicas, la investigación de archivos documentales, la historia oral y el análisis multimodal. Cada trabajo que hace uso de estos enfoques y recursos se ve obligado a explicitar y justificar teórica y metodológicamente la forma cómo los integra sin desvirtuar los supuestos fundamentales de la investigación etnográfica.

La diversificación de los objetos de estudio

Con el tiempo, un contexto educativo nacional y regional cambiante, las lecciones que la propia investigación etnográfica y el debate académico han ido dejando y el cruce de nuevos referentes teóricos y metodológicos, los intereses, preocupaciones y trayectorias personales de investigadores y estudiantes del posgrado han ido diversificando los objetos de estudio. Sin pretender agotarlas, perfilaré algunas de las tendencias que, desde mi particular punto de vista, contribuyen a configurar los objetos y temáticas específicas de la investigación etnográfica que se realiza en el DIE. Estas tendencias no son excluyentes, sino que se entrecruzan con diferentes énfasis, dando lugar a formas singulares de hacer etnografía.

Los primeros estudios del DIE dieron cuenta de cómo, a pesar de los fuertes dispositivos de regulación estatal, maestros y alumnos en las aulas se apropian de las prácticas y contenidos escolares desde sus propias biografías, construyendo sentidos heterogéneos de la escuela pública. A partir de ahí, se fueron evidenciando los diferentes actores sociales que se ven involucrados, tanto en la formulación de la política educativa como en su implementación y concreción real en las escuelas. De esta manera, la relación entre los sistemas escolares y el Estado se constituyó en un objeto de análisis recurrente en las investigaciones del DIE, si bien no siempre como tema central, sí como un aspecto desde el cual es posible comprender las realidades educativas. Retomadas de la tradición de la historiografía marxista, la noción de historicidad, la de hegemonía como "campo de fuerzas" y no solo como proceso de dominación, y una visión de Estado entretejida con la sociedad civil, se han constituido en el DIE como herramientas conceptuales centrales para repensar dicha relación.

Estrechamente vinculado con la temática anterior, también ha estado presente el análisis de las tensiones entre los diferentes actores y grupos sociales que confluyen en las escuelas (docentes, directivos, padres de familia y alumnos). Abordando procesos sociales de la vida escolar en los que algo vital está en medio de un juego, diferentes estudios han dado cuenta de las formas en que los actores sociales controlan, resisten, negocian, consensúan, disputan y transforman los significados, representaciones y prácticas escolares; de cómo, a través de estos procesos, constituyen su espacio y tiempo, así como el acceso y uso de los recursos materiales y culturales dentro y fuera de la escuela. Se ha mostrado, por ejemplo, cómo estos procesos cotidianos pueden determinar aspectos como el acceso a la escolaridad gratuita, la definición del trabajo de los docentes, la inclusión de un alumno con discapacidad, la apropiación del conocimiento o la interpretación de lecciones de los textos.

La infinita variabilidad de los contextos escolares ha sido explorada, reconocida e interrogada permanentemente, buscando desentrañar las formas como en la cotidianidad de estos espacios se articulan múltiples y complejos procesos sociales, históricos y culturales de diferente escala (local, regional, nacional y global); y cómo se articulan las biografías, conocimientos y saberes singulares de los actores que van configurando dinámicas culturales que son irrepetibles de una escuela a otra. La noción de vida cotidiana de Agnes Heller (1977), concebida como ámbito de lo particular, en donde, a través de su actualización en las interacciones, se manifiesta tanto lo singular como lo universal, se constituyó como uno de los cimientos conceptuales sobre los cuales se analiza la heterogeneidad de los significados en los contextos particulares de las escuelas.

Como ya se dijo, la atención a la dimensión cultural en el análisis de las escuelas ha sido un elemento central en las etnografías del DIE. Pero al paso del tiempo, las formas de atenderla y entenderla se han enriquecido y precisado, sobre todo en los trabajos de Elsie Rockwell y sus alumnos. Cuestionando la tendencia a considerar lo cultural como atributo del contexto, ella propone verlo como una dimensión inherente a las prácticas educativas mismas, de carácter histórico y complejo, sujeta a tramas de poder, que involucra tanto continuidades como rupturas. Así, propone romper con la idea de la existencia de una "cultura escolar" constante y uniforme, para hablar de configuraciones culturales provenientes de diversos espacios y tiempos que confluyen en la escuela, a través de la paulatina y selectiva apropiación y sedimentación de los recursos culturales de origen temporal y espacial diversos. Los estudios de esta investigadora actualmente están explorando la veta de desentrañar la dinámica histórica de las culturas escolares que se hacen presentes en la cotidianidad a través de los diversos recursos que los sujetos utilizan y que provienen de otras épocas de la historia local o nacional (ROCKWELL, 2007).

En algunos casos, los estudios realizados en el DIE han tendido a enfocarse en alguno de los actores educativos, aunque sin perder de vista las múltiples y complejas relaciones que establecen con otros. Un eje central de análisis ha estado orientado a develar cómo y hasta dónde estos sujetos actúan como agentes que reproducen, producen y transforman la realidad escolar y sus propias identidades. En este sentido, la línea sobre el trabajo docente es una de las más consolidadas en el DIE a través de los trabajos de Ruth Mercado y sus alumnos. Otra línea también consolidada, es la que encabeza Antonia Candela, que, con sus discípulos, han desarrollado estudios que recuperan la perspectiva de los alumnos, buscando comprender su papel en la construcción del conocimiento escolar, sus variadas formas de participación, los significados que construyen sobre el ser alumnos, las posturas que asumen ante el trabajo en el aula, la influencia de sus cosmovisiones culturales en las formas de significar los contenidos, entre otros. También hay estudios que se interesan por analizar a los cuerpos directivos y técnicos, así como a los diferentes actores involucrados en la gestión escolar; y, aunque en menor medida, también se encuentran trabajos sobre la presencia de las familias en los entornos escolares.

Los estudios sobre los jóvenes son relativamente nuevos dada la diversificación de las culturas juveniles y su presencia cada vez más notable en los espacios públicos. La construcción de sus identidades dentro y fuera de los espacios escolares, su potencial contracultural, el uso que hacen de diversos recursos simbólicos, entre otros, son temas que Eduardo Weiss (2006) ha abordado con sus estudiantes recurriendo a la etnografía, la teoría sociocultural y la sociología hermenéutica (WEISS, 2007; WEISS et al., 2008; VALLE y WEISS, 2010; entre otros trabajos).

Otra tendencia de investigación que se entrecruza con las anteriores está relacionada con un cierto énfasis en las diferentes áreas curriculares: ciencias naturales, en el caso de Antonia Candela, y español, específicamente en cuanto a lenguaje oral y cultura escrita, en el caso de Elsie Rockwell, son las asignaturas en las que más se ha trabajado; y, en menor medida, la de historia, con los trabajos de Eva Taboada. En esta línea, se han indagado las condiciones y formas específicas en las que se construye el conocimiento relacionado con un área disciplinar, qué papel juega el docente en este proceso, cómo es la enseñanza, de qué manera los alumnos contribuyen desde su experiencia y conocimiento a configurar la clase; de qué manera los flujos culturales que se articulan en el aula transforman y construyen de formas singulares el abordaje de los contenidos, entre otros.

Estrechamente vinculada con la temática anterior, el estudio de la interacción en las clases ha sido un objeto de estudio recurrente en las investigaciones etnográficas del DIE, cada vez más, adentrándose en las minucias de los procesos sociales de construcción de significados, recurriendo para ello al análisis del discurso y más recientemente al análisis multimodal en el caso de Candela y sus alumnos. El análisis que se realiza en este sentido considera las interacciones no sólo entendidas como los encuentros cara a cara, sino también aquellas interacciones que, a través del uso y apropiación de los recursos culturales, se extienden espacial y temporalmente, más allá del aula (NESPOR, 1994). De esta manera, se trata de comprender cómo esos flujos de influencias culturales, políticas, locales, regionales, etc. se articulan en los espacios escolares e interactúan con los sujetos ahí presentes, con sus biografías, intereses y necesidades para dar lugar a significados, un tanto reproducidos y otro tanto reelaborados o transformados por ellos. La producción de estos estudios brinda elementos para discutir y profundizar en el detalle los procesos a través de los cuales la cultura es significada, apropiada y transformada en el curso mismo de las interacciones.

La resignificación de la educación como un proceso no solo social, sino cultural e histórico que se extiende más allá de la escolarización, ha estimulado el estudio de los fenómenos educativos en otros entornos, tales como los familiares, comunitarios, migratorios y laborales, así como sus interrelaciones con la educación escolar. En esta línea se inscriben los trabajos de Ruth Paradise y sus alumnos, que, desde tradiciones interpretativas de la antropología cultural y lingüística, analizan las formas de interacción, comunicación y aprendizaje en contextos escolares, familiares, comunitarios y laborales indígenas. Estos estudios han hecho aportes importantes al mostrar las continuidades y rupturas entre la escuela y otros entornos de aprendizaje, brindando elementos para mirar de otra manera las diversas formas de aprender, de interactuar y de comunicar de los alumnos que pueden tener diferentes influencias culturales.

La dimensión histórica es otro aspecto que está siendo considerado por la investigación etnográfica en el DIE. Diferentes enfoques y recursos metodológicos se conjugan para atender la naturaleza histórica de los procesos educativos. Como ejemplo de esto, está la incorporación del análisis de archivos históricos y de dispositivos pedagógicos provenientes de otras épocas, tales como los LTG, que son vistos como recursos o herramientas culturales.

Mi propia investigación a modo de ejemplo

El estudio que desarrollé en el DIE de alguna manera muestra el rumbo que ha tomado la investigación etnográfica en esa institución. La parte que quiero destacar es cómo, desde la tradición etnográfica y a partir de la necesidad de profundizar y afinar el análisis de los datos, se exploran otros recursos teóricos y conceptuales que enriquecen la forma de abordar un objeto de estudio.

Mi trabajo durante la maestría versó sobre las prácticas de enseñanza durante las actividades experimentales de un maestro de escuela primaria que tenía en su grupo a un alumno ciego (Naranjo, 2005; Naranjo; Candela, 2006). Las descripciones etnográficas producidas revelaron una multiplicidad de formas de comunicar y representar los contenidos científicos en el aula, muchas de ellas orientadas a compensar la falta de visión de uno de los alumnos. Detrás de este fenómeno se advertían casi de forma intuitiva una serie de procesos de interacción social que necesitaban ser abordados de manera más detallada y sistemática. El encuentro con el enfoque multimodal desarrollado por Gunther Kress y colaboradores (2001; 2005, entre otros trabajos), a través de la asesoría visionaria de Antonia Candela, brindó una serie de herramientas teóricas y metodológicas para avanzar en tal empresa. Desde este enfoque se recupera una forma de mirar e investigar los procesos de comunicación en escenarios sociales tales como las aulas, considerando la multiplicidad de modos que en ellos intervienen (la acción, las miradas, los gestos, la proxémica, entre otros) y no sólo ni predominantemente a los lingüísticos.

Incluir el análisis multimodal en un estudio de naturaleza etnográfica me permitió adentrarme en los detalles finos de lo que ocurre en los encuentros "cara a cara" de los sujetos y en relación a todo aquello que les rodea en el aula, y que tienen lugar de manera múltiple y simultánea durante la clase. Lo central en mi análisis fue la interpretación del sentido educativo que los participantes construyen con sus interacciones a través de los recursos multimodales que utilizan. Esta perspectiva es importante, ya que aborda la forma específica en que tiene lugar momento a momento la co-construcción cotidiana de la vida social y educativa en el aula, como a través de diferentes modos comunicativos, tales como las miradas y los gestos, negocian y construyen conjuntamente diversos significados.

Mi trabajo de doctorado titulado *Ser alumno: análisis multimodal de la participación de los alumnos en las clases de Ciencias Naturales* (NARANJO, 2009) constituye una descripción analítica detallada de las formas en que los alumnos de un grupo de cuarto grado de primaria participan durante sus clases de ciencias naturales y de cómo, a través de esta participación, contribuyen a la construcción de la vida social del aula y de los conocimientos científicos escolares. En él se muestra una multiplicidad de procesos sociales y educativos que, de otra forma, hubieran pasado desapercibidos:

- La diversidad de formas en que se expresa la participación de los alumnos, haciendo a todos los niños visibles y no solo a aquellos que más toman la palabra, que adoptan papeles más protagónicos y que aparecen con más presencia en la esfera pública del aula.
- La construcción social y local del espacio áulico.
- La construcción de significados a partir del libro de texto gratuito de Ciencias Naturales.
- La atención como constructo social que se expresa y se interpreta de modos específicos a través de las acciones de los alumnos en interacción.
- La constitución de las identidades de los alumnos a través de los significados expresados por sus acciones.
- La agencia de los alumnos y, con ello, su papel en la construcción de la vida social y académica del aula.

Solo como ejemplo, en el caso del segundo punto, la indagación etnográfica permitió reconstruir procesos de interacción cotidiana relacionados con el uso y producción del espacio áulico desde las perspectivas de los participantes (Naranjo, 2011). Estas perspectivas fueron reveladas mediante un análisis minucioso de sus acciones, de la interpretación de lo que con ellas expresan y de sus reacciones ante las acciones de los otros, ya que la acción es entendida no sólo como el acto físico, sino como el acto físico más sus interpretaciones de significado (ERICKSON, 1989). La incorporación del enfoque multimodal enriquece este análisis al brindar herramientas teórico-metodológicas que permiten indagar de forma más minuciosa y sistemática, por un lado, la materialidad del aula como un complejo de signos multimodales cuya significación regula la vida cotidiana en ella (KRESS *et al.*, 2005), y, por otro, los significados que los participantes construyen a partir de dichos signos y que son expresados a través de sus acciones (FRANKS; JEWITT, 2001).

La incorporación del enfoque multimodal me permitió mostrar cómo, a partir de las regulaciones institucionales "inscritas" en la materialidad del aula, maestro y alumnos de un grupo de escuela primaria de la Ciudad de México constituyen su espacio áulico, definiendo con ello el tipo de relaciones pedagógicas que establecen. Como un caso particular de esta constitución está la significación de "un asiento vacío", un lugar junto a un niño ciego que, a primera vista, apareció como los demás asientos vacíos en los que ningún alumno se sienta. Sin embargo, el examen cuidadoso de los registros en video pronto dejó ver que este lugar era diferente, pues no siempre estaba vacío. En ciertos momentos era ocupado por el maestro y en otros, por diferentes alumnos.

El análisis de los datos mostró que, mediante sus interacciones, maestro y alumnos han llenado este asiento vacío con significados propios, es decir: 1) como espacio para apoyar al alumno ciego en tareas académicas que dependen fuertemente de la visión, con lo cual se facilita su participación en las clases; 2) como espacio de aceptación y de establecimiento de relaciones afectivas con él; 3) como espacio de recompensa y reconocimiento al trabajo de ciertos alumnos; 4) como espacio desde el cual se verifica y centra la atención del alumno. En suma, es un espacio que se llena de significados que favorecen la inclusión de este alumno en la vida académica y social del grupo.

Con mi trabajo de doctorado pude evidenciar procesos de interacción y de producción de sentidos que normalmente pasan desapercibidos o que se intuyen pero sin tener un referente empírico claro de tal intuición. En el aula ocurren infinidad de cosas y muchas de ellas de manera simultánea, el flujo de lo cotidiano produce muchas interpretaciones de lo acontecido, como, por ejemplo, que los alumnos no se interesan por el trabajo o que producen mucho desorden y ruido; sin embargo, el abordaje metodológico aquí presentado permitió adentrarse sistemáticamente en la riqueza de la vida del aula brindando posibilidades de interpretación diferentes.

La incorporación de herramientas teóricas y conceptuales desde la perspectiva multimodal enriqueció un trabajo de origen y naturaleza etnográfica.

De la misma forma en que muchos otros trabajos que se sustentan en la amplia tradición etnográfica del DIE se enriquecen y diversifican al debatir y poner en juego una diversidad de recursos que provienen de otras perspectivas.

Referencias

ALTHUSSER, L. *La filosofía como arma de la Revolución*. México: Pasado y Presente, 1979.

BOURDIEU, P.; PASSERON, J. *La reproducción: elementos para una teoría de la enseñanza*. Barcelona: Laia, 1977.

ERICKSON, F. Métodos cualitativos de investigación sobre la enseñanza. En: WITTROCK, M. (Ed.). *La investigación de la enseñanza II: Métodos cualitativos y de observación*. Barcelona: Paidós, 1989. p. 195-301.

EZPELETA, J. La escuela y los maestros: entre el supuesto y la deducción. *Cuaderno de investigación 20*, México: DIE; CINVESTAV, 1986.

FRANKS, A.; JEWITT, C. The Meaning of Action in Learning and Teaching. *British Educational Research Journal*, [S.l.], n. 27, p. 201-218, 2001.

GIDDENS, A. *The Constitution of Society*. Berkeley: University of California Press, 1984.

HELLER, A. *Sociología de la vida cotidiana*. Barcelona: Península, 1977.

HOLLOWAY, J. El Estado y la lucha cotidiana. *Cuadernos políticos 24*, [S.l.], p. 8-28, 1980.

KRESS, G.; JEWITT, C.; OGBORN, J.; TSATSARELIS C. *Multimodal Teaching and Learning. The rethorics of the science classroom*. London; New York: Continuum, 2001.

KRESS, G.; JEWITT, C.; BOURNE, J.; FRANKS, A.; HARDCASTLE, J.;JONES, K. y REID, E. *English in Urban Classrooms. A multimodal perspective on teaching and learning*. London; New York: Routledge Flamer, 2005.

NARANJO, G. *Las prácticas de enseñanza durante las actividades experimentales: promoviendo la integración del alumno ciego*. Tesis (Maestría). Departamento de Investigaciones Educativas; Centro de Investigación y de Estudios Avanzados México, Instituto Politécnico Nacional, Ciudad de México, 2005.

NARANJO, G.; CANDELA, A. Ciencias naturales en un grupo con un alumno ciego: los saberes docentes en acción. *Revista Mexicana de Investigación Educativa*, v. 11, n. 30, p. 821-845, 2006.

NARANJO, G. *Ser alumno: análisis multimodal de la participación de los alumnos en clases de ciencias naturales*. Tesis (Doctorado). Departamento de Investigaciones Etnográficas, Centro de Investigación y de Estudios Avanzados México, Instituto Politécnico Nacional, Ciudad de México, 2009.

NARANJO, G. La construcción social y local del espacio áulico en un grupo de escuela primaria. CPU-e Revista de Investigación Educativa, 12. Disponible en: <http://www.uv.mx/cpue/num12/inves/naranjo-construccion-social.html>.

NESPOR, J. *Knowledge in Motion: Space, Time and Curriculum in Undergraduate Physics and Management*. London: The Falmper Press, 1994.

ROCKWELL, E. La investigación etnográfica realizada en el DIE (1980-1995): enfoques teóricos y ejes temáticos. *Documento DIE 54*, México: DIE; CINVESTAV, 2005.

ROCKWELL, E. Huellas del pasado en las culturas escolares. *Revista de Antropología Social*, n. 16, p. 175-212, 2007.

ROCKWELL, E.; GONZALEZ, E. Antropología de los procesos educativos en México, 1995-2009. *Inventario antropológico 10*. En prensa.

SCHÜTZ, A. *On Phenomenology and Social Relations*. Chicago: University of Chicago Press, 1970.

WEISS, E. (Coordinador), BLOCK, D., FUENLABRADA, I., KALMAN, J., QUIROZ, R.; TABOADA, E. La enseñanza: diálogos entre distintos enfoques. *Documento DIE 57*, México: DIE; CINVESTAV, 2006.

WEISS, E. Cultura y jóvenes: cambios en el bachillerato. Coloquio: Tendencias y experiencias de reforma en el bachillerato, México: Consejo Académico del Bachillerato, UNAM, Serie Travesías, n. 1, p. 53-64, 2007.

WEISS, E.; GUERRA, I.; GUERRERO, E.; HERNÁNDEZ, J.; GRIJALVA, O.; AVALOS, J. Young People and High School in Mexico: Subjectivisation, Others and Reflexivity. *Ethnography and Education Journal*, v. 3, n. 1, p. 17-31, 2008.

VALLE, I.; WEISS E. Participation in the Figured World of Graffiti. *Teaching and Teacher Education*, v. 26, Issue 1, p. 128–135, Jan. 2010.

Antropologia da educação, teoria e metodologia: o contexto português

Ricardo Vieira

Educação e antropologia da educação: hipóteses preliminares

Como nos lembra Raul Iturra (1990a; 1997), qualquer sociedade ou grupo social necessita de transmitir conhecimento e memória para garantir sua reprodução social. Qualquer que seja a sociedade, ela necessita, também, de criar, de construir conhecimento. Para assegurar tal missão, desenvolve mecanismos, os quais designamos de processos educativos.

A propósito do domínio da antropologia da educação, uma das primeiras questões a colocar é a seguinte: trata-se de estudar a educação ou de estudar os processos educativos?

Há múltiplas abordagens da educação e seus processos, e a problemática não é nova: podemos considerar as abordagens dos "protopedagogos" gregos (filósofos), mas também chineses, hindus, árabes, etc. – refletindo sobre "modos de ser", "comportamentos espirituais" e "técnicas formativas".

Podemos considerar, na Europa, ainda, as abordagens dos "pré-pedagogos" religiosos (escolas da Igreja) e dos tutores e preceptores (da nobreza), com seus manuais de comportamento espiritual e social (nobre). O iluminismo civilizacional europeu tinha fortes preocupações com a educação e com a infância e a juventude, com as habilitações dos educadores; e valorizava o papel da mulher como reprodutora e educadora. Nesse contexto, surgem os Tratados da Educação (física) dos meninos e das meninas; os colégios de rapazes e a educação doméstica das garotas; a quarentena escolar substitui a aprendizagem com os adultos; emerge a passagem da família antiga (centrada na autoridade paterna e na gestão dos domínios) para a família moderna (organizada em função da criança e do futuro).[1]

---

[1] Ver Ariès (1981).

Mais recentemente, surgem as abordagens das modernas ciências sociais (incluindo as ciências da educação e a vulgarização dos *best-sellers* de puericultura).

No domínio específico da sociologia da educação, podemos considerar uma fase de arranque com o positivismo e com Émile Durkheim na qual brotam os projetos moralizadores da escolarização e o progresso industrial, que gera a escola de massas. A primeira fase parte das teorias da reprodução a fim de explicar de que forma a escola de massas mantém e reforça as desigualdades sociais, sendo os autores centrais Basil Bernstein e Pierre Bourdieu. Em uma segunda fase, com a nova sociologia, parte-se para a análise da microssociologia da sala de aula. Em uma terceira fase, porque as abordagens anteriores colocavam agentes educativos, alunos, professores e pais como estruturados pela instituição (escola), e não estruturantes da ação educativa, surgem agora diferentes enfoques sobre as resistências educativas, isto é, sobre o modo como alguns grupos produzem uma subcultura que é contraescolar.

Por seu lado, a psicologia da educação tem procurado também definir a educação e os processos educativos em termos de tensão (e resolução da tensão) entre processos cognitivos (razão, mente, Q.I...) e (a domesticação das) pulsões e das emoções (inato/adquirido); ou, então, procura a articulação entre motivações psicológicas/sociais e culturais, como é o caso dos fenômenos de risco, doença e desvio mental, perturbações e patologia, desestruturação e acompanhamento, etc.

No caso particular da antropologia da educação, consideramos aqui, em termos propedêuticos, as experiências iniciáticas de Margaret Mead e Gregory Bateson (Samoa, Nova Guiné, Bali, Iatmul, EUA) sobre diferentes modos de *"growing up"* (crescer/educar/aprender) e sobre os impactos que estes tinham na construção e na socialização dos jovens/adultos.

Nos anos 1950, com George Spindler e seus parceiros norte-americanos, introduz-se claramente o problema da diversidade dos processos educativos como sendo culturalmente produzidos. Mais tarde surgem os trabalhos que acentuam o modo como o Ocidente tenta universalizar hegemonicamente suas práticas, suas concepções e seus modos de comunicação e educação (oral/escrito; literacia; escolarização), como dá conta o trabalho de Jack Goody (1968; 1977), na Inglaterra, e seus seguidores em Portugal, Raul Iturra (1990a; 1900b; 1997) e Filipe Reis (1996). Surgem, depois, os trabalhos em contextos não ocidentais, que valorizam justamente o conflito entre as "epistemologias" locais e os modelos ocidentais. Multiplicam-se os estudos sobre o modo como as "resistências culturais" locais respondem a esses modelos "globais".

Paralelamente, têm-se desenvolvido também trabalhos cujo interesse por questões de conflito em pleno contexto escolar ocidental levou a temas como: abandono e insucesso escolar, multiculturalidade, interculturalidade, papel dos *media*, violência nas escolas, (auto)biografias, (re)construção identitária, etc.

Questões de método e de objeto

Como nos lembra Edgar Morin, acreditava-se que o conhecimento científico assentava

> [...] sobre dois fundamentos seguros: a objectividade dos enunciados científicos, objectividade estabelecida pelas verificações empíricas, e a coerência lógica das teorias que se fundavam nestes dados objectivos. [...] Ora, esta aventura heróica do pensamento, para adquirir e fundamentar a certeza científica, resultou num fracasso total. Pode dizer-se que a epistemologia anglo-saxónica dos anos 50-60 descobriu (redescobriu) que nenhuma teoria científica pode pretender-se absolutamente certa. Popper, artesão capital desta evolução, transformou o próprio conceito de ciência, que deixou de ser sinónimo de certeza para se tornar sinónimo de incerteza, ou melhor, de fiabilismo (MORIN, 1996, p. 14-15).

Não obstante, o que passa a estar em causa não é a objetividade científica, mas uma de suas formas: a objetividade clássica, baseada na crença de ausência de qualquer conexão não local. A existência de correlações não locais expande o campo da verdade, da realidade. Desmorona-se também outro pilar do pensamento clássico: o determinismo, que, contudo, continua a viver ativamente na maior parte de nossos modos de pensar.

E é a partir dessa revolução científica, uma vez mais ocorrida no seio das ditas ciências exatas, que emerge, de novo, também uma nova revolução nas ciências sociais. Com efeito, a partir da segunda metade do século XX, surge uma crítica ao positivismo na sociologia, na antropologia, na psicologia cultural, nas ciências da educação, e uma reflexão cada vez mais profunda sobre a natureza de seus objetos e, em consequência, das metodologias a adotar.

O espaço para a etnografia como metodologia científica já está, assim, aberto. Mais aberto que nunca. Aberto no método e na aplicação a vários domínios específicos: etnossociologia, etnociência, etnobotânica, etnomatemática, etnopedagogia, etnolinguística, etnomusicologia, etnografia escolar, etnografia da educação, etc.

O objeto da antropologia, e da diferença cultural em particular, não é hoje exclusivamente centrado em mundos mais ou menos exóticos e distantes fisicamente do investigador. Ao contrário do preconizado pela antropologia e pela etnologia clássicas, o distanciamento, como vimos, de certa forma desejável e quase obrigatório entre sujeito e objeto, é, na antropologia contemporânea, e em particular na antropologia da educação, considerado como distanciamento cognitivo, e não sociogeográfico.

Cada um de nós observa e reflete sobre os comportamentos e as atitudes dos outros, bem como de si próprio. Essa capacidade reflexiva permite sermos objeto de nós próprios e observadores dos comportamentos de outrem. Nessa esteira, passamos do distanciamento físico sujeito-objeto, proposto pela antropologia clássica, ao distanciamento intelectual, que permite fazer etnografia do vizinho do lado ou da relação escola-família da instituição onde estudam nossos filhos.

De resto, grande parte da antropologia contemporânea tem procurado os seus objetos de pesquisa não no exterior das sociedades ocidentais, mas dentro delas mesmas, não só porque a multiculturalidade aumentou acentuadamente nas últimas décadas em consequência da abertura de algumas fronteiras e dos grandes fluxos migratórios, mas também porque houve alguma reconceitualização do meu e do outro, da identidade e da alteridade.

Descobrem-se novos terrenos, estudam-se as práticas da vida citadina, a cultura das organizações, a ciência e a vida de laboratório com Bruno Latour e Steve Woolgar (1988), os lugares e os não lugares da vida cotidiana com Marc Augé (1994), as instituições políticas europeias, como tem feito Marc Abélès (2000), o saber médico do povo (Nunes, 1997), as cidades e a vida urbana (Cordeiro, 2003), as histórias de vida de professores e de alunos, a etnografia da sala de aula, dos recreios, dos jogos, etc., como eu próprio tenho feito em Portugal, a par de outros colegas (Vieira, 1992; Vieira, 1999a; Vieira, 1999c; Vieira, 2003; Vieira, 2009; Vieira, 2011).

Telmo Caria posiciona a etnografia como um "lugar de fronteira":

> [...] o estar dentro e estar fora dos contextos em análise e, simultaneamente, convocar os autóctones para se posicionarem do mesmo modo. O "dentro e fora" é fonte de conhecimento acrescido porque provoca uma tensão e uma ambiguidade na relação social de investigação que convoca

o investigador a reflectir sobre o inesperado. O investigador é um actor social que é reconhecido como competente nos "saberes-pensar de fora", mas, ao mesmo tempo, mostra ser incompetente nos "saberes-fazer de dentro". É nesta fronteira que designaria de intercultural (entre a ciência e o saber comum), que se pode construir a reflexividade da cidadania e a reflexividade que desenvolve uma ciência da ciência (CARIA, 2003, p. 13).

O etnógrafo, seja do outro distante fisicamente, do outro próximo geograficamente, ainda que distante cognitivamente, seja da sala de aula de determinada escola ou da transmissão cultural ocorrida nos jogos populares ou nas brincadeiras das crianças, nunca consegue ser neutro nem invisível. "De facto, o etnógrafo nas ciências sociais não se limita a observar, a agir e a ouvir, faz, além disso, perguntas adequadas e pertinentes ao contexto, ainda que estas não sejam as que os autóctones verbalizam no quotidiano sobre o seu 'nós'" (CARIA, 2003, p. 14). Efetivamente, o observador acaba por apelar à racionalização das práticas por parte dos observados, e, quando se trata de entrevista, ainda que etnográfica ou etnobiográfica, "entrevistado e entrevistador alcançam dimensões do pensamento que não são passíveis de equacionar numa simples aritmética tipo 1e1=2. O resultado é possivelmente melhor traduzido por um 3, símbolo da criação, pois contém uma descoberta e racionalização que resulta da existência da interacção entre pelo menos dois sujeitos" (VIEIRA, 2003, p. 86).

Os modelos científicos em vigor acabam por se refletir sempre nas práticas escolares, nas pedagogias dominantes, na educação.

O olhar sobre a educação e sobre a cultura tem sido visto ora de forma mais objetivista, ora de forma mais subjetivista; ora de forma mais estruturalista e determinista, ora de forma mais processualista e construtivista. De alguma forma, o olhar sobre a educação é paralelo aos paradigmas da abordagem social vigente. Seria impensável tratar aqui das várias correntes sociológicas e da forma como elas se debruçaram sobre a educação. Contudo, a propósito da oscilação das ciências sociais entre os paradigmas mais quantitativos ou qualitativos, convém dizer da nossa posição: os fenômenos humanos, visíveis ou latentes, não são, por essência, quantificáveis. Crenças, representações sociais, formas de relacionamento com o "outro", estratagemas usados em processos educativos ou em face de situações problemáticas são fatos humanos e, para serem entendidos, implicam a presença humana e a capacidade de empatia. É evidente que o valor de tais resultados obtidos não pode então ser avaliado por referência aos *canons* da investigação "científica" clássica. Portanto, os fatos sociais não podem interpretar-se fora de seus contextos simbólicos e socioculturais, bem como fora de um contexto teórico. Entendemos a cultura e a abordagem antropológica ao modo de Clifford Geertz, que, influenciado por Max Weber, defende um conceito de cultura essencialmente semiológico, cujo objetivo é ajudar o investigador a ter acesso ao mundo conceitual no qual vivem seus sujeitos, com intuito de proporcionar o diálogo com eles e de, no caso da etnografia da educação, perceber os significados e os modos como crianças, ou alunos, ou professores, ou pais e mães se relacionam. Mais que o comportamento dos atores, na antropologia da educação buscam-se os significados que lhe atribuem os sujeitos e aqueles que interagem com ele (ERICKSON, 1989). Aproximamo-nos assim de Max Weber, que se recusa a falar de leis generalizáveis à complexidade das diversas singularidades sociais.

O método etnográfico em contextos educativos

O uso do método etnográfico em contextos educativos leva a uma nova orientação epistemológica que ultrapassa as visões e pesquisas temáticas sobre o insucesso ou o sucesso escolar, mas, também, a uma nova atitude metodológica de quem investiga "fatos educativos", quer seja por parte do antropólogo, quer seja por parte do professor investigador que se defende.

A "etnografia da educação", que junta duas vertentes fundamentais, a metodologia, por um lado, e o domínio de estudo, por outro, que é, nesse caso, a educação, inscreve-se claramente na perspectiva interpretativa e fenomenológica dos estudos antropológicos.

Trata-se de uma opção metodológica que só aparentemente pode ser considerada invenção recente (GUSMÃO, 2004; ROCHA; TOSTA, 2009). Efetivamente, trata-se de uma metodologia que, embora clássica nos estudos antropológicos, encontra hoje um contexto talvez mais propício à adoção pela comunidade científica e à adequação no estudo de processos sociais, educativos, escolares ou não (SILVA, 2003).

É assim que entre a antropologia a sociologia se dão, de novo, fluxos e refluxos de comunicação e identificação. A sociologia (pelo menos a não positivista) reencontra a etnografia, e a antropologia, em seu "regresso a casa", estende a etnografia às sociedades ditas complexas, ao processo educativo e à própria escola. Ser etnógrafo da escola, fazer etnografia de reuniões escolares, de reuniões com encarregados de educação, de processos de transmissão cultural, etc. não soa hoje estranho nem nos manuais de investigação nem entre os próprios investigadores.

E a etnografia da educação em contextos educativos, realizada por antropólogos, pode ser feita na escola, na sala de aula, no recreio, nos tempos livres, no jogo infantil, na família, nos escoteiros, na catequese, etc., e segue, por vezes, um, dois ou três sujeitos, sem aquela preocupação sociologista de estudar a educação como um simples meio de reprodução social sem estudar os modos particulares de socialização de cada indivíduo.

A antropologia da educação em Portugal

No início dos anos 1980, a licenciatura em Antropologia da Faculdade de Ciências Sociais e Humanas da Universidade Nova de Lisboa incluía uma cadeira optativa de Antropologia da Educação lecionada pelo professor Viegas Tavares, que acumulava a docência com o quadro superior do Ministério da Educação.

Em um artigo de 1985, Manuel José Alves Viegas Tavares resumia assim a antropologia da educação:

> A Antropologia da Educação analisa as relações escola/comunidade e as suas implicações no processo de enculturação dos jovens. Aplicando os métodos de pesquisa e análise de ciências afins, mas centrando-se sempre no método etnográfico de observação participante na análise dos processos educacionais, visa contribuir para a solução de problemas da prática e da política educativa (TAVARES, 1985, p. 53).

Viegas Tavares veio a fazer seu doutoramento sobre o insucesso escolar e as minorias étnicas em Portugal.

Paralelamente, o professor Jorge Crespo desenvolvia também uma cadeira optativa de Antropologia do Jogo. De resto, como o próprio autor refere:

> Nas sociedades tradicionais, os jogos integravam-se no complexo de cerimónias cíclicas através das quais as crianças e os jovens se apropriavam da cultura das suas comunidades. Em particular, nos ciclos do Inverno e da Primavera, destacam-se os jogos que constituíam experiências fundamentais da morte e da vida, no processo cíclico de reestruturação do mundo. Nestes casos, o jogo é um dos elementos mais importantes na formação das personalidades, no domínio das relações com os outros, espaço e tempo da liberdade favorável à inovação e transformação da realidade (CRESPO, 1999, p. 7).

Terminada minha licenciatura, e depois de dois anos ensinando Geografia e antropologia no ensino secundário, vim a ingressar na Escola Superior de Educação de Leiria (ESEL), que tinha iniciado sua função docente havia apenas um ano. Todos os cursos de então incluíam em seus currículos a disciplina de Introdução às Ciências Sociais, no primeiro semestre, e os cursos de educadores de infância e professores do primeiro ciclo do ensino básico tinham, depois, no primeiro semestre do segundo ano, Antropologia Cultural. Fui convidado a construir o programa de Antropologia Cultural e o fiz, em 1987, com uma segunda parte que, depois das noções operatórias básicas da antropologia geral e das ciências sociais, apontava para o estudo do processo educativo, embora, na altura, confesso, não tivesse formação suficiente para ir além do culturismo americano e da escola de cultura e personalidade. Os livros obrigatórios de então, lembro-me, eram o célebre *Padrões de cultura* de Ruth Benedict, e *O conflito de gerações*, de Margaret Mead, além do *Man and His Works* de M. Herskovits.

Em 1988, integrei a comissão organizadora das I Jornadas de Antropologia e Etnologia Regional de Leiria, realizadas em 10, 11 e 12 de novembro. Minha preocupação com o cruzamento da antropologia com a educação era de tal forma já considerável na altura que consegui que a manhã do primeiro dia fosse inteiramente dedicada ao tema antropologia e educação. Foram conferencistas convidados para essa sessão os professores Raul Iturra, do Instituto Universitário de Lisboa (ISCTE), que apresentou a conferência "A passagem da oralidade à escrita na formação do saber: o mito do insucesso escolar", e Augusto Mesquitela Lima, da Faculdade de Ciências Sociais e Humanas (FCSH) da Universidade Nova de Lisboa, que apresentou a conferência "A antropologia e o sistema educativo".

É preciso recordar que as escolas superiores de educação (ESEs) nasceram a partir dos magistérios primários, que, há já alguns anos, tinham também nos currículos da formação de professores e de educadores de infância a disciplina Antropologia Cultural, muito desenvolvida em torno da obra de Herskovits, *Man and His Works*, traduzida em edição brasileira por *Introdução à antropologia cultural* em três tomos que basicamente constituíam o manual da disciplina, um pouco por todos os magistérios do país, em uma tentativa de relativizar a mente dos futuros professores e educadores.

O corpo docente das emergentes ESEs foi alimentado, basicamente por todo o país, por professores que haviam feito seus mestrados em Ciências da Educação, financiados por um projeto do Banco de Portugal, ora no

Estados Unidos da América, na Universidade de Boston, ora na França, na Universidade de Bordéus. Os que fizeram suas especializações em Análise Social da Educação ou em Metodologia dos Estudos Sociais são, provavelmente, os docentes que estão na origem das disciplinas de Análise Social da Educação, Sociologia da Educação e Antropologia da Educação dos currículos de formação das ESEs. Em algumas escolas surgiu mesmo a disciplina de Socioantropologia, como é o caso de Castelo Branco, lecionada por Luís Costa. Na ESE de Setúbal foi criada a disciplina de Antropologia da Educação, que funcionou pela primeira vez no ano letivo de 1988/89, e cuja coordenação tem sido assegurada por Luís Souta, também ele mestre em Ciências da Educação pela Universidade de Boston. Na ESE de Leiria surgiu a Antropologia da Educação como disciplina optativa dos cursos de formação de professores para o primeiro ciclo e de educadores de infância, em 1992, sob proposta de Ricardo Vieira.

Outras ESEs e universidades públicas e privadas, embora não tendo especificamente Antropologia da Educação em seus currículos, acabam por ter algumas disciplinas voltadas para a questão da educação e da diversidade cultural que, inevitavelmente, não podem/devem perder a experiência da antropologia nessas matérias, como é o caso de Carlos Cardoso e de Teresa Vasconcelos, da ESE de Lisboa, que apostaram mais em Unidades Curriculares (UC) temáticas, transversais e menos disciplinarizantes.

Entre 1993 e 1997, a seção de Antropologia da Educação da Associação Portuguesa de Antropologia (APA), presidida pelo professor Raul Iturra e da qual eu próprio fazia parte, reuniu-se várias vezes com o Ministério da Educação a propósito da habilitação própria para lecionar no ensino secundário e de outras saídas profissionais para os antropólogos no ensino: Área-Escola, criada pelo Decreto-Lei n. 286/89, definida como uma área curricular não disciplinar, e os Territórios Educativos de Intervenção Comunitária (TEIP) criados pelo Despacho n. 147-B/ME/96.

É inegavelmente a Raul Iturra que se deve o *boom* do desenvolvimento da antropologia da educação em Portugal. Em 1987, Raul Iturra dava o grande pontapé de saída com o trabalho de campo com observação participante, iniciado em Vila Ruiva, com Filipe Reis, Paulo Raposo, Nuno Porto e Berta Nunes. Aproveitavam o tempo livre que a escola concedia às crianças para fazer atividades com elas a fim de compreender suas representações sociais e seu conhecimento local. Assim, brincavam de médico, de hospital, de família, etc. Compravam cadernos, papel e lápis e faziam com as crianças os trabalhos de casa. Iturra, através da metodologia das genealogias, levava os alunos a pensar sua história, o patrimônio dos pais, as terras, os animais etc.² Dessa investigação foram publicados, na coleção A Aprendizagem Para Além da Escola, os seguintes livros: *Fugirás à escola para trabalhar a terra: ensaios de antropologia social sobre o insucesso escolar*, de Raul Iturra (1990b); *A construção social do insucesso escolar: memória e aprendizagem em Vila Ruiva*, de Raul Iturra (1990a); *O corpo, a razão, o coração: a construção social da sexualidade em Vila Ruiva*, de Nuno Porto (1991); *Corpos, arados e romarias: entre a fé e a razão em Vila Ruiva*, de Paulo Raposo (1991a); *Educação, ensino e crescimento: o jogo infantil e a aprendizagem do cálculo econômico em Vila Ruiva*, de Filipe Reis (1991); *O saber médico do povo*, de Berta Nunes (1997).

Vieram a se juntar a essas publicações *Escola e aprendizagem para o trabalho num país da (semi)periferia europeia*, de Stephen Stoer e Helena Araújo (1992) e *Entre a escola e o lar: o curriculum e os saberes da infância*, de Ricardo Vieira (1992).

A propósito da primeira obra da coleção A aprendizagem para além da escola, Pedro Silva, em uma recensão bibliográfica da obra de Stoer e Araújo (1992), diz que

> [...] o primeiro livro (ITURRA, 1990a), um conjunto de ensaios, corresponde ao espraiar do pensamento teórico do autor na perspectiva da afirmação de uma Antropologia da Educação. Trata-se de um pensamento radical, elaborado numa linguagem não hermética, que se debruça sobre a complexa relação entre o "saber letrado" (da escola) e a "mente cultural" (rural) (SILVA, 1994, p. 186).

É de assinalar aqui, ainda, em termos do desenvolvimento da antropologia da educação em Portugal, mesmo que de uma forma mais interdisciplinar, e em particular com a sociologia da educação, o surgimento da revista *Educação, Sociedade e Culturas*, em 1994, propriedade da Associação de Sociologia e Antropologia da Educação, dirigida pelo falecido professor Stephen Stoer e que, em termos de secretariado de redação e conselho de redação, integra vários sociólogos, cientistas da educação e antropólogos (Raul Iturra desde o primeiro número, Ricardo Vieira desde o segundo e, mais tarde, Filipe Reis, Paulo Raposo, Luís Souta e Amélia Frazão-Moreira). Essa revista, que tem tido um forte pendor etnográfico, saiu, em seu primeiro número, com seis artigos que abordam temas variados:

---

² Ver Iturra; Reis (1990); Iturra (2000).

O primeiro artigo [de autoria de Stephen Stoer] aborda a construção, possivelmente "contra-hegemónica", do conceito do professor inter/multicultural através do campo da recontextualização pedagógica. A seguir, apresentamos dois artigos que estudam o processo de aprendizagem nas crianças como forma de produção e construção de novos saberes e poderes: enquanto o artigo de Raul Iturra ensaia ideias sobre a natureza do processo educativo, o artigo de Georges Augustin lança um olhar antropológico sobre o jogo de berlindes. O artigo de Luiza Cortesão e colaboradores apresenta uma análise das histórias contadas por crianças luso-brancas e luso-ciganas, que vivem no que é denominada "uma situação de ghetto sócio-cultural", como tentativa de aceder a uma compreensão dos seus quotidianos. Na base de um conhecimento da evolução de instituições de ensino técnico, encontramos, no artigo de Sérgio Grácio, uma proposta para um modelo explicativo dos graus de autonomia ou de heteronomia nas relações das instituições de ensino com as instituições económicas o mercado de emprego. Finalmente, Augusto Santos Silva, recusando uma visão linear e sucessiva de mudança, apresenta-nos uma reflexão crítica sobre o conceito e as teorias da mudança social (STOER, 1994, p. 5).

Com o falecimento de Steven Stoer, a *Educação, Sociedade e Culturas* sofreu várias reestruturações, sendo, neste momento, o órgão de difusão científica do Centro de Investigação e Intervenção Educativas (CIIE) da Faculdade de Psicologia e Ciências da Educação da Universidade do Porto.

Já antes, no trabalho de campo em Vila Tuxe, em 1970 e em 1974, Raul Iturra reconhece que, ao estudar o grupo doméstico, começou a se interessar sobre como se aprendia a calcular na rua, no jogo, na economia doméstica, etc. Suas filhas começaram a ir à escola em Vila Tuxe, onde falavam galego. Em casa as línguas eram o castelhano e o inglês. E toda essa diversidade levava Iturra a pensar nas descontinuidades entre a casa e a escola. Embora a pesquisa aí realizada fosse centrada na vida econômica, a ideia da aprendizagem para além da escola foi emergindo e viria a despertar seu interesse pela antropologia da educação. Percebeu que as crianças eram educadas pela interacção dentro do grupo onde vivem.[3]

---

[3] Ver Iturra (1997; 2001).

A partir do final da década de 1980 e do início da de 1990, Raul Iturra e sua equipe de investigação iniciaram um conjunto de seminários fechados sobre antropologia da educação, à volta de temas como o insucesso escolar, a transgressão e a aprendizagem, a etnopsicanálise, o jogo e a aprendizagem, a oralidade e a escrita na aprendizagem, etc., em Portugal (Lisboa, Porto, Albergaria dos Doze, Alfândega da Fé, etc.) e na França (Ecole des Hautes Etudes en Sciences Sociales e no Collège de France), com a participação de Maurice Godelier, Marie-Elizabeth Handman, Françoise Zonabend, Pierre Bourdieu, Monique de Saint Martin, François Bonvin e Bernard Lahire.

Na recensão da obra *O saber das crianças* (ITURRA, 1996b), Luís Souta, professor de Antropologia da Educação na Escola Superior de Educação de Setúbal, considera os cinco autores dos textos que compõem esse livro (Raul Iturra, Amélia Frazão Moreira, Filipe Reis, Paulo Raposo, Ricardo Vieira) como uma equipe pioneira que lançou em Portugal a antropologia da educação. Comparando-a com os trabalhos de antropologia da educação norte-americana, que tem se preocupado com o sistema formal, diz que:

> *O saber das crianças* trilha outros caminhos, não em torno de "problemas" mas na procura das virtualidades e potencialidades das crianças para aprenderem e entenderem o real. A sua pesquisa faz-se por isso a montante do sistema educativo, procurando compreender os mecanismos da aprendizagem informal, num processo que conduz naturalmente ao reconhecimento e valorização desses saberes (SOUTA, 1997b, p. 353).

Os trabalhos iniciais de Filipe Reis e de Paulo Raposo, no ISCTE, foram fundamentais para o desenvolvimento da antropologia da educação em Portugal. Ambos têm sido docentes dessa cadeira optativa no ISCTE ao longo dos últimos 15 anos. A pesquisa de Reis, mais refletida nos programas dessa disciplina, remetia essencialmente para a problemática da oralidade/escrita/literacia centrada nas obras de Goody e Iturra, bem como nas críticas contidas nos *new literacy studies* de finais dos anos 1980 e anos 1990.[4] A perspectiva educacional de Paulo Raposo sublinhava mais o estudo da aprendizagem ritual.[5]

As pesquisas de Telmo Caria sobre culturas de escola e culturas profissionais, bem como sobre o método etnográfico (CARIA, 1994; 2000;

---

[4] Ver Reis (1995; 1996; 1997).

[5] Ver Raposo (1991a; 1996).

2003), e de Amélia Frazão-Moreira sobre as classificações das crianças apreendidas do mundo adulto (FRAZÃO-MOREIRA, 1994) e sobre etnobotânica (FRAZÃO-MOREIRA, 2003), ambas orientadas por Raul Iturra e conducentes a seus doutoramentos já terminados, engrossam a latitude da antropologia da educação que Iturra tem feito desenvolver em Portugal.

Assumindo essa consciência e essa responsabilidade, Raul Iturra refere na Introdução ao livro *O saber das crianças*:

> Uma parte do grupo que comigo trabalha decidiu escrever sobre o saber das crianças. Sob a minha orientação, ao longo do tempo; e hoje sob a minha coordenação, queríamos definir processos e actividades que permitam ao leitor entender o dito saber. Começo por abordar uma forma particular de interacção entre ascendente e descendente: aquela através da qual um grupo social contextualiza ou quer contextualizar, a emotividade do mais novo para assegurar a reprodução, isto é, a continuidade histórica das pessoas sobre a terra [...].
>
> Amélia Frazão-Moreira [...] analisa o processo de interacção que no interior de um grupo doméstico, (de uma aldeia de Trás-os-Montes), transmite saberes e contra saberes através das tarefas que constituem o trabalho doméstico (nutrição, arranjo doméstico, nas conversas sobre os amores e a afectividade, etc.). [...]
>
> Filipe Reis [...] analisa a forma como a escola introduz as crianças na cultura escrita, a partir de uma experiência de terreno, numa aldeia da serra da Estrela. [...]
>
> Paulo Raposo [...] regressou comigo à Beira Alta e observou os comportamentos rituais dos pequenos, colectando dados a partir dos quais foi capaz de concluir que o real é representado e manipulado pela pequenada que estamos a estudar aí.
>
> Ricardo Vieira [...] procura explicar como o adulto de hoje é resultado do jovem e da criança que antigamente foi; esta análise é feita por meio de entrevistas e análises de histórias de vida de professores do ensino básico (ITURRA, 1996, p. 10-11).

Referências

ABÉLÈS, Marc. *Un ethnologue à l'assemblée*. Paris: Odile Jacob, 2000.

ARIÈS, Philippe. *História social da criança e da família*. Rio de Janeiro: Zahar, 1981.

AUGÉ, Marc. *Não-lugares: introdução a uma antropologia da sobremodernidade*. Lisboa: Bertrand, 1994.

CARIA, Telmo. A construção etnográfica do conhecimento em ciências sociais: reflexividade e fronteiras. In: CARIA, Telmo (Org.). *Metodologias etnográficas em ciências sociais*. Porto: Afrontamento, 2003. p. 9-20.

CLIFFORD, James. *A experiência etnográfica: antropologia e literatura no século XX*. Rio de Janeiro: UFRJ, 2002.

COELHO, Adolfo. *Cultura popular e educação*. Lisboa: D. Quixote, 1993.

CORDEIRO, Graça. A antropologia urbana entre a tradição e a prática. In: CORDEIRO, Graça; BAPTISTA, Luís; COSTA, António (Org.). *Etnografias urbanas*. Oeiras: Celta, 2003. p. 3-32.

CRESPO, Jorge. Os jogos da morte e da vida: a aprendizagem do mundo. *Arquivos da Memória*, Lisboa: Centro de Estudos de Etnologia Portuguesa, n. 6-7, p. 93-117, 1999.

ERICKSON, Frederick. Metodos cualitativos de investigacion sobre la enseñanza. In: WITTROCK, Merlin (Org.). *La investigación de la enseñanza 2: métodos cualitativos y de observación*. Barcelona; Buenos Aires; México: Paidós, 1989. p. 195-302.

FRAZÃO-MOREIRA, Amélia. Aprender etnobotânica em terras de África: trabalho e campo entre os Nalu da Guiné-Bissau. In: CARIA, Telmo (Org.). *Metodologias etnográficas em ciências sociais*. Porto: Afrontamento, 2003. p. 131-147.

FRAZÃO-MOREIRA, Amélia. Entre favas e ovelhas: categorias do mundo do adulto apreendidas pelas crianças numa aldeia do Alto Douro. *Educação, Sociedade e Culturas*, Porto, n. 2, p. 39-57, 1994.

GEERTZ, Clifford. *A interpretação das culturas*. Rio de Janeiro: Guanabara, 1989.

GEERTZ, Clifford. *Nova luz sobre a antropologia*. Rio de Janeiro: Jorge Zahar, 2001.

GOODY, Jack. *A domesticação do pensamento selvagem*. Lisboa: Edições 70, 1988.

GOODY, Jack. *A lógica da escrita na organização da sociedade*. Lisboa: Edições 70, 1987.

GOODY, Jack. Les chemins du savoir oral. *Critique: Revue Generale des Publications Françaises et Etrangères*, Paris: Editions de Minuit, 1980.

GOODY, Jack (Ed.). *Literacy in Traditional Societies*. Cambridge: Cambridge University Press, 1968.

GOODY, Jack. Mémoire et apprentissage dans les societés avec et sans écriture: la transmission du Bagré. *L'Homme*, n. 17, p. 29-52, jan.-mars 1977.

GUSMÃO, Neusa. Antropologia e educação: a conflitualidade em questão. In: *Os filhos de África em Portugal: antropologia, multiculturalidade e educação*. Lisboa: ICS, 2004. p. 59-68.

GUSMÃO, Neusa. Antropologia e educação: origens de um diálogo. *Cadernos Cedes*, Campinas, v. 18, n. 43, p. 26-37, 1997.

HENRIOT-VAN ZANTEN, Agnes. Ethnologie de l'éducation. *L'Année Sociologique*, n. 37, 1987.

HENRIOT-VAN ZANTEN, Agnes; ANDERSON-LEVITT, Kathryn. L'anthropologie de l'éducation aux États-Unis: méthodes, théories et applications d'une discipline en évolution. *Révue Française de Pédagogie*, n. 101, 1992.

ITURRA, Raul. *A construção do insucesso escolar*. Lisboa: Escher, 1990a.

ITURRA, Raul. A oralidade e a escrita na construção social. *Educação, Sociedade & Culturas*, Porto: Afrontamento, n. 8, p. 7-20, 1997a.

ITURRA, Raul. *Fugirás à escola para trabalhar a terra: ensaios de antropologia social sobre o insucesso escolar*. Lisboa: Escher, 1990b.

ITURRA, Raul. *O caos da criança: ensaios de antropologia da educação*. Lisboa: Livros Horizonte, 2001.

ITURRA, Raul. *O imaginário das crianças: os silêncios da cultura oral*. Lisboa: Fim de Século, 1997b.

ITURRA, Raul (Org.). *O saber das crianças*. Setúbal: ICE, 1996b.

ITURRA, Raul. *O saber sexual das crianças: desejo-te porque te amo*. Porto: Afrontamento, 2000.

ITURRA, Raul. Perfil e funções que podem ser desempenhadas pelo(a) antropólogo(a) no quadro dos "Territórios Educativos de Intervenção Prioritária". *Boletim APA*, n. 10, p. 7-8, 1996a.

ITURRA, Raul; REIS, Filipe. *O jogo infantil numa aldeia portuguesa*. Guarda: Associação de Jogos Tradicionais, 1990.

LATOUR, Bruno; WOOLGAR, Steve. *La vie de Laboratoire*. Paris: La Découverte, 1988.

MEAD, Margaret. *O conflito de gerações*. Lisboa: Dom Quixote, 1970.

MORIN, Edgar. *O problema epistemológico da complexidade*. Lisboa: Europa-América, 1996.

NUNES, Berta. *O saber médico do povo*. Lisboa: Fim de Século, 1997.

OGBU, John. Anthropological Ethnography in Education: Some Methodological Issues, Limitations and Potencials. In: GIDEONSE, Hendrick D.; KOFF, Robert; SCHWAB, Joseph J. (Ed.). *Values, Inquiry and Education*. Los Angeles: National Society of Education, 1981. p. 20-49.

OGBU, John. Etnografia escolar: una aproximación a nível múltiple. In: MAILLO, Honorio M. Velasco; CASTAÑO, F. Javier García; RADA, Angel

Díaz de (Ed.). *Lecturas de antropologia para educadores*. Madrid: Trotta, 1993. p. 145-174.

PELISSIER, Catherine. The Anthropology of Teaching and Learning. *Annual Review of Anthropology*, n. 20, p. 75-95, 1991.

PORTO, Nuno. *O corpo, a razão, o coração: a construção social da sexualidade em Vila Ruiva*. Lisboa: Escher, 1991.

RAPOSO, Paulo. *Corpos arados e romarias*. Lisboa: Escher, 1991a.

RAPOSO, Paulo. Diálogos com os santos: performance, dramaturgia e aprendizagem ritual. In: ITURRA, Raul (Org.). *O saber das crianças*. Setúbal: ICE, 1996. p. 109-128.

RAPOSO, Paulo. Os usos sociais do humor em contexto escolar. *Educação e Ensino*, Setúbal: ESES, v. 10, n. 20, maio-jun. 1991b. Dossier Humor na Educação.

REIS, Filipe. A domesticação escolar do pensamento infantil: perspectivas teóricas para a análise das práticas escolares. *Educação, Sociedade e Culturas*, Porto, n. 3, p. 37-55, 1995.

REIS, Filipe. Da antropologia da escrita à literacia: algumas reflexões sobre o estudo nacional de literacia. *Educação, Sociedade e Culturas*, Porto, n. 8, p. 105-120, 1997.

REIS, Filipe. Oralidade e escrita na escola primária: programas e práticas. In: ITURRA, Raul (Org.). *O saber das crianças*. Setúbal: ICE, 1996. p. 67-108.

ROCHA, Gilmar; TOSTA, Sandra Pereira. *Antropologia & educação*. Belo Horizonte: Autêntica, 2009.

SANTOS, Paula Mota; SEIXAS, Paulo Castro. A antropologia na educação: abertura antropológica sem antropólogos. *Antropológicas*, n. 1, p. 113-127, 1997.

SILVA, Pedro. *Etnografia e educação*. Porto: Profedições, 2003.

SILVA, Pedro. Recensão à obra de STOER, S. e ARAÚJO, H. Escola e aprendizagem para o trabalho. *Educação, Sociedade e Culturas*, n. 1, Porto, 1994.

SOUTA, Luís. A educação multicultural. *Inovação*, n. 2-3, p. 45-52, 1991.

SOUTA, Luís. Educação multicultural: um imperativo dos nossos dias. *Educação e Ensino*, n. 4, p. 15-19, abr. 1992.

SOUTA, Luís. *Multiculturalidade & educação*. Porto: Profedições, 1997a.

SOUTA, Luís. O ensino da antropologia. *Gerontologia*, v. 4, n. 14, p. 54-59, 1982.

SOUTA, Luís. Recensão à obra de Iturra, Raul (Org). O saber das crianças. Setúbal, 1996. *Cadernos ICE*, n. 3, 1997b.

SOUTA, Luís; MARQUES, Regina. Escola-família, nota de abertura. *Educação e Ensino*, n. 5, v. 7, p. 4-47, 1993.

SPINDLER, George (Ed.). *Being an Anthropologist: Fieldwork in Eleven Culture*. New York: Holt, Rinehart and Winston, 1971.

SPINDLER, George D. *Doing the Ethnography of Schooling*. New York; Chicago: Holt, Rinehart and Winston, 1982.

SPINDLER, George. La transmisión de la cultura. In: MAILLO, Honorio M. Velasco; CASTAÑO, F. Javier García; RADA, Angel Díaz de (Ed.). *Lecturas de antropología para educadores*. Madrid: Trotta, 1993. p. 205-242.

SPRADLEY, James. *Participant Observation*. New York: Holt, Rinehart and Winston, 1980.

SPRADLEY, James. *The Etnographic Interview*. New York: Holt, Rinehart and Winston, 1979.

STOCKING JR., George. La magia del etnógrafo: el trabajo de campo en la antropología británica desde Tylor a Malinowski. In: MAILLO, Honorio M. Velasco; CASTAÑO, F. Javier García; RADA, Angel Díaz de (Ed.). *Lecturas de antropología para educadores*. Madrid: Trotta, 1993. p. 43-94.

STOER, Stephen; ARAUJO, Helena C. *Escola e aprendizagem para o trabalho*. Lisboa: Escher, 1992.

STOER, Stephen. Editorial. *Revista de Educação, Sociedade e Culturas*, n. 1, 1994.

TAVARES, Manuel J. A. Viegas. Antropologia da educação. *Antropologia Portuguesa*, v. 3, p. 53-60, 1985.

TAVARES, Manuel J. A. Viegas. *O insucesso escolar e as minorias étnicas em Portugal: uma abordagem antropológica da educação*. Lisboa: Piaget, 1998.

TRINDADE, José Maria dos Santos. *Educação, identidade e dinâmica social: do mar como recurso aos discursos do mar*. 2003. Dissertação (Mestrado em Ciências da Educação) – Faculdade de Psicologia e de Ciências da Educação, Universidade do Porto, Porto, 2003.

VIEIRA, Ricardo. Antropologia da educação e ciências da educação. In: *Identidades pessoais: interacções, campos de possibilidade e metamorfoses culturais*. Lisboa: Colibri, 2009. p. 17-22.

VIEIRA, Ricardo. Da infância à adultez: o reconhecimento da diversidade e a aprendizagem da interculturalidade. In: ITURRA, Raul (Org.). *O saber das crianças*. Setúbal: ICE, 1996. p. 129-155.

VIEIRA, Ricardo. *Educação e diversidade cultural: notas de antropologia da educação*. Porto: Afrontamento, 2011.

VIEIRA, Ricardo. *Entre a escola e o lar.* Lisboa: Escher, 1992.

VIEIRA, Ricardo. Histórias de vida e etnografia na análise das representações e práticas dos professores. *Trabalhos de Antropologia e Etnologia*, v. 38, n. 1-2, p. 81-94, 1998.

VIEIRA, Ricardo. *Histórias de vida e identidades: professores e interculturalidade.* Porto: Afrontamento, 1999a.

VIEIRA, Ricardo. Mentalidades, escola e pedagogia intercultural. *Educação, Sociedade e Culturas*, Porto, n. 4, p. 127-147, 1995.

VIEIRA, Ricardo. Modelos científicos e práticas educativas: breve incursão no século XX. In: *Ser igual, ser diferente: encruzilhadas da identidade.* Porto: Profedições, 1999. p. 83-90.

VIEIRA, Ricardo. *Ser igual, ser diferente: encruzilhadas da identidade.* Porto: Afrontamento, 1999b.

VIEIRA, Ricardo. Vidas revividas: etnografia, biografias e a descoberta de novos sentidos. In: CARIA, Telmo (Org.). *Metodologias etnográficas em ciências sociais.* Porto: Afrontamento, 2003. p. 77-96.

WOODS, Peter. *L'ethnographie de l'ecole.* Paris: Armand Colin, 1990.

Parte II
*Antropologia da educação
em perspectiva comparada*

El campo de la antropología y la educación en la Argentina: problemáticas y contextos

María Rosa Neufeld

Introducción

El workshop Etnografía para América Latina: um outro olhar sobre a escola no Brasil e na Argentina, organizado por los colegas de la PUC Belo Horizonte - Dra. Sandra Tosta y su equipo -, nos dio la posibilidad de exponer, en Brasil, las características de la investigación socioantropológica acerca de problemáticas educativas y escolares que se realiza en distintas universidades de la Argentina. Recuperamos en estas páginas los principales conceptos expuestos en esa oportunidad.

Nuestro lugar de trabajo está en la Facultad de Filosofía y Letras de la Universidad de Buenos Aires (UBA), en el programa de Antropología y Educación que creamos con Graciela Batallán hace 23 años. Participan de dicho programa investigadoras e investigadores de distintas disciplinas: antropología, psicología, ciencias de la educación, sociología. Mis apreciaciones reflejan en buena medida este trabajo colectivo e interdisciplinario.

En la antropología social argentina hay una ya larga tradición de interés por la problemática educativa, que se expresa en una multiplicidad de investigaciones: en general, en las mismas se diferencia "educación", que es tomada en sentido amplio, de "escolarización", en el sentido en que lo plantean Levinson y Holland (1996).[1] A pesar de ello, en estas investigaciones las escuelas se constituyen en un objeto privilegiado de observación,

---

[1] "Definimos educación aun más ampliamente. Seguimos la práctica antropológica usual de distinguir educación de escolaridad. Los antropólogos desde hace tiempo han reconocido la existencia de definiciones culturalmente específicas y relativas de la persona educada... [...] los antropólogos reconocen que todas las sociedades proveen algún tipo de entrenamiento y algún conjunto de criterios mediante los cuales los miembros pueden ser identificados como más o menos 'entendidos'."(LEVINSON; HOLLAND, 1996).

por ser ámbitos de encuentro y permanencia obligada para los niños, sus padres, los docentes y otras personas involucradas.

Debemos destacar, sin embargo, que las instituciones educativas son algo así como la antítesis del objeto tradicional de la antropología, identificado con lo exótico o lo distante. Las escuelas, en tanto manifestaciones centrales de nuestra propia organización social y política, exigen una tarea ardua de "descotidianizar" lo que sucede en ellas. El trabajo de "extrañamiento" o "descotidianización" característico de la antropología se hace particularmente importante en este caso, por todo lo que hay de obvio y dado por sentado en el contexto educativo para los mismos investigadores, que hemos sido formados y seguimos perteneciendo a este ámbito.

Algunos datos sobre la organización del sistema educativo en la Argentina

En la Argentina, las escuelas son y han sido, desde hace casi 150 años, instrumentos fundamentales de la construcción del Estado-nación. En la formación de la Argentina como Estado, en el último cuarto del siglo XIX, la política educativa fue la herramienta privilegiada con la que se buscó formar una conciencia nacional que pudiera unificar a los inmigrantes de orígenes diversos, aunque esto implicara el desconocimiento de las identidades de origen de los recientes ciudadanos.

La Ley 1420 de Educación Común de 1884, garantizaba la escuela primaria a todos los niños entre seis y catorce años de edad, y decía, además, que esta "instrucción primaria" debía ser obligatoria y gratuita; establecía la creación de distritos escolares que garantizaran la existencia de escuelas públicas al alcance de la población y fijaba su carácter graduado y laico. En realidad, su ámbito de aplicación se limitaba a la Capital Federal y los territorios nacionales y el articulado se refería solo a la educación primaria, pero su influencia se extendió a los demás niveles y jurisdicciones. Recién en 1993 se sancionó la Ley Federal de Educación, primera ley referida explícitamente a todo el país, que amplió la obligatoriedad de siete a diez años de escolarización, y modificó la estructura del sistema. Si bien garantizaba la gratuidad de los servicios estatales de educación en todos los niveles, introducía una concepción subsidiaria del papel del Estado, ya que ponía al sector privado en igualdad de condiciones con el sector público, con lo que se alejaba de los criterios dominantes en la Ley 1420. Esta ley fue efímera, y debido a la orientación que intentaba dar a la educación, fue objetada por amplios sectores de la sociedad y finalmente derogada y reemplazada por la ley actual 26206 (sancionada el 14 de diciembre de 2006). Más adelante volveremos a referirnos a estos marcos legales y su significación a la hora de caracterizar la problemática educativa en la Argentina.

La investigación etnográfica acerca de problemáticas educativas en la Argentina

En la Argentina, el desarrollo principal de las investigaciones en antropología y educación se ha dado en el marco de carreras e institutos de antropología o ciencias de la educación, insertados en universidades nacionales y con el respaldo del financiamiento del sistema nacional de ciencia y tecnología (CONICET; Agencia)[2]. En 1984, a partir del retorno a la democracia después del último período de dictadura, la organización del sub-campo disciplinar conocido como "Antropología y Educación" tuvo lugar en las Universidades de Rosario (ACHILLI, 1988), Buenos Aires (BATALLÁN; NEUFELD, 1988) y La Plata (GARCÍA; ALANIZ, 2000). En estas universidades, dicho desarrollo se dio principalmente en el contexto de la antropología social, lo cual derivó en una serie de características peculiares: no solo el recurso "natural" al enfoque etnográfico, sino esa visión amplia de la problemática educativa, no limitada a la escolarización a la que hicimos referencia en el inicio.

Dado que en estas universidades la relación entre carreras es sencilla, este tipo de formación alcanzó a una cantidad significativa de estudiantes, luego graduados, de Ciencias de la Educación, que también participan de este tipo de investigaciones.

Esto tiene sus excepciones, y bien importantes: en la Universidad Nacional de Córdoba, en donde la Licenciatura en Antropología no existía (se crea recientemente, en 2010) la investigación socioantropológica acerca de problemáticas educativas encontró su sede en el Instituto de Investigación María Saleme de Burnichon, de la Escuela de Ciencias de la Educación, y en el Centro de Estudios Avanzados, ambos de la Universidad Nacional de Córdoba.

Hubo un antecedente antes de que, en 1983, terminara la última dictadura: fue la participación, ya iniciada la década de 1980, de las antropólogas argentinas Elena Achilli y Graciela Batallán en la Red de Investi-

---

[2] Tanto el Conicet – Consejo Nacional de Investigaciones Científicas y Técnicas – como la Agencia Nacional de Promoción Científica y Tecnológica, dependen del Ministerio de Ciencia, Tecnología e Innovación Productiva de la Nación.

gaciones Cualitativas en Educación.³ Durante un breve período, esta red produjo un periódico multicopiado, de circulación interna, denominado *Dialogando*, en el que se tradujeron al español algunos de los textos más significativos que este enfoque etnográfico y cualitativo llevaba producidos hasta ese momento. En el caso de la Universidad Nacional de Córdoba, la investigadora en Educación Justa Ezpeleta migró a México durante la dictadura, donde compartió con Elsie Rockwell la redacción de uno de los primeros y fundamentales textos de este enfoque (EZPELETA; ROCKWELL, 1983); el contacto que mantuvo con sus colegas cordobesas permitió desde el inicio el acceso a las producciones del Instituto Politécnico Nacional (IPN)/DIE mexicano.

El enfoque histórico-etnográfico

Cuando en estas páginas hablamos de "etnografía" nos referimos al enfoque histórico-etnográfico, desarrollado en el contexto latinoamericano, como una apropiación crítica de los desarrollos anglófonos, realizada muy principalmente por Elsie Rockwell en México. En la Argentina, Elena Achilli, Graciela Batallán y yo misma nos contamos en el grupo inicial. Cuando pensamos el aporte que la mirada antropológica puede hacer a la investigación sobre los procesos de escolarización, más allá de la mirada "microscópica" y descriptiva, entendemos el "enfoque etnográfico" o "socio-antropológico", como un abordaje metodológico profundamente vinculado a la teoría, confluencia desde la que se plantean la descripción, análisis e interpretación de la vida cotidiana, mediante un proceso de trabajo que se propone "documentar lo no documentado" (ROCKWELL, 2009).

Respecto de las estrategias de investigación, ponderamos fundamentalmente la observación prolongada, también las entrevistas en contextos cotidianos, que brindan una mayor profundidad en la construcción de los datos, así como el acceso al nivel de las prácticas. Esta modalidad permite al investigador familiarizarse con las lógicas cotidianas observando y registrando los acontecimientos de la vida social mientras esto permite conocer "no solo lo que la gente dice que hace sino lo que hacen más allá de lo que dicen" (ACHILLI, 2005). La entrevista antropológica abierta no

---

[3] La Red fue organizada desde México por Elsie Rockwell (DIE-CINVESTAV, México) y Rodrigo Vera (Chile) y financiada por la agencia canadiense International Development Research Centre (IDRC) (BATALLÁN; NEUFELD, 2004).

estructurada, es un modo de profundizar sobre el conocimiento obtenido a partir de los datos observacionales; se la define como una interacción cara a cara constituida por preguntas y respuestas orientadas según la temática y los objetivos específicos (OXMAN, 1998).

El enfoque histórico-etnográfico destaca la heterogeneidad, multidireccionalidad y relativa imposibilidad de prever los comportamientos de los sujetos; igualmente en la relación entre instituciones - estatales y no estatales - y sujetos operan múltiples mediaciones. Intentamos conocer un presente "historizado": un presente atravesado por huellas del pasado, lo cual no es lo mismo que convertirnos en historiadores (NEUFELD, 1997). Esto es, sostenemos la importancia de reconstruir los procesos que van constituyendo y transformando las prácticas actuales, tanto de los conjuntos sociales como de las instituciones estatales, entre ellas las escuelas, y de distintas organizaciones que se han insertado en la cotidianeidad de los contextos populares.

Además, proponemos trascender aquellas perspectivas metodológicas de las ciencias sociales que analizan situaciones, fragmentándolas por problemáticas y sus respectivos especialistas. Por eso, proponemos construir un enfoque relacional que rearticule la complejidad de lo social (al tiempo que mantenemos un foco en las cuestiones educativas y vinculadas con la escolarización). Cuando hablamos de "contextualización", estamos pensando que los ámbitos donde se despliegan las interacciones sociales no son en sí mismos una totalidad, sino que adquieren sentido en relación a un contexto mayor del cual forman parte.

Contexto social e investigación socioantropológica: algunos momentos clave

Primer momento: los efectos de la última dictadura militar (1976-1983)

Terminada la dictadura, en 1984, asumió un gobierno civil (Dr. Raúl Alfonsín, Unión Cívica Radical), que fue elegido democráticamente. Los problemas del sistema educativo argentino eran múltiples: el deterioro de los edificios escolares, la deserción, el limitado acceso a la escuela secundaria, el inadecuado salario de los docentes y la capacitación de maestros y profesores desactualizada y afectada por los largos años de imposiciones. En ese momento confluyeron – desde las ciencias de la educación y la antropología – una serie de producciones en las que se analizaba lo acaecido en el campo educativo. Desde el campo de las ciencias de la educación, se produjeron diversos textos en los que se evaluaban las características y los efectos de la dictadura en los distintos niveles.[4]

Estas cuestiones también fueron las primeras que abordó la investigación socioantropológica interesada en problemáticas educativas, que, tal como señalamos, se inició en las universidades de Buenos Aires y Rosario. De esta etapa inicial quedan testimonios en las publicaciones académicas que comenzaban a organizarse después del período dictatorial. En *Cuadernos de Antropología Social* n° 2, de 1988, pueden consultarse trabajos presentados en el II Congreso Argentino de Antropología Social, realizado en Buenos Aires en 1986 (el primero después de la dictadura). Señalábamos en la presentación de los mismos (BATALLÁN; NEUFELD, 1988) que en la Argentina "la vinculación entre antropología y educación aparece ligada a la necesidad de conocer, después de largos años de dictadura militar, los procesos que intervienen en la conformación del fenómeno autoritario".

Sus autores también se proponían aportar al análisis y superación de la crisis del sistema educativo, y se reseñaban los problemas que habían evidenciado las primeras investigaciones, tales como las dificultades de la alfabetización de los niños de comunidades indígenas, la problemática de las escuelas rurales y, también, la reproducción de las condiciones de marginación en las escuelas de sectores populares o la vinculación entre el autoritarismo que se percibía en las situaciones escolares y procesos similares en el seno de las familias (ACHILLI, 1988; BATALLÁN; GARCÍA, 1988; NEUFELD, 1988).[5]

Segundo momento: "los años 1990", neoliberalismo, reformas educativas y "usos" de la diversidad.

En la Argentina, la combinación conocida como "neoliberalismo"- entre un nuevo modelo de acumulación que presupone la globalización de los mercados y una serie de intervenciones supuestamente coyunturales: el llamado *"ajuste estructural"*- derivó en la profundización de la desindustrialización iniciada durante la última dictadura y la consiguiente pérdida de lugares de trabajo. Esto sucedió en "los años 1990", un período de poco

---

[4] "[ ] burocratización del sistema, autoritarismo en la conducción, dogmatismo y degradación de los contenidos, disminución del nivel de calidad y acentuación de males tales como la deserción, la repitencia, el analfabetismo [...]", sintetizaba el editorial de la *Revista Argentina de Ciencias de la Educación*, que, de esta manera, seguía la línea inaugurada por Tedesco, Braslavsky y Carciofi (1985). Véase Grassi, Hintze y Neufeld (1994).

[5] Sobre aspectos conexos, pueden consultarse las tesis de doctorado de Gabriela Novaro (2000) y Graciela Batallán (2004).

más de una década (1989-2001), ocupado casi totalmente en el plano político por el *menemismo* (presidencia de Carlos Menem) y por el posterior y trunco gobierno de la Alianza (De la Rúa, 1999 a 2001). Se produjeron reformulaciones significativas en la conceptualización del Estado, y, específicamente en educación, avanzó la idea de este como subsidiario (y no responsable principal) en cuanto al financiamiento. Las reformas de la época afectaron su núcleo más definido: la concepción que liga la educación a la formación del ciudadano y la constituye como derecho universal.

Los gobiernos que impulsaron el programa de transformación regresiva de la sociedad argentina obtuvieron los recursos necesarios para su viabilización a través de operaciones de crédito de los organismos internacionales, lo que fue permitiendo la imposición del modelo de pensamiento neoliberal en el campo educativo al igual que en otros, y el papel del Banco Mundial en las reformas estructurales fue fundamental, dado que sus postulados condicionaron el financiamiento.

Sucesivas leyes fueron concretando las intencionalidades políticas acordes con el momento: la Ley de Transferencia de Servicios Educativos de Nivel Medio y Superior No Universitarios, sancionada en 1991, derivó a las provincias la responsabilidad por estos establecimientos; le siguió la Ley Federal de Educación de 1993, la Ley de Educación Superior de 1995 y el Pacto Federal Educativo, convertido en ley en 1997.

La Ley Federal de Educación reformó la estructura de niveles del sistema educativo y la extensión de la obligatoriedad.[6] Fueron reemplazadas la escuela primaria de siete años y la secundaria de cinco por otro sistema de Educación General Básica de nueve años y el nivel Polimodal, de tres años no obligatorio; las políticas compensatorias, englobadas como Plan Social Educativo, estaban destinadas a compensar diferencias socioeconómicas entre las distintas regiones. Simultáneamente, se destruyeron logros, tales como las escuelas técnicas o el sistema de educación de adultos, que habían resistido a los embates o la desidia de las dictaduras.

En el trabajo de campo que llevaba adelante nuestro equipo, pudimos ir documentando las vicisitudes de los momentos iniciales de la implementación de la "reforma", y percibir las transformaciones subjetivas que acompañaron a los distintos intentos de imposición/resistencia. Y también registramos la

---

[6] Para temas vinculados, puede consultarse la tesis de doctorado de Ana Padawer (2007) y la tesis de maestría de Maldonado (2000), y Montesinos-Pallma y Courtis- Santillán (In: NEUFELD; THISTED, 1999).

heterogeneidad de apropiaciones, muy lejana de la aceptación homogénea de la "transformación educativa" que hubieran deseado sus gestores: cada jurisdicción tomó decisiones respecto del grado de aceptación que manifestaba en relación con los aspectos centrales de la reforma. Principalmente, respecto de la implementación que indicaba la nueva ley de una nueva organización de los estudios primarios y secundarios. En algunos casos (provincias de Buenos Aires y Córdoba) se la adoptó inmediatamente. En otras, como la ciudad de Buenos Aires, su aplicación fue resistida.[7]

Algunas consecuencias, sin embargo, se produjeron en forma reiterada en todas las jurisdicciones que conocimos. Una de ellas fue el ahondamiento de las diferencias entre escuelas, a partir de las desigualdades que ya existían entre las escuelas céntricas por un lado y las periféricas por otro, o bien entre las escuelas habitadas por niños de "villa" (miseria) o de "barrio". Y se produjo un hecho paradojal. El Estado proveía elementos para la asistencia que se impartía desde las escuelas marginales, lo cual podría parecer adecuado, dado el aumento de los índices de desocupación y pobreza. Pero, simultáneamente, desde los mismos órganos ministeriales se ponía énfasis - siguiendo al Banco Mundial - en la necesidad de "mejorar cualitativamente la educación alcanzando al mismo tiempo mayor equidad". Esto mismo fue resignificado como uno de los elementos que ayudaron a establecer una brutal división entre "escuelas que asisten" versus "escuelas que enseñan" (dado que una escuela caracterizada por la no calidad terminaba siendo una escuela estigmatizada). Y en las escuelas que prestaban asistencia alimentaria o de otra índole, se fue dando un pasaje paulatino desde la concepción del derecho a prestaciones universales, a su reemplazo por planes y modalidades focailizadas.

En la prensa y en el trabajo de campo en las escuelas, aparecía también una novedad preocupante: en 1993, momento en el que se disparan los índices de desocupación, comenzaban a visibilizarse los "otros" – nos referimos a los "migrantes" bolivianos, peruanos, asiáticos (coreanos y chinos) - en el que las voces oficiales adquirieron un rol preponderante, al igual que los medios de comunicación. Se sobredimensionaba su número aunque este no había variado significativamente. En estos años, el "otro" en tanto extranjero era representado como un invasor, ocupante ilegal, intruso, delincuente, inmigrante ilegal, indocumentado, usurpador de puestos de trabajo, etc. Donde abundaban los llegados de países latinoamericanos (vecinos y no vecinos, en realidad también confundidos con

---

[7] Puede consultarse Grassi, Hintze y Neufeld, 1994 y Santillán, 1999.

simples llegados del interior de la Argentina, además de los asiáticos), esto funcionaba como estigmatizante respecto de las escuelas a las que asistían, estigma que también recaía sobre los docentes y los alumnos de las mismas (lo mismo sucedía con la cercanía de las villas miseria o *monoblocks*).

En ese momento, estas tipificaciones, a su vez, generaban rankings de escuelas que iban de la mejor a la peor – la más estigmatizada. Esto, por su parte, daba lugar a una ardua tarea de búsqueda de escuela: no sólo los padres "acomodados" o de sectores medios protagonizaban estos recorridos buscando "mejor escuela"; también las familias de los sectores subalternizados urbanos, aun en los peores momentos de crisis económica y desocupación, intentaban evitar las escuelas desprestigiadas y conseguir vacantes para sus niños en las más prestigiosas (NEUFELD; THISTED, 1999; SINISI, 1999).

En las primeras etapas de nuestra actividad investigativa, "diversidad", "multiculturalismo" e "interculturalidad" eran tópicos que no aparecían en el centro de la investigación educativa. Sin embargo, formaban parte de las preocupaciones habituales de los antropólogos, que, desde tiempo atrás, habían abordado la cuestión de "la diferencia", y los modos en que la diversidad se manifiesta en situaciones concretas: como ya hace años señalaba Renato Ortiz la necesidad de contextualizarla, pues el sentido histórico y contextual de las "diferencias" – decía Ortiz - redefine su propio sentido simbólico. Sin embargo, también en la tradición de la antropología social, cuando se aludía a la diversidad entendiéndola como exoticidad solía faltar el reconocimiento de las relaciones de subalternización de los "otros" diferentes o diversos (ORTIZ, 1999).

En el curso de la década de 1990, nos encontramos con que esta categoría "nativa" de la antropología estaba fuertemente en uso como parte del discurso neoliberal que invadió las escuelas en ese momento. Más que nunca, fue preciso reconocer que lo que llamamos "contextos de diversidad cultural" estaban constituidos simultáneamente por relaciones de de hegemonía/subordinación, constituidas por circunstancias desigualadoras: la condición de migrantes, las connotaciones atribuidas a los lugares de origen, a las costumbres propias de los grupos étnicos, a los trabajos a los que se les permitía acceder.

Fue necesario, entonces, encontrar modos de repensar esta "cuestión de la diversidad", a la que no queríamos asignarle carácter de novedad en sentido estricto, salvo la que le adjudicaba el tampoco tan nuevo contexto neoliberal. Hubo aportes a nuestras reflexiones de autores como la brasileña

Giralda Seyferth, que, en 1983, planteaba que "en la mayor parte de los casos, aquello que se denomina 'étnico' al nivel de la manipulación sirve como símbolo para justificar otras diferencias sociales... [...] la desigualdad étnica es permeada por la desigualdad social" (Seyferth, 1983).

La reflexión de Seyferth nos acompañó en nuestro trabajo en la década de 1990. En ese tiempo, en las escuelas de Buenos Aires, la presencia de los "extranjeros" era magnificada e hiperexotizada, al tiempo que conjurada por medio de unas "jornadas por la tolerancia" instituidas en ese momento. En ese ámbito, el sentido de la "diversidad" tomaba características propias, dado que tanto "cultura" como "diversidad" eran conceptos de los que los docentes se habían apropiado como suyos. Por eso, iniciamos, también, nuestro trabajo sobre las "categorías en uso" como parte del "saber docente", contrastado con los de los mismos investigadores.

En las escuelas, estos conceptos – "cultura", "diversidad" - apropiados e incorporados al saber docente sirvieron para fundamentar la explicación de las diferencias entre los distintos niños, justificando sus capacidades o déficits para el aprendizaje.

El análisis de los registros de campo ponía en evidencia diversas prácticas cotidianas de las escuelas que presuponían que la cultura es algo inmutable: por ejemplo, en las fiestas escolares se pedía a los niños, hijos de padres bolivianos o peruanos, que participaran bailando danzas típicas de los países de origen o aportando comidas tradicionales. Esta folklorización de las culturas de los migrantes hacía caso omiso del tiempo transcurrido desde la migración y los cambios posibles en las costumbres, entre generación y generación.

En muchos casos, las tipologías de "características nacionales" y las conceptualizaciones denigrantes frecuentes en las referencias cotidianas a los migrantes, que podíamos escuchar en los medios de transporte, en los eventos deportivos, en los comercios barriales, llegaban a las escuelas como generalizaciones que economizan la necesidad de conocer a cada sujeto ("los peruanos SON...", a los bolivianos se les decía "bolitas", etc.)

En ese tiempo, denominamos a estas prácticas usos de la diversidad, en cuanto articulan prácticas y representaciones acerca de otros, a quienes eventualmente no se conoce más que por referencia, señalemos también que todo uso involucra algún nivel de manipulación. (Neufeld y Thisted, 1999).

En esos años (desde la década de 1990 – de 1997 a 2003), las relaciones de desigualdad que iban en aumento en toda la Argentina se manifestaron dramáticamente en las escuelas, atravesadas por las situaciones de pobreza extrema de los hogares de los niños y de los maestros mismos.

En ese momento, nuestro equipo publicó *De eso no se habla: los usos de la diversidad sociocultural en la escuela* (Neufeld; Thisted, 1999), en el que se presentaron los resultados de una investigación financiada por la Universidad de Buenos Aires y que se había iniciado en 1994. De la misma época es la investigación que dio lugar a *Escuela, familia y desigualdad social, una antropología en tiempos neoliberales*, de Elena L. Achilli. Este texto, que recoge la investigación correspondiente principalmente al año 2001, fue publicado mucho después, en 2010.

Tercer momento: los años 2001-2003 marcan un punto de inflexión

La profundización del ajuste siguiendo las exigencias de los organismos internacionales y la desocupación consiguiente llevaron, en 2001, a una crisis política y social que, considerada retrospectivamente, marcó el final de una época al tiempo que inauguraba formas novedosas de protesta y organización popular. Una sangrienta represión con varios muertos, durante una protesta en el centro de la ciudad de Buenos Aires, terminó con el gobierno de la Alianza, al tiempo que se producían saqueos en el conurbano de la ciudad de Buenos Aires y en otros centros urbanos. Este momento fue seguido - entre los años 2001 y el 2003 – por administraciones que continuaron con las medidas político-económicas clásicamente neoliberales, que solo acentuaron la situación de desindustrialización, desocupación y hambre. Continuaron aplicándose una serie de planes sociales, vinculados con el objetivo de paliar la falta de trabajo y proveer de alimento a la mayoría de la población (Plan Trabajar y otros similares, Plan Vida, etc.). Frente a esto, una profusión de movimientos sociales territorializados en los barrios avanzaron en sus modos de organización y expresión de sus demandas. A estos se unieron las asambleas barriales, y los movimientos generados por los trabajadores de empresas quebradas o abandonadas por sus dueños que fueron *recuperadas* por sus trabajadores.[8]

Las investigaciones acerca de las problemáticas socioeducativas del momento que estamos considerando abordaron la peculiaridad de ese contexto

---

[8] También hubo escuelas que pasaron por procesos de recuperación. Puede consultarse la tesis de doctorado de Lucía Petrelli (2011).

dramático y pusieron el foco en el entrelazamiento entre desigualdad y pobreza, las intervenciones del Estado y la problemática educativa. Registraron la politización de la vida cotidiana, los procesos organizativos de los grupos familiares en movimientos de desocupados, las demandas y prácticas en torno a lo educativo (MANZANO, 2004; NEUFELD; CRAVINO, 2007).

Los intentos colectivos de resolver los problemas básicos de los sectores populares - alimentación, salud, educación, vivienda - dieron lugar a una creciente intervención de diversos actores sociopolíticos en torno a cada una de estas cuestiones. En las escuelas afloraban las situaciones de pobreza extrema en que se debatían un número importante de familias. Pese a los acuciantes problemas vinculados con la alimentación o la salud, en esos días no pasaban desapercibidos los problemas que los niños de los sectores más castigados estaban teniendo en su escolarización, visibles en los niveles de desgranamiento y repitencia. Esto llevó a la constitución de múltiples espacios de escolarización complementarios: florecieron los "apoyos" escolares (que combinaban la ayuda en las tareas escolares, actividades de tiempo libre para los niños y la indispensable "merienda"), organizados por movimientos sociales, grupos políticos, iglesias y municipios. Los estudios de Woods y Santillán de estas actividades nos introducen en el reconocimiento de la forma en que diversas agencias redefinían en un proceso continuo el escenario de lo educativo (SANTILLÁN; WOODS, 2005).[9]

El período 2003- 2011, transformaciones sociales y nuevas preguntas

En el ciclo que se abre a partir del año 2003, con la llegada al gobierno de Néstor Kirschner, disminuyeron los índices de pobreza, indigencia y desempleo abierto (PANIGO; NEFFA, 2009). Sin embargo, persistió la desigualdad, en tanto siguió siendo significativo el trabajo precarizado, o no registrado; siguieron siendo los jóvenes quienes padecían los mayores índices de desocupación y ocupación precaria. A esto se le agregaba un modelo territorial profundamente segmentado (villas, barrios populares versus conurbaciones cerradas y en el área metropolitana, *countries* y barrios cerrados). Por estas razones, pero también por la inercia del neoliberalismo hecho sentido común, las políticas sociales focalizadas y organizadas a nivel del espacio escolar/barrial persistieron más allá del año 2003, siendo también una de las características de esta última década.

---

[9] Puede consultarse también la tesis de doctorado de Laura Santillán (2007).

En los últimos diez años, se han producido en la Argentina importantes transformaciones en lo político, social y económico: estos cambios se han ido abriendo paso complejamente, luchando con lo que Estela Grassi denominó "sistemas complejos que expresan y reproducen la desigualdad", especialmente con la ideología mercantil que se había instalado en los servicios públicos o colectivos (GRASSI, 2007). Sin embargo, reconocemos en estos últimos años mucho más que meros cambios en el discurso respecto de los derechos. Distintas prácticas, tanto gubernamentales como desarrolladas por grupos sociales y políticos, buscaron hacer frente a las modalidades neoliberales ya naturalizadas.

En educación, mencionaremos solo las cuestiones centrales, entre las que se destaca la derogación de la Ley Federal de Educación de la década de 1990 y la sanción de una nueva Ley de Educación Nacional en el año 2006. Visto el fracaso de la reestructuración intentada en la década de 1990, los autores de la nueva ley retomaron la estructura anterior y ampliaron la obligatoriedad desde el nivel inicial (los 5 años) hasta incluir la totalidad de la escuela secundaria.

También en este caso, hubo colegas integrantes del equipo de investigación, María Paula Montesinos y Liliana Sinisi, que registraron la complejidad de la implementación de la obligatoriedad de la escuela secundaria (MONTESINOS; SINISI; SCHOO, 2010). En este trabajo, en el que se proponían reconstruir los sentidos que la obligatoriedad tiene para los principales sujetos, entrevistaron a directivos y profesores de tres escuelas medias, que destacaban como obstáculos las características sociales los hogares de pertenencia de los nuevos alumnos y señalaban entre otras cuestiones, que la ley no aclara quién hará el seguimiento ni la existencia de sanciones, lo cual, aparentemente, le quitaba fuerza. Las autoras señalaban las contradicciones de la posición de los docentes: por un lado reconocían la importancia de la obligatoriedad pero simultáneamente afirmaban "que la secundaria no es para todos y formulaban anticipaciones acerca de la posibilidad de fracaso derivada de las características de los alumnos mismos. Por su parte, en la perspectiva de los jóvenes, aparecía fuertemente su conciencia de la situación económica de sus hogares como una dificultad, pese a que les parecía muy bien la sanción de la ley, dado que vinculaban educación secundaria con movilidad social, con "ser alguien", con evitar la estigmatización.

También hubo cambios en las políticas socioeducativas, que, a diferencia de las directivas de la década de 1990, se dirigieron hacia el afuera de la escuelas, procurando, por medio de intervenciones diversas, lograr la "inclusión educativa" de los grupos que quedaban al margen de las escuelas o las abandonaban. Como ejemplo, el programa nacional *Todos a Estudiar*, un programa de becas destinadas a niños y jóvenes de 11 a 18 años que se encontraran fuera del sistema escolar, implementado en el 2005; o el de Retención escolar de alumnas embarazadas, madres y alumnos padres en escuelas medias y técnicas de la Ciudad de Buenos Aires; o el programa nacional FinEs, instrumentado en 2007 y vigente hasta la fecha, destinado a la finalización de estudios primarios y secundarios. La cotidianeidad de escuelas en las que está en vigencia alguno de estos planes ha sido documentada etnográficamente por integrantes del equipo (Diez, 2010; Gallardo, 2010; García, 2010; Cerletti, 2008).

Una de las cuestiones que se evidencian en estos trabajos a los que hacemos referencia es que los intentos iniciales de salida del neoliberalismo, naturalizado en los discursos y las prácticas, no son simples. Por ejemplo, Laura Cerletti y otros miembros del equipo de investigación contrastaron los documentos que fundamentan una política educativa específica, el Programa Integral para la Igualdad Educativa (PIIE) puesto en marcha en 2004 por el Ministerio de Educación de la Nación, destinado a niños y niñas en "mayor situación de vulnerabilidad social", con el registro etnográfico de su puesta en acto en una escuela de la Ciudad de Buenos Aires.[10] Señalan, por un lado, las críticas a las políticas neoliberales que abundan en el texto del programa, en donde se plantea que el Estado debe intervenir fuertemente en la educación de las jóvenes generaciones, al tiempo que tiene la responsabilidad de atender las necesidades de los sectores sociales que se encuentran en situación de vulnerabilidad (toda una novedad que redefine los planteos de la década de 1990). Sin embargo, destacan también que si bien apunta a la igualdad solo se dirige a "los más vulnerables" (se eligen escuelas según índices de Necesidades Básicas Insatisfechas). Al igual que en tiempos anteriores, este programa premiaba con financiamiento proyectos presentados por las escuelas (en el caso de la escuela estudiada, una propuesta de funcionamiento de una radio). Sin embargo, el tipo de convocatoria no permitía propuestas vinculadas con construcciones de aulas u otros mejoramientos de esa índole, con lo cual seguía sin atenderse el problema de la falta de vacantes (800 a 900 niños en un solo distrito); por tanto, una escuela podía recibir insumos para instalar una radio, pero seguiría habiendo niños sin posibilidad de asistir a escuela alguna.

---

[10] Estos temas son abordados en la tesis doctoral de Laura Cerletti (2010).

Y, aun con todas las dificultades que se insinúan, en el período más reciente es muy impactante la confluencia de medidas de política internacional (las políticas de regularización de los inmigrados desde países limítrofes) con políticas sociales como la Asignación Universal por Hijo o el Plan Familias por la Inclusión Social, con lo que sucede en el ámbito de las escuelas. Esto se debe, en parte, a que en estos programas se incluyen como "condicionalidades" los controles sanitarios y la asistencia escolar para los niños y jóvenes entre 5 y 18 años, con lo que se presenta la novedad de programas masivos que plantean el control de la salud y la escolaridad definidas como derechos sociales. Pero a ellos se agregan programas masivos específicamente educativos, como el "Conectar-igualdad", un programa conjunto de la Anses y el Ministerio de Educación de la Nación que busca generar "igualdad informática" por medio de la entrega de computadoras a alumnos y docentes de escuelas públicas medias (iniciado en el año 2010, llevaba, un año después, entregadas 1.800.000 computadoras).

Buscando un cierre

En nuestras investigaciones iniciales atendíamos centralmente a las prácticas escolares cotidianas, en nuestro caso trabajando sobre los "usos" de la diversidad. No se han descuidado las investigaciones en este nivel (puede consultarse Rúa, 2010; Ruggiero, 2010), pero, en el contexto de la obligatoriedad y de las múltiples intervenciones sociales y educativas orientadas a la "inclusión" de los jóvenes, las preguntas que van surgiendo se orientan a los jóvenes. Hay en curso una investigación sobre las construcciones acerca del futuro por parte de los jóvenes que terminan el secundario (Hirsch, 2010), y, por demás, resulta indispensable rastrear qué nuevos usos de la diversidad están dándose en los contextos actuales: aunque los nuevos marcos legales desalientan expresiones desembozadas acerca de lo representado como "diferencia", percibimos que, en los sentidos cotidianos (el sentido común en términos de Gramsci) que recogemos en las conversaciones ordinarias en contextos barriales y escolares y en los medios de comunicación, hay indicios que avalan la perdurabilidad de viejas posturas xenófobas. Los estudios futuros deberían contribuir a desnaturalizar las visiones tremendistas y culpabilizantes, por ejemplo, de los adolescentes y jóvenes de sectores populares, o juicios rápidos como los que se formulan acerca de la "violencia escolar" o el desinterés de los sujetos de sectores populares por su futuro o el de sus hijos. Destacamos la riqueza de los trabajos de Laura Santillán, en el sentido de sacar a las familias de sectores populares del encasillamiento como sectores desinteresados de la crianza de sus hijos, al relevar etnográficamente los complejos modos en que los padres y tutores de los niños (y los niños mismos) son parte activa de la producción de sentidos sobre la "responsabilidad paterna" y el "cuidado infantil", al mismo tiempo que cambian de continuo las condiciones para la participación y actuación de estos sujetos en vista de la producción siempre renovada de estigmatizaciones (Santillán, 2008; Santillán, en Neufeld; Sinisi; Thisted, en prensa).

A partir de ese punto de inflexión que fue el año 2001, hay nuevos actores en el campo educativo que disputan "desde la izquierda" la forma en que el Estado hegemoniza las acciones en educación: distintas organizaciones populares (articuladas o no a grupos políticos), surgidas de los movimientos y formas organizativas territorializadas que hicieron frente a la crisis del 2001-2003, han planteado distintas acciones educativas - inicialmente "apoyos escolares", a los que hicimos referencia, pero en los últimos años se multiplicaron los "bachilleratos populares", que proponen resoluciones alternativas a las necesidades de múltiples jóvenes y adultos de realizar o completar su educación secundaria -.

Si nos posicionamos con un concepto amplio de "educación", podremos considerar que la experiencia misma de organización puede ser tomada como una experiencia de aprendizaje. Desde ya, los actores de estas experiencias son muy cercanos: en buena medida, los gestores de los bachilleratos son estudiantes universitarios, que pertenecen a estas organizaciones populares. En algunos casos, algunas de las investigaciones son reflexiones sobre la propia práctica (Cura, F. en Neufeld; Sinisi; Thisted, en prensa). Pero en otros casos, los investigadores plantean polémicas complejas a partir de la diversidad de situaciones que se abren en los bachilleratos populares en torno a las demandas al (hasta ahí denostado) Estado nacional, por ejemplo, en torno a la certificación de los aprendizajes realizados en estos bachilleratos (García, J. en Neufeld; Sinisi; Thisted, en prensa).

Antropología y educación, un campo en expansión

Podemos decir que Antropología y Educación, en la Argentina, ha sido, en esta última década, un campo de investigación en expansión, cuyas perspectivas y enfoques metodológicos iniciales se han diversificado y enriquecido notablemente.

Hubo dos encuentros que marcaron esta consolidación: el XI Simposio Inter-Americano de Investigación Etnográfica en Educación, que se realizó en Buenos Aires en 2006, en la Facultad de Filosofía y Letras de la UBA, organizado en forma conjunta por los equipos especializados en tal enfoque, radicados en universidades y centros de investigación de América Latina y América del Norte. Desde su primera realización, en 1989, por iniciativa de la Universidad Nacional Autónoma de México (UNAM) y la Universidad de Nuevo México (EEUU), tuvo como interés central generar un espacio de intercambio entre investigadores de habla inglesa e hispana, permitiendo el debate y profundización en relación con las investigaciones y desarrollos teórico-metodológicos que han confluido en el enfoque etnográfico desde tradiciones disciplinarias y problemáticas nacionales y regionales específicas. El XI Simposio, realizado en Buenos Aires, integró igualmente una cantidad de investigadores brasileños a este ámbito de debate. Se planteó como consigna abordar, desde la perspectiva de la etnografía de la educación, a los "niños y jóvenes, dentro y fuera de la escuela", con lo que se buscó poner en primer plano la importancia de la comprensión de los procesos que acaecen en torno de estos sujetos, más invocados que estudiados. Se tuvieron en cuenta las políticas y programas dirigidos a niños y jóvenes, los problemas teóricos planteados en el pasaje de las investigaciones *acerca de niños y jóvenes,* a las investigaciones *con* niños y jóvenes, así como las problemáticas clásicas de la investigación etnográfica en educación (el análisis de las relaciones entre escuelas y niños, escuelas y jóvenes). En el momento del encuentro se realizó la publicación digital de la totalidad de las ponencias presentadas, y recientemente fueron editadas la participación en los paneles y una selección de las ponencias (BATALLÁN; NEUFELD, 2011).

Más adelante, se realizó en el año 2010 el 1er. Seminario Taller de Antropología y Educación, realizado en Huerta Grande, provincia de Córdoba (Argentina), cuyos asistentes y los respectivos centros a los que pertenecen se han agrupado en la Red de Investigación en Antropología y Educación.

Recordemos, acerca de los equipos actuales de investigación que hubo inicialmente, a principios de la década de 1990, tres núcleos principales: los dos equipos agrupados en el Programa de antropología y educación de la Facultad de Filosofía y Letras (UBA), dirigidos respectivamente por Graciela Batallán y María Rosa Neufeld y Ariel Thisted (luego se sumó Liliana Sinisi), y el equipo rosarino de Elena Achilli. Las iniciadoras llevaron adelante una labor de formación de investigadores, en un seminario de grado desde fines de la década de 1980 (Neufeld, luego Sinisi, Montesinos, Santillán, etc.), en la formación de posgrado en distintas maestrías de Buenos Aires, Córdoba y

Jujuy (Achilli, Batallán y Neufeld). En la actualidad, buena parte de los integrantes iniciales de los equipos de investigación se han doctorado. Los equipos iniciales de la Facultad de Filosofía y Letras de la UBA se han diversificado (Gabriela Novaro, Laura Santillán y Ana Carolina Hecht son directoras de otros grupos nuevos). Los equipos de la UBA integran el Programa de Antropología y Educación, que desde 2010 edita un boletín digital semestral.[11]

¿Cuál puede ser el aporte de la antropología que justifique este crecimiento del interés por los análisis de las problemáticas socioeducativas realizados desde esta perspectiva? Parafraseando a J. Gledhill (2000) - quien, en realidad, se refiere a la antropología a partir de la pregunta "cómo no utilizar a Occidente como punto de partida"-, quisiéramos pensar que, quizás, su gran contribución pueda ser "pensar la política educativa sin comenzar por el sistema educativo" (pero sin olvidarnos de él), sino a partir de la reconstrucción compleja de un campo en el que se han articulado, a lo largo de una historia que lo constituye, diversidad de cambiantes sujetos, con un protagonista central, que también se ha modificado: el Estado, a través de sus "efectos" (TROUILLOT, 2001). Reconstrucción que, creemos, es posible a partir del recurso a la investigación histórico-etnográfica.

Referencias

ACHILLI, E. L. Práctica docente: una interpretación desde los saberes del maestro. *Cuadernos de Antropología Social*, Universidad de Buenos Aires, Buenos Aires, n. 2, 1988.

ACHILLI, E. L. *Investigar en antropología social: los desafíos de transmitir un oficio.* Rosario: Laborde, 2005.

ACHILLI, E. L. *Escuela, familia y desigualdad social: una antropología en tiempos neoliberales.* Rosario: [s.n.], 2010.

BATALLÁN, G. *Docentes de infancia: antropología del trabajo en la escuela primaria.* Buenos Aires: Paidós, 2007.

BATALLÁN, G.; GARCÍA, F. Trabajo docente, democratización y conocimiento. *Cuadernos de Antropología Social*, Universidad de Buenos Aires, Buenos Aires, n. 2, 1988.

BATALLÁN, G.; NEUFELD, M. R. Problemas de la antropología y la investigación educacional en América Latina. *Cuadernos de Antropología Social*, Universidad de Buenos Aires, Buenos Aires, n. 2, 1988.

BATALLÁN, G.; NEUFELD, M.R. Presentación del Dossier Antropología y Educación. *Cuadernos de Antropología social*, Universidad de Buenos Aires, Buenos Aires, n. 19, 2004.

---

[11] Boletín del Programa de Antropología y Educación.

BATALLÁN, G.; NEUFELD, M.R. (Coords.). *Discusiones sobre infancia y adolescencia: niños y jóvenes dentro y fuera de la escuela*. Buenos Aires: Biblos, 2011.

BOLETÍN DEL PROGRAMA DE ANTROPOLOGÍA Y EDUCACIÓN. Buenos Aires: Facultad de Filosofía y Letras, Instituto de Ciencias Antropológicas, Sección Antropología Social, UBA. Semestral, publicación iniciada en 2010.

CERLETTI, L. Educación y (des)igualdad: un análisis del Programa Integral para la Igualdad Educativa desde la investigación etnográfica. *Revista RUNA*, Universidad de Buenos Aires, Buenos Aires, n. 28, p. 11-28, 2008.

CERLETTI, L. *Familias y escuelas: un estudio etnográfico sobre trayectorias educativas*. Buenos Aires: UBA, 2010. Tesis (Doctorado) - Facultad de Filosofía y Letras, Universidad de Buenos Aires, Buenos Aires, 2010.

COURTIS, C.; SANTILLÁN, L. Discursos de exclusión: migrantes en la prensa. In: NEUFELD, M.R.; THISTED, J.A. (Comps.). *De eso no se habla...: los usos de la diversidad sociocultural en la escuela*. Buenos Aires: Eudeba, 1999. p.117-138.

CUADERNOS DE ANTROPOLOGÍA SOCIAL. [S.l.: s.n.], n. 2, 1988.

CURA, F. Organizaciones autónomas y gestión de políticas de ocupación transitoria: una etnografía sobre la experiencia del Centro Educativo Las Tunas, en el Partido de Tigre. In: NEUFELD, M.R.; SINISI, L.; THISTED, J.A. (Comps.). *Políticas Sociales y educativas, entre dos épocas*. [S.l.]: Editorial de la Facultad de Filosofía y Letras. En prensa.

DIEZ, C. El retorno a la escuela: las políticas educativas compensatorias en la trama barrial. In: ACHILLI, E. et al. (Coords.). *Vivir en la ciudad. Tendencias estructurales y procesos emergentes*. Rosario: CEACU; Laborde, 2010. p. 329-339.

EZPELETA, J.; ROCKWELL, E. Escuela y clases subalternas. *Cuadernos Políticos* 37, México, p. 70-80, 1983.

GALLARDO, S. La construcción de "problemas escolares": negociando sentidos por dentro y fuera de la escuela. In: NEUFELD, M.R.; SINISI, L.; THISTED, J.A. (Eds.). *Docentes, padres y estudiantes en épocas de transformación social. Investigaciones etnográficas en contextos de desigualdad y diversidad sociocultural*. Buenos Aires: Editorial de la Facultad de Filosofía y Letras, 2010. p. 155-181.

GARCÍA, J.A. La "educación popular": un recorrido histórico y su vigencia para la escolarización de jóvenes y adultos en "Bachilleratos Populares". In: JORNADAS DE INVESTIGACIÓN EN ANTROPOLOGÍA SOCIAL, 6., 2010, Buenos Aires. Buenos Aires: [s.n.], 2010.

GARCIA, S.M.; ALANIZ, M. Antropología y educación: estado del conocimiento: aportes para una discusión. In: CONGRESO ARGENTINO DE ANTROPOLOGÍA SOCIAL, 6., 2000, Mar del Plata. *Actas del VI Congreso Argentino de Antropología Social*. Mar del Plata: [s.n.], 2000.

GRASSI, E.; HINTZE, S.; NEUFELD, M.R. *Políticas sociales: crisis y ajuste estructural*. Buenos Aires: Espacio, 1994.

GRASSI, E. La política social, las necesidades sociales y el principio de la igualdad: reflexiones para un debate "post-neoliberal". In: CONGRESO LATINOAMERICANO Y CARIBEÑO DE CIENCIAS SOCIALES, Quito, 2007. JARRÍN, J.P. (Ed.). *Es posible pensar una nueva política para América Latina*. Quito: FLACSO; SENPLADES-QUITO, 2007.

GLEDHILL, J. *El poder y sus disfraces*. Barcelona: Bellaterra, 2000.

HIRSCH, M. De jóvenes a adultos: reflexiones en torno a las "elecciones" desencadenadas en la finalización de la escuela secundaria. In: NEUFELD, M.R.; SINISI, L.; THISTED, J.A. (Eds.). *Docentes, padres y estudiantes en épocas de transformación social. Investigaciones etnográficas en contextos de desigualdad y diversidad sociocultural*. Buenos Aires: Editorial de la Facultad de Filosofía y Letras, 2010. p. 201-217.

LEVINSON, B.A; HOLLAND, D.C. La producción cultural de la persona educada: una introducción. In: LEVINSON, B.A.; FOLEY, D.E.; HOLLAND, D.C. (Eds.). *The Cultural Production of the Educated Person: Critical Ethnografies of Schooling and Local Practice*. New York: State University of New York, 1996. p. 1-54.

MALDONADO, M.M. *Una escuela dentro de una escuela: un enfoque antropológico sobre los estudiantes secundarios en una escuela pública de los 90*. Buenos Aires: Eudeba, 2000.

MANZANO, V. Tradiciones asociativas, políticas estatales y modalidades de acción colectiva: análisis de una organización piquetera. *Intersecciones en Antropología*: revista de la Facultad de Ciencias Sociales de la Universidad Nacional del Centro de la Provincia de Buenos Aires, Olavarría, n. 5, 2004.

MONTESINOS, M.P. *Las políticas focalizadas en educación y su relación con los procesos de diversidad y desigualdad*. Buenos Aires: UBA, 2001. Tesis (Maestría en Políticas Sociales) - Facultad de Ciencias Sociales, Universidad de Buenos Aires, Buenos Aires, 2001.

MONTESINOS, M.P.; PALLMA, S. Contextos urbanos e instituciones escolares: los usos del espacio y la construcción de la diferencia. In: NEUFELD, M.R.; THISTED, A. (Comps.). *De eso no se habla...: los usos de la diversidad sociocultural en la escuela*. Buenos Aires: Eudeba, 1999. Cap. 2.

MONTESINOS, M.P.; SINISI, L.; SCHOO, S. *Aportes para pensar la educación de jóvenes y adultos en el nivel secundario: un estudio desde la perspectiva de los sujetos*. Buenos Aires: Ministerio de Educación; DiNIECE, 2010.

NEUFELD, M.R. Estrategias familiares y escuela. *Cuadernos de Antropología Social*, Buenos Aires, Universidad de Buenos Aires, n. 2, p. 1-6, 1988.

NEUFELD, M. R. Acerca de antropología social e historia: una mirada desde la antropología de la educación. *Cuadernos del Instituto Nacional de Antropología*, Universidad de Buenos Aires, n. 17, 1997.

NEUFELD, M. R.; CRAVINO, M. C. Entre la hiperinflación y la devaluación: saqueos y ollas populares en la memoria y la trama organizativa de los sectores populares del Gran Buenos Aires (1989-2001). In: CRAVINO, M. C. (Ed.). *Resistiendo en los barrios. Acción colectiva movimientos sociales en el Área Metropolitana de Buenos Aires*. Los Polvorines: Universidad de General Sarmiento/Prometeo, 2007. p. 13-38.

NEUFELD, M.R.; SINISI, L.; THISTED, J.A. (Eds.). *Docentes, padres y estudiantes en épocas de transformación social*. Buenos Aires: Editorial de la Facultad de Filosofía y Letras, 2010.

NEUFELD, M.R; THISTED, J.A. El crisol de razas hecho trizas: ciudadanía, exclusión y sufrimiento. In: NEUFELD, M. R.; THISTED, J. A. (Comps.). *De eso no se habla…:los usos de la diversidad sociocultural en la escuela*. Buenos Aires: Eudeba, 1999. p. 57-90.

NOVARO, G. *Nacionalismo y diversidad cultural en educación: un análisis antropológico de los contenidos escolares*. Buenos Aires: UBA, 2002. Tesis (Doctorado) - Facultad de Filosofía y Letras, Universidad de Buenos Aires, Buenos Aires, 2002.

ORTIZ, R. Diversidad cultural y cosmopolitismo. In: BARBERO, J.M.; DE LA ROCHE, F.L.; JARAMILLO, J.E. (Eds.). *Cultura y globalización*. Bogotá: Universidad Nacional de Colombia, CES, 1999.

OXMAN, C. *La entrevista de investigación en ciencias sociales*. Buenos Aires: Eudeba, 1988.

PADAWER, A. *Cuando los grados hablan de desigualdad*. Buenos Aires: Teseo, 2008.

PANIGO; NEFFA, J.C. El mercado de trabajo argentino en el nuevo modelo de desarrollo. Documento de Trabajo. Dirección Nacional de Programación Macroeconómica. Ministerio de economía y Finanzas Públicas, 2009.

PETRELLI, L. *Trabajadores docentes en contextos de crisis: las experiencias de recuperación de escuelas en la ciudad de Buenos aires, y las transformaciones en las percepciones de maestros y profesores sobre su propio trabajo*. Buenos Aires: UBA, 2011. Tesis (Doctorado) - Facultad de Filosofía y Letras, Universidad de Buenos Aires, Buenos Aires, 2011.

REVISTA ARGENTINA DE CIENCIAS DE LA EDUCACIÓN. [S.l: s.n.], año 4, n. 6, 1985.

ROCKWELL, E. *La experiencia etnográfica: historia y cultura en los procesos educativos*. Argentina: Paidós, 2009.

RÚA, M. De recursos y saberes: reflexiones en torno a los "usos" de los conocimientos escolares en una "reunión de padres". In: NEUFELD, M. R.; THISTED, J. A.; SINISI, L. (Eds.). *Docentes, padres y estudiantes en épocas de transformación social. Investigaciones etnográficas en contextos de desigualdad y diversidad sociocultural*. Buenos Aires: Editorial Facultad de Filosofía y Letras, 2010. p. 219-229.

RUGGIERO, L. Conflictos entre chicos: relaciones de alternancia. "Ya lo voy a agarrar otra vez y le voy a dar una trompada...". In: NEUFELD, M. R.; THISTED, J. A.; SINISI, L. (Eds.). *Docentes, padres y estudiantes en épocas de transformación social. Investigaciones etnográficas en contextos de desigualdad y diversidad sociocultural.* Buenos Aires: Editorial Facultad de Filosofía y Letras, 2010. p. 183-199.

SANTILLÁN, L. *Construcción de sentidos sobre la Reforma Educativa: retórica oficial, representaciones y prácticas.* Buenos Aires: UBA, 1999. Tesis (Licenciatura en Ciencias Antropológicas) – Facultad de Filosofía y Letras, Universidad de Buenos Aires, Buenos Aires, 1999.

SANTILLÁN, L. *Trayectorias educativas y subalternidad: constitución de subjetividades en el marco de los cruces de la escuela y los espacios de educación* complementaria. Buenos Aires: UBA, 2007. Tesis (Doctorado) - Facultad de Filosofía y Letras, Universidad de Buenos Aires, Buenos Aires, 2007.

SANTILLÁN, L. Prácticas cotidianas e intersecciones entre la Iglesia Católica y grupos familiares en asentamientos populares del Gran Buenos Aires. *Revista Cadernos de Campo*, Universidad de São Paulo, Brasil, v. 17, Año 2008, p. 111-132.

SANTILLÁN, L. Educación, infancia y políticas sociales. Un abordaje antropológico acerca del encuentro de las familias con el Estado. In: NEUFELD, M.R.; THISTED, J.A.; SINISI, L. (Comps.). *Políticas sociales y educativas entre dos épocas. Abordajes etnográfico-históricos de la relación entre sujetos y Estado.* Buenos Aires: Editorial de la Facultad de Filosofía y Letras. En prensa.

SANTILLÁN, L.; WOODS, M. Iglesia y cuestión social: la intervención de la Iglesia Católica en la construcción de demandas de educación, tierra y vivienda en el Gran Buenos Aires. *Revista de Antropologia*, São Paulo, Universidad de São Paulo, v. 48, n. 1, p. 281- 314, 2005.

SEYFERTH, G. Etnicidade e cidadania: algumas considerações sobre as bases étnicas da mobilização política. *Boletim do Museu Nacional*, Rio de Janeiro, n. 42, p. 1-16, 1983.

SINISI, L. La relación nosotros-otros en espacios escolares "multiculturales". Estigma, estereotipo y racialización. In: NEUFELD, M. R.; THISTED, J. A. (Comps.). *De eso no se habla...: los usos de la diversidad sociocultural en la escuela.* Buenos Aires: Eudeba, 1999. p. 189-230.

TEDESCO, J.C.; BRASLAVSKY, C.; CARCIOFI, R. *El proyecto educativo autoritario en Argentina (1976-1982).* Buenos Aires: FLACSO; GEL, 1985.

TROUILLOT, M.R. The anthropology of State in the Age of Globalization. In: *Current Anthropology*, v. 42, n.1, p.125-138, 2001.

Etnografia para a América Latina: um outro olhar sobre a escola no Brasil

Sandra Pereira Tosta

Este texto, parte do relatório final da pesquisa Etnografia para a América latina: um outro olhar sobre a escola no Brasil,[1] tem como objetivo refletir sobre o uso da etnografia como metodologia de pesquisa na área da educação no Brasil e sua importância teórica para o conhecimento da escola. Nesses termos, a análise da cena educativa com base na etnografia pretendeu colocar em destaque o cotidiano escolar, contribuindo para a construção de outros olhares sobre a escola e os fenômenos educativos.

A etnografia a que se refere este texto é uma "re-leitura" empreendida por um grupo de pesquisadores mexicanos, da antropologia, com vistas à elaboração de uma proposição teórica e metodológica para se buscar a compreensão das especificidades da escola na América Latina. Portanto, estamos tratando não da etnografia como dimensão instituinte e constituinte dos saberes antropológicos, mas de uma "vertente" que busca, segundo seus autores, em um contexto histórico bastante datado – anos de 1960/1970 –, uma apropriação e, ao mesmo tempo, a superação do fazer etnografia em uma perspectiva descritiva e positivista da ciência, como a antropologia é vista por eles.

No que resultou essa transposição em sua sistematização e sua aplicação em pesquisas educacionais que abordaram a instituição escolar, em programas de pós-graduação em Educação no Brasil, no período de 1980 a 2008? Se não foi nossa intenção dar respostas fechadas a essa indagação, ela

---

[1] A equipe foi assim composta: Prof.ª Dr.ª Sandra Pereira Tosta (coordenadora); Prof. Dr. Gilmar Rocha; Prof.ª Dr.ª Carla Linhares Maia; Prof. Ms. Wesley Lopes da Silva. BOLSISTAS: Aline de Castro Caldas, Camila Rodrigues Maltez, Eldine Oliveira Silva, Silmara Coelho Reis e Silva, Simon de Oliveira Martins, Tânia Mara Maciel do Carmo Silva. O projeto foi financiado pela Fapemig/CNPq e pela PUC Minas.

se apresenta com muita relevância e fecundidade para o entendimento do diálogo entre antropologia e educação no Brasil. E os primeiros resultados da pesquisa propiciam observações e indícios do quanto ainda precisa ser feito para que tal aproximação ocorra de modo mais qualificado nos termos de uma contribuição à própria investigação educacional.[2]

Para nós, antropólogos na ou da educação, tal modalidade de investigação também é importante na medida em que nos permite repensar nossa atuação acadêmica na formação de professores e na pesquisa de temáticas educacionais. Mais além, possibilita-nos compreender os modos como a antropologia é vista e, em certa medida, traduzida e aplicada por outros campos científicos.

O projeto do DIE-Cinvestav: contexto de formação dos Institutos de Investigações Educativas no México

Consideramos a natureza internacional do projeto na medida em que avalia o impacto da proposta teórico-metodológica das mexicanas Justa Ezpeleta e Elsie Rockwell, entre outros pesquisadores do Departamento de Investigaciones Educacionales do Centro de Investigaciones y Estúdios Avanzados (DIE-CINVESTAV), do Instituto Politécnico Nacional do México, de coloração etnográfica e histórico cultural na educação brasileira. Tivemos em vista, ao mesmo tempo, que sua importância histórica referenda o processo de institucionalização de vários centros de pesquisas e de grupos de pesquisadores latino-americanos voltados para a prática etnográfica como forma de dar visibilidade aos processos que ocorrem nas escolas.

Por tudo isso, faz-se necessário revisitarmos, ainda que brevemente, o contexto político-cultural latino-americano em fins dos anos 1960. Afinal, naquele período, a antropologia social e cultural começou a adquirir status de uma ciência social, embora ainda fosse classificada, por muitos intelectuais, um ramo da sociologia, disciplina até então hegemônica.[3] Entende-se que essa explanação possibilita uma maior compreensão do processo de estabelecimento da etnografia como caminho metodológico privilegiado para os estudos sobre escola e cotidiano escolar no Brasil, além, é claro, do México e de outros países do mundo ibero-americano.

---

[2] Resultados preliminares porque a pesquisa teve desdobramentos e aprofundamentos em perspectiva comparada com a mesma temática na Argentina.

[3] Vale lembrar o caso brasileiro, com a criação da USP nos anos 1930; a sociologia se faria hegemônica até mais ou menos os idos de 1980. Ver Rocha (2009).

É sabido que nas décadas de 1960 e 1970, países como Brasil, México, Portugal e Argentina viveram sob regimes ditatoriais militares que, de um lado, reprimiram e censuraram a liberdade de expressão de indivíduos e grupos políticos socialmente organizados, e, de outro lado, realizaram amplas reformas educacionais que visavam a um maior controle dos conteúdos que eram ensinados da educação básica ao ensino superior. Contudo, mesmo nesse contexto de grande privação de liberdade, eclodiram diversas manifestações populares, movimentos organizados por entidades civis, movimentos de luta por terras e reforma agrária, entre outros. No âmbito da educação, podemos enfatizar os movimentos de educação e cultura popular que envolveram intelectuais, estudantes e setores da classe média espalhados por todo o país (FÁVERO, 1983; TOSTA, 2005a). No entendimento de Miskulin (2008, p. 2), em 1968, o país passava por um período de grande crescimento econômico que, no entanto, não era bem distribuído, favorecendo uma minoria da população. Em meio a esse contexto, camponeses, médicos e professores, entre outros trabalhadores, organizaram movimentos por melhores condições de trabalho e salário. Não se pode perder de vista, nesse mesmo período, as repercussões do Concílio Vaticano II (1961-1965), evento maior da hierarquia católica que serviu de referência teológica, política e pedagógica para o surgimento e a organização dos movimentos eclesiais de base, de onde nasceriam as Comunidades Eclesiais de Base (CEBs) expressão organizativa de natureza civil e emblemática da aproximação e da afinidade de princípios políticos e religiosos com a Igreja católica – especialmente na América Latina – se não da instituição católica como um todo, sem dúvida, de um setor significativo e aliado de movimentos sociais no gradiente da esquerda política. É o tempo de difusão da teologia da libertação e de crescimento e participação da chamada ala progressista da hierarquia católica nos movimentos sociais mobilizados pela "opção preferencial pelos pobres" (TOSTA, 2005a).

Com efeito, tanto o caráter efervescente dos movimentos sociais quanto as pressões críticas acerca da atuação social e política de países como o Peru e o México impulsionaram, também, reformas no campo educacional, expressas em diversos projetos de educação popular, com vistas à garantia de uma educação pública de qualidade. Em meio a tais acontecimentos, pesquisadores de diversas universidades do México se empenharam na proposição dessas reformas, passando a apontar, ainda, as dificuldades para efetivar as transformações nos processos de escolarização do país. Nessa perspectiva, a investigação no campo da educação foi fomentada pela criação de um Programa de Desenvolvimento da Investigação Educativa, com a criação de inúmeros grupos em várias cidades do México, e ela passou a ganhar um significativo espaço no país, uma vez que:

a) impulsionou a gestação de um conhecimento que permitiu a ação e a intervenção eficiente nos processos educativos;
b) reconheceu a importância da ação estatal e oficial para o setor.

Com essas novas orientações gerais, a institucionalização da Investigação Educativa (IE) foi muito importante pelo reconhecimento de um fazer intelectual como um campo de conhecimento em educação. Serrano sintetiza a importância do movimento e indica que:

> En un contexto político-econômico que impulsa notablemente a la educación y que propicia – casi – uma articulación de diferentes disciplinas, surge um nuevo discurso académico que permite identificar los orígenes de la IE en México a partir de los años sessenta y setenta. Si trata de la produción de un conocimiento sobre lo educativo que se aleja de las orientaciones filosóficas para favorecer los enfoques socioeconómicos pero que, además, genera el ejercicio de una practica distinta en la producción (SERRANO, 1998, p. 16).

A partir da institucionalização da IE no México, três grupos de pesquisa – criados, também, a partir dos anos de 1960 – tiveram sua existência reconhecida como importante no contexto da educação, a saber: o Centro de Investigaciones y Estudios Educativos (CEE); a Comissión de Nuevos Métodos de Enseñanza (CNME), da Universidade Autônoma do México (UNAM); e o DIE-Cinvestav, do Instituto Politécnico Nacional do México. Esses centros surgiram com a intenção de solucionar os problemas considerados como mais urgentes nessa época, tais como a geração de conhecimento que permitisse intervenções eficientes nos processos educativos e a importância da ação estatal para o setor (SERRANO, 1998, p. 16).

Em meio a tais movimentos, o DIE foi criado em 1971, a partir da iniciativa e da responsabilidade de dois funcionários da Secretaria de Educação Pública: seu titular, Victor Bravo Ahuja, e seu subsecretário de Planejamento Educativo, Roger Dias de Cossío. A ideia de constituição do departamento surgiu do trabalho da comissão constituída pelo então presidente do México, Luis Echeverría, com o objetivo de promover a reforma dos livros didáticos gratuitos no país. Entre os profissionais envolvidos nesse trabalho, encontravam-se estudiosos de várias áreas do conhecimento, como as Ciências Naturais, a Matemática, a História e o Espanhol. Além das reformas no conteúdo didático dos livros para o ensino primário, o referido grupo também tinha como objetivo ampliar as possibilidades de solução de problemas educativos com base na investigação empírica. Seus objetivos fundamentais consistiam em:

> Realizar projetos de investigação científica; Contribuir para a elaboração de material didático para os diversos ciclos do sistema educativo nacional; Formar investigadores e professores especializados em diversos aspectos qualitativos e quantitativos da educação, particularmente no ensino de Ciências Naturais e Matemáticas (CINVESTAV, 1972, p. 95 apud SERRANO, 1998, p. 21).[4]

O trabalho do DIE teve grande repercussão, ocasionando no país diversas reflexões sobre aspectos relativos à educação, os quais compreendiam desde a definição da política educativa até os processos de ensino e aprendizagem na escola. Em seu programa de pós-graduação, o departamento objetivava oferecer aos alunos uma formação interdisciplinar e iniciá-los nos caminhos da investigação.

A antropóloga Elsie Rockwell, que integrou o DIE desde sua fundação, identificou e agrupou tematicamente o conjunto de trabalhos realizados pelo departamento, os quais, de acordo com Garcia (2001, p. 54), nos permitem delimitar três perspectivas ou linhas de pesquisa: a) A construção social da escola; b) O ensino como trabalho; c) Conhecimento na interação social.

Na interpretação de Anna Maria Salgueiro Caldeira:

> Na perspectiva da Construção Social da Escola – o grande eixo de análise nas investigações do espaço escolar – destaca-se a Análise do Cotidiano, abordagem de pesquisa que adquiriu, a partir dos anos 1970, uma importância crescente entre diferentes autores de orientação marxista como Lefebvre, Lukács, Kosik e Heller (CALDEIRA, 1998, p. 25).

---

[4] Além do DIE, Serrano (1998) assinala a formação de mais dois centros de investigação em educação no período: a Comissão de Novos Métodos de Ensino (CNME) vinculado à Universidade Autônoma do México (UNAM) e o Centro de Estudos Educativos (CEE), entidade civil que contou com o apoio da Companhia de Jesus, congregação católica fortemente enraizada no México.

Os estudos sobre a escola

Elsie Rockwell, juntamente com Justa Ezpeleta, Verônica Edward, Ruth Mercado, Citladi Aguilar, Maria Antonia Candela, entre outros, forma um dos grupos de pesquisadoras do DIE que passam a estudar a escola na perspectiva de sua construção social.

De um modo geral, nos idos dos anos 1970 predominavam as teorias reprodutivistas, e uma de suas vertentes era a análise do sistema escolar estatal como um Aparelho Ideológico do Estado (AIE), conceito que deriva da tese do filósofo francês Louis Althusser (1998) e que influenciaria autores como Pierre Bourdieu (1992).

Do conjunto de obras analisadas sobre as pesquisadoras do DIE, infere-se que tal grupo fez a releitura de autores clássicos do marxismo, como Georg Lukács e Antonio Gramsci, aproximou-se de teóricos contemporâneos, como o próprio Althusser, Agnes Heller, Jürgen Habermas, Pierre Bourdieu, Edward Thompson, entre outros filósofos, e desenvolveu um debate crítico com as perspectivas estruturalistas e fenomenológicas desses autores, em busca de concepções mais afinadas com o domínio da vida social cotidiana.

Já nos primeiros estudos, Ezpeleta e Rockwell se revelaram incomodadas com as formas usuais de se fazer pesquisa na escola. A exemplo do que ocorria nas ciências humanas, em geral, o fenômeno educacional fora investigado, por longo tempo, na perspectiva das análises das ciências físicas e naturais, buscando-se isolar do contexto social variáveis que pudessem dizer da composição do fenômeno. Assim, acreditou-se que a mensuração quantitativa de variáveis básicas sobre a educação seria suficiente para o conhecimento de sua totalidade. Mas, a partir dos anos 1980, são observados indicadores de um movimento que vai, gradativamente, interpelando a predominância de tais métodos na pesquisa educacional.

A verdade é que todo o campo das ciências sociais e humanas seria atingido por uma profunda crise paradigmática atribuída por muitos autores ao reordenamento político-geográfico e cultural do novo sistema mundial (IANNI, 1992). Por certo, a educação não ficaria imune aos efeitos da chamada "pós-modernidade", nem da globalização da economia. Assim, com o desenvolvimento de estudos em campos afins e no próprio campo educacional, foi-se constatando que poucos eram os problemas que poderiam ser esgotados pela pesquisa quantitativa, dado que, em sua maior parte, pensar sobre a educação requer entendê-la como fenômeno dinâmico, complexo e mutável, além de datado historicamente. Portanto, em sintonia com o que se passava no campo das ciências sociais e humanas e, em particular, da antropologia, a educação deixou de ser vista "de fora" e "de longe" e passou a ser observada "de dentro" e "de perto", como sugere a compreensão etnográfica de José Magnani (2002). Ou, nos termos de Geertz (1989), o antropólogo deixava de investigar a escola, para agora, investigar lá na escola.

Nesse sentido, as referidas pesquisadoras discutem o lugar da escola na sociedade capitalista e reconhecem a contribuição das perspectivas macrossociais e políticas para a análise da relação entre escola e sociedade, mas questionam a pertinência de determinadas categorias marxistas para compreender a realidade escolar na América Latina. Essa reflexão teórica possibilita a recuperação do conceito de Estado com base em Gramsci, e a sociedade civil assume um novo sentido, expressando o movimento da persuasão e do consenso. Tal sentido permite olhar a escola a partir de outra perspectiva, ou seja, possibilita pensar um *conceito emancipatório de educação*, porque, para o referido autor, é na sociedade civil que circulam ideologias, mas nela também podem ocorrer contraideologias que buscam corroer o senso comum (PORTELLI, 1977).

Dessa forma, para Ezpeleta e Rockwell (1989), particularmente, a escola seria um dos lugares privilegiados do encontro entre o Estado e as classes populares. Nela estão presentes interesses divergentes e antagônicos entre o Estado como representante histórico das classes dominantes, cuja função é interpretada na vertente analítica marxista como o principal interessado em manter o *status quo*; e as classes populares, como aquelas interessadas na mudança social, que veriam na escola a chance de superar a exploração e de melhorar sua condição de vida, o que poderia ser concretizado na medida em que essas classes se apropriassem dos conteúdos educativos para reelaborá-los fora do controle estatal e em função de seus interesses e de sua condição de classe.

As pesquisadoras também introduzem no campo da educação o conceito de *cotidiano* e de *vida cotidiana*, buscando a fundamentação de base em Agnes Heller (2008). Essa filósofa propõe o estudo do cotidiano como um caminho para compreender a natureza da relação entre o Estado e as classes populares. Para que tal pressuposto pudesse se materializar na escola, as pesquisadoras do DIE entendem que é necessário reavaliar as categorias utilizadas pelos estudos realizados em escala macro: classe social, sistema social, reprodução, entre outras. Essas categorias precisariam ser repensadas ou abandonadas, para serem descobertas novas e renovadas categorias, mais adequadas à observação e à análise da escala micro do cotidiano escolar.

Tais reflexões revelam um movimento de constante inquietude diante das formas usuais de pesquisar o espaço escolar e a necessidade de repensar as abordagens de investigação dessa instituição. Em se tratando do caso do México, a proposição ganha um caráter especial diante da forte ligação da constituição e da manutenção das escolas ao constante contexto de luta e participação social, no que diz respeito tanto aos subsídios necessários para a construção e o funcionamento dessas instituições quanto às reivindicações que acabaram por constituir no país a educação primária como direito garantido e gratuito. As comunidades, incluindo toda a população do entorno das escolas – pais, membros de associações de bairro, organizações religiosas –, são reconhecidas como de influência significativa na organização das atividades escolares. Os professores, por seu turno, além de se ocuparem da docência, contribuem de diversas maneiras no andamento do dia a dia das escolas.

Em meio a essa diversidade de papéis assumidos por docentes, pais e membros da comunidade, as pesquisadoras do DIE perceberam que compreender a atuação dos sujeitos envolvidos na configuração do espaço escolar ultrapassava as teorias e os conceitos existentes e usuais, que, geralmente, colocavam os professores como meros "reprodutores" de conhecimentos e as instituições escolares como "representantes unívocas da vontade estatal":

> Em qualquer nível do sistema, os problemas que agitam a escola, que preocupam os professores, determinam o curso de seu trabalho e afetam a vida da instituição [...]. São problemas difíceis de se compreender a partir da conceitualização comumente utilizada para analisar a escola e sistema (EZPELETA; ROCKWELL, 1986, p. 1).

Com base no diagnóstico da necessidade de uma melhor compreensão do que realmente acontecia na escola e do que, de fato, nela poderia constituir-se como "observável", os estudos do DIE tomaram forma, apropriando-se de diferentes reflexões acerca da investigação no e sobre o campo educativo. Novas hipóteses e abordagens, tanto no campo metodológico quanto no da fundamentação teórica direcionada à observação do espaço escolar, foram formuladas, envolvendo, principalmente, a releitura de clássicos do marxismo.

Aceitando-se o paradigma marxiano de que os homens fazem sua história a partir de circunstâncias determinadas, muitos marxistas acabaram por não compreender que essas circunstâncias são, à sua vez, vistas pelos homens de uma maneira "particular" e o que realmente importa, tanto na teoria quanto na prática social, é indagar essa particularidade (KOSIK *apud* EZPELETA; ROCKWELL, p. 4).

O caminho da cotidianidade expresso nas concepções de Kosik e amplamente divulgado nas teorias de Agnes Heller se constituiu em um campo fértil para o desenvolvimento de uma nova metodologia de pesquisa na investigação da escola. Nas palavras de Patto (1993), encontramos razões que indicam o uso da perspectiva de Heller nas reflexões sobre a escola, em um momento no qual as categorias de pesquisa sobre essa instituição eram repensadas, e a mensuração quantitativa era destacada como insuficiente na análise de seus inúmeros e variados problemas:

> Por estar voltada para as relações entre a vida comum dos homens comuns e os movimentos da história e por não perder de vista a especificidade das pessoas envolvidas nas ações que tecem a vida cotidiana, sua obra é particularmente promissora como referência teórica para a reflexão sobre a escolarização das classes subalternas, nos países do terceiro mundo, concebida como processo histórico tecido por todos os que se confrontam em cada unidade escolar. Por isso, ao mesmo tempo em que, no Brasil, o pensamento helleriano era percebido como uma perspectiva inovadora e promissora para a pesquisa sobre a escola, duas pesquisadoras faziam o mesmo no México (PATTO, 1993, p. 122-123).

Essas pesquisadoras eram Elsie Rockwell e Justa Ezpeleta – argentina que havia muitos anos se formara e trabalhava no México –, que, em um documento do DIE (1980), destacam essa contribuição:

> Trata-se da tradição etnográfica, cuja essência identificamos como "documentar a realidade não documentada". Temos analisado e discutido suas possibilidades para a "captação" do cotidiano e acreditamos haver convertido sua perspectiva colonial, apropriando-nos de seus instrumentos para "mirar desde abajo". Esta tradição investigativa, quando não entendida enquanto ateoricismo ou dentro de sua vertente empirista, permite integrar o processo investigativo necessário ao desenvolvimento conceitual (ROCKWELL, 1983, p. 4).

Dessa perspectiva, o que seria observável no contexto escolar? Nas palavras de Ezpeleta e Rockwell (1986, p. 1) seria "o que ocorre fora dos limites dos regimentos, fora da classe, 'fora de asamblea', fora da visita rotineira do supervisor", ou seja, o resgate do vivido, tanto o instituído como o não instituído, não oficializado, mas que tem efetividade e existência concreta no dia a dia da escola, nas relações sociais estabelecidas entre todos os sujeitos envolvidos com a educação escolar. Em suma, para Ezpeleta e Rockwell, aproximar-se da escola com a ideia de "vida cotidiana" significa algo mais que "chegar" e "observar" o que ocorre diariamente em seus corredores, suas salas de aula, entre outros espaços. Trata-se, antes, de uma postura teórico-metodológica, uma "orientação, de uma certa busca e de uma certa interpretação daquilo que pode ser observado na Escola" (EZPELETA; ROCKWELL, 1986, p. 21).

Uma passagem pelos estudos brasileiros

Frente ao exposto e aos objetivos definidos na pesquisa realizada pelo EDUC, coube questionar os seguintes aspectos: como as investigações realizadas no Brasil, nos programas de pós-graduação *stricto sensu* em Educação, têm, efetivamente, incorporado o marco teórico-metodológico proposto pelo grupo de estudos do DIE, contribuindo, por conseguinte, para sistematizar conhecimentos voltados para a transformação da realidade escolar? Em que medida é possível falar de uma etnografia descolada do campo epistemológico da antropologia como a ciência da cultura, berço de construção dessa metodologia como parte da produção de seu conhecimento?

Assim posto, reafirmamos que o objetivo geral da pesquisa foi analisar o referencial teórico-metodológico proposto pelo grupo de pesquisa do DIE-Cinvestav-IPN e sua apropriação por pesquisadores de programas de pós-graduação em Educação no Brasil a partir dos anos 1980. Para a consecução desse objetivo, operacionalizamos os seguintes objetivos específicos: aprofundar analiticamente a compreensão do referencial teórico-metodológico do referido grupo de pesquisa; identificar e selecionar pesquisas em educação produzidas a partir dos anos 1980 até 2008, em programas de pós-graduação em Educação no Brasil, que declararam ter adotado o referencial teórico-metodológico do referido grupo; analisar as pesquisas selecionadas quanto à coerência com o referencial teórico-metodológico do DIE, considerando se tais investigações trazem subsídios que contribuam para a sistematização de conhecimentos que favoreçam a transformação da escola; e, finalmente, contribuir para a compreensão dos usos da etnografia na pesquisa educacional como uma estratégia para compreender criticamente os modos como o diálogo entre antropologia e educação pode acontecer.

A pesquisa etnográfica da, sobre e na escola brasileira cresceu muito a partir da década de 1990. O trabalho de Garcia (2001), que faz um "balanço de dissertações e teses autodenominadas etnográficas desenvolvidas nos programas de pós-graduação em Educação das universidades brasileiras", identifica três orientações teórico-metodológicas predominantes nessa produção: estudos da linguagem e processos de interação, com referenciais da microetnografia na perspectiva dos trabalhos de Frederick Erickson; estudos voltados à compreensão de aspectos sociais e culturais que se relacionam com a escola e a escolarização, com referenciais específicos do campo da antropologia, como Gilberto Velho e Roberto DaMatta; e, por último, estudos da escola e da sala de aula, com foco nos processos didáticos, em uma perspectiva sócio-histórica, e influenciados pela etnografia educacional mexicana, particularmente pelos trabalhos de Elsie Rockwell e Justa Ezpeleta.

No decorrer da pesquisa, identificamos aproximadamente 1.200 teses e dissertações, via seus resumos disponibilizados no Portal da Capes. Em geral, são pesquisas que buscam compreender os processos educativos particulares que acontecem na escola pública de educação básica e superior, abordando, principalmente, as questões voltadas para as desigualdades sociais e a busca de democratização na escola. Dentre elas, podemos citar a pesquisa seminal de Maria Helena Sousa Patto (1991) sobre o fracasso escolar de alunos de uma escola pública municipal na periferia da cidade de São Paulo; Sonia Penin (1989), em seu estudo *Cotidiano e escola: uma obra em construção*, no qual analisa as condições concretas da vida cotidiana em quatro escolas públicas de ensino fundamental na periferia de São Paulo, para entender a natureza dos processos constitutivos de cada uma delas; Helena Dias da Silva (1994) investiga uma "sabedoria docente", ou seja, crenças, valores, concepções, modos de ação e até procedimentos e hábitos que norteiam o fazer de professores da quinta série do ensino fundamental, tanto no sentido de compreensão dos processos cotidianos que permeiam sua rotina quanto no de permitir pistas para a análise que possibilitem pensar a transformação da escola, gerando bases para a construção de uma *nova* didática; Antônio dos Santos Andrade (1990) realiza um estudo etnográfico do cotidiano de uma escola pública de Uberlândia para compreender como se produz o fracasso escolar nas duas primeiras séries do ensino fundamental, adotando uma abordagem teórico-metodológica inspirada na sociologia da vida cotidiana de Agnes Heller.

Outros tantos estudos se apoiam nas contribuições teórico-metodológicas das pesquisadoras mexicanas, como a pesquisa de Marília Pinto de Carvalho (1999), cuja metodologia utilizada no estudo de caso se inspira na etnografia, almejando uma *descrição analítica*: "uma descrição que, a partir do ir e vir constante entre observações e reflexão teórica seja capaz de reordenar e reconceituar o objeto de estudo, tornando visíveis relações e significados antes opacos" (CARVALHO, 1999, p. 99); Maria de Lourdes Tura (2000), em sua pesquisa *O olhar que não quer ver*, menciona que Ezpeleta e Rockwell influenciaram muitos estudos etnográficos em educação além do seu.

Finalmente, destacamos a própria tese de Garcia (2001), que, em um esforço de mapear um estado de conhecimento, buscou fazer um balanço de dissertações e teses autodenominadas etnográficas desenvolvidas nos programas de pós-graduação em Educação das universidades brasileiras e compreender como tal abordagem tem sido utilizada a partir dos anos de 1970. A autora procurou examinar e reconstruir o percurso pelo qual a etnografia foi sendo incorporada à pesquisa educacional, explicitando as perspectivas, as influências e as tendências que foram se constituindo nesse campo.

Reconhecendo a importância desse tipo de produção, a equipe do EDUC buscou contribuir para uma maior compreensão e reflexão sobre o uso da etnografia na educação, portanto, do diálogo entre a educação e a antropologia, pois a pesquisa antropológica impõe exigências que nem sempre são atendidas em outros campos científicos. Assim, não é novidade o risco potencial e efetivo a que estão expostas as abordagens educacionais que incorporam procedimentos antropológicos. Segundo Ana Lúcia Valente:

> No Brasil, estudos precursores no campo educacional – bastante conhecidos e que são indicações obrigatórias nas pesquisas adeptas do "método antropológico", dispensando outras menções – evidenciam um problema que chama a atenção daqueles que estão um pouco familiarizados com a bibliografia antropológica: na problematização do emprego de "técnicas" da Antropologia pela Educação, estão ausentes as referências à produção matricial. Essa omissão – que

alcança inclusive conceitos de autores bastante conhecidos – parece difícil de justificar-se apenas com a explicação de que no processo de transplante de um campo para outro, houve adaptações que provocaram mudanças em seu sentido original (VALENTE, 1996, p. 54-63).

Na verdade, na educação, como em outros campos científicos, é comum a não observância dos conhecimentos historicamente elaborados e acumulados pela antropologia e que reafirmam o sentido da etnografia como um modo particular de produção do conhecimento, em outros termos, é a "antropologia em ato" (PEIRANO, 1995); por isso mesmo, o uso do procedimento metodológico descolado da construção de um problema de investigação é bastante problemático. Como enfatiza Valente,

> incorre-se numa confusão entre procedimentos de pesquisa e objeto da investigação. Finalmente, não se consegue explicar a especificidade do objeto (nem dos procedimentos) da Educação ante o objeto da Antropologia, construído em torno do conceito de cultura, ou seria melhor dizer, no plural, dos conceitos de cultura. Negligencia-se, ainda, que, apesar da variedade, tais conceitos mantêm compromissos com perspectivas teóricas diferenciadas que indicam os limites, alcances e desdobramentos de uma análise (VALENTE, 1996, p. 54-63).

Compartilhando dessas preocupações, a pesquisa teve interesse em analisar esse enfoque da etnografia educacional para compreender como ocorreu essa apropriação, isto é, o que os pesquisadores em educação fazem quando dizem fazer etnografia.

Metodologia

Trata-se de pesquisa bibliográfica, cujo procedimento básico é a pesquisa documental. Esse procedimento metodológico visa classificar as fontes de informação oriundas da observação direta/indireta, do relato verbal direto/indireto e dos documentos. Segundo Peter Mann (1983), como nas demais fontes de informação, também a pesquisa com documentos assume o caráter de fonte direta ou indireta quanto maior sua proximidade com a fonte original. No caso deste projeto, a fonte de pesquisa foi a observação direta do documento, isto é, o levantamento, a leitura e a análise de documentos do grupo de pesquisa do DIE e sobre ele. De igual modo fez-se a observação direta de teses e dissertações produzidas nos programas de pós-graduação em Educação no Brasil, a partir dos anos 1980, que, de acordo com seus resumos, apontam ou sugerem adotar o referencial teórico-metodológico do grupo do DIE-Cinvestav. Tais pesquisas foram acessadas junto ao portal da Capes.

Como o referido grupo de pesquisa anuncia adotar em sua produção referenciais do marxismo e da dialética, nossa proposta de leitura e de análise do material tomou como premissa os princípios do método "hermenêutico-dialético", por ser "o mais capaz de dar conta de uma interpretação aproximada da realidade. Ele coloca a fala em seu contexto para entendê-la a partir do seu interior e no campo da especificidade histórica e totalizante em que é produzida" (MINAYO, 2000, p. 231). Com esse método, usamos a reflexão da "dupla interpretação" na antropologia, conforme apresentada por Cardoso de Oliveira (2000) e inspirada na hermenêutica de Paul Ricœur (2000). Nesse sentido, a interpretação passou por dois níveis ou duas refrações do olhar, uma de primeiro e uma de segundo grau, sendo a primeira, conforme Oliveira, o resultado da descrição ou a interpretação na descrição, e a segunda, a interpretação da descrição, em que texto daí resultante é, ele próprio, interpretativo (OLIVEIRA, 2000). Pois, "não há descrição, por mais intencionalmente objetiva que seja, sem um mínimo de interpretação. Está condicionada por um contexto intersubjetivo – a comunidade de profissionais da disciplina" (OLIVEIRA, 2000, p. 97). Dessa forma, o caminho proposto e realizado nesta pesquisa foi o da interpretação explicativa para o da interpretação compreensiva, com a ciência de que ambos os movimentos de cognição mantêm relação dialética mútua e gradativa, na medida em que se parte de uma compreensão preliminar do objeto em foco na pesquisa para uma compreensão mais aprofundada, a fim de apreender seu excedente de sentidos. Isso posto, explicação e compreensão foram tomadas como modalidades de interpretação.

1. *Explicação/compreensão*: O contexto sócio-histórico do grupo de pesquisa do DIE, a conjuntura sociopolítica na qual se insere o grupo; sua participação como ator social; a história do grupo e sua inserção na produção local e global no campo da pesquisa em educação e escola; as condições de produção e de realização do grupo; a percepção da educação e da escola na sociedade como categorias históricas construídas.

2. *Interpretação*: Pressuposição do ponto de partida e do ponto de chegada da investigação, quando ocorre o encontro dos fatos

empíricos com as concepções teóricas; a descoberta da totalidade e de sua significação particular e geral; a construção de categorias a partir da leitura e do exame do material (teórico-metodológico e empírico) selecionado como *corpus* desta investigação, para dar conta de significações apreensíveis por uma abordagem hermenêutica (OLIVEIRA, 2000).

A referida pesquisa bibliográfica foi desenvolvida de acordo com algumas etapas, descritas a seguir, sem que, necessariamente, houvesse o esgotamento de uma para que a outra fosse iniciada. Na verdade, em vários momentos da pesquisa a equipe de pesquisadores se reunia para, com os bolsistas, debater o que vinha sendo realizado, e, não poucas vezes, a proposta era revista, e procedimentos de investigação eram redimensionados e reencaminhados. Nessa direção, é preciso destacar como a investigação em ciências sociais e humanas requer todo o tempo o olhar atento e aberto do pesquisador para os dados que vão sendo encontrados e analisados sob os objetivos da investigação. Isso possibilita a revisão e a correção de caminhos que podem ser redesenhados de modo a dar conta do que se pretendeu. Assim, podemos identificar ao longo da investigação as seguintes etapas: 1) compreensão histórica do DIE-Cinvestav; 2) inventário das dissertações e teses via seus resumos, coletadas junto ao portal da Capes; identificação e seleção de pesquisas (dissertações e teses) produzidas no Brasil, nos programas de pós-graduação em Educação, que se basearam na proposta teórico-metodológica do grupo de pesquisa do DIE-Cinvestav; leitura, fichamento e análise do material selecionado; 3) seleção das pesquisas lidas e analisadas na íntegra.

Desenvolvimento da pesquisa

Concomitantemente à primeira e à segunda etapa, fizemos a reconstrução da trajetória histórica do grupo, com a leitura de textos produzidos por teóricos do DIE e também através de informações do site5 do grupo no México. A partir de dados acerca da constituição dos grupos de pesquisa no referido país, foi possível construir um panorama histórico de todo o contexto de seu surgimento, bem como da constituição de outros dois grupos que, na mesma época da criação do DIE, tornaram-se importantes naquele país. É relevante destacar que o livro *Pesquisa participante* (1987), organizado por

---

[5] Disponível em <http//: www.cinvestav.mx/die/>.

Elsie Rockwell e Justa Ezpeleta, a única publicação traduzida para o português (até onde foi possível averiguar), constituiu-se como fonte preliminar para a compreensão do referencial teórico-metodológico da etnografia na pesquisa escolar. Outros escritos dessas autoras também foram utilizados, assim como produções de autores latino-americanos que analisam a investigação educativa no México, tais como Serrano (1998), e Maldonaldo (1991).

Após essas análises preliminares, consideramos que as contribuições das pesquisadoras Rockwell e Ezpeleta para a pesquisa do/no cotidiano escolar expressam não só um novo tipo de conhecimento sobre a realidade escolar, mas também um compromisso de que esse conhecimento contribua para a transformação da realidade. Nessa perspectiva, essa abordagem tem especial relevância por corresponder a uma intencionalidade política e educativa: "transformar a escola" (ROCKWELL, 1992). Suas pesquisas evidenciaram que na vida cotidiana da escola, apesar do componente de reprodução e alienação em que os diferentes indivíduos se encontram imersos e presos, há também, como indicam Heller e De Certeau, espaço e condições para que esses indivíduos saiam da dimensão cotidiana e alcancem a dimensão não cotidiana, ou seja, transformem-se em sujeitos reflexivos e capazes de elaborar saberes e estratégias próprias (MAIA, 2004, p. 62).

Nos últimos anos, os estudos do/no cotidiano se constituíram em rico campo de pesquisa, portadores de inúmeras chaves para a compreensão da escola e daqueles que dela participam. O referido campo de estudos contribuiu para a construção de um olhar mais denso sobre as relações entre os diversos atores sociais que a compõem, fato que, muitas vezes, não se consegue através de outras estratégias de investigação. Tais estudos desvendam para a análise educativa e, principalmente, para os estudos sobre a escola um campo de múltiplas interseções de culturas, táticas, estratégias, ações criativas, rotinas escolares e saberes docentes e discentes que estudos mais convencionais como os de natureza quantitativa ou apoiada nos pressupostos das teorias da reprodução simplesmente não alcançam. E, finalmente, permitem recuperar aspectos heterogêneos presentes no cotidiano escolar, como nuanças impregnantes da realidade, em vez de eliminá-las, como é comum ocorrer em análises que desconsideram essa perspectiva.

A coleta de dados no portal da Capes: teses e dissertações dos programas de pós-graduação em Educação no Brasil

A segunda etapa da pesquisa consistiu na identificação e na seleção de pesquisas em educação produzidas a partir dos anos de 1980 até 2008, no

Brasil, que adotaram o referencial teórico-metodológico do DIE-Cinvestav. A coleta desses dados ocorreu junto ao portal da Capes, onde foram mapeadas, através da palavra-chave "etnografia", primeiramente, dissertações e teses produzidas no Brasil em seus programas de pós-graduação em Educação.[6] Ao final dessa coleta, que não aconteceu sem percalços de ordem técnica relativos aos acessos junto ao portal, foram selecionadas 1.192 produções, sendo 973 dissertações e 219 teses. Todas as 1.192 produções selecionadas foram lidas e analisadas através dos dados que seus resumos apresentavam.[7]

A partir desse grande contingente de pesquisas que mencionaram a etnografia em seus resumos, fez-se necessário avaliar, em uma segunda leitura desses textos, a existência de indícios que possibilitassem à equipe de pesquisadores um maior entendimento acerca do uso da etnografia nas pesquisas selecionadas. Isso se justificou, também, porque na primeira leitura dos resumos foram identificadas inúmeras denominações com as quais os pesquisadores se referiam aos procedimentos metodológicos, o que impossibilitou imediatamente uma leitura mais precisa dos trabalhos. Ocorreu, ainda, em alguns casos o fato de não haver nenhuma referência à metodologia usada na pesquisa, como era de se esperar em um resumo.

Para dar conta desses problemas surgidos no decorrer da investigação, a equipe de pesquisadores decidiu enfrentá-los retornando a outra leitura e promovendo mais debates sobre o referencial teórico-metodológico do DIE-Cinvestav. Procuramos aprofundar ainda mais nosso entendimento da etnografia proposta por Rockwell e Ezpeleta nas diversas obras lidas e referenciadas neste texto, elaborando as seguintes "categorias" que nortearam essa leitura e análise dos resumos na tentativa de captar o mais precisamente possível o que eles diziam do uso da etnografia: 1) o cotidiano escolar em seus espaços, dinâmicas, condições materiais e no contexto da sala de aula; 2) presença da relação escola-sociedade e escola- comunidade; 3) dimensão da relação entre o "prescrito" e o "realizado" no cotidiano escolar: políticas públicas e políticas escolares (normas, regulamentos, currículo, regimentos e seus reflexos sobre a escola); 4) compromisso da investigação com a mudança social, a partir de um olhar sobre a "existência real" da escola, não apenas para diagnosticar carências e deficiências

---

[6] Essa etapa da pesquisa foi feita em 2009, e naquele ano o *site* da pesquisa apresentava disponíveis os anos de 1987 a 2008. Atualmente o *site* já disponibiliza as produções de 2009.

[7] Tais fichamentos, devidamente indexados, constituem agora um acervo importante para futuras pesquisas na área.

existentes, mas apontando para as manifestações cotidianas que orientam para a transformação da escola, indo "além do cotidiano".

Essa nova análise dos resumos indicou, então, uma significativa queda no número de teses e dissertações anteriormente selecionadas. Mais precisamente, de um total de 973 dissertações, foram escolhidas 178; e de 219 teses, foram selecionados apenas 66 trabalhos, totalizando, assim, 244 produções, que, de acordo com o critério da região/número de pesquisas, passariam por outra seleção para a escolha das pesquisas a serem lidas e analisadas na íntegra.

Gráfico 1: Produções que mencionam o uso da etnografia no Brasil 1987-2008
(selecionadas a partir da palavra-chave "etnografia")

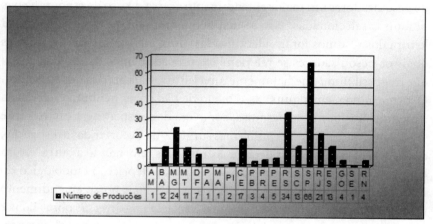

Fonte: Dados da pesquisa.

Embora as referidas categorias tenham já possibilitado uma leitura bem mais aproximada acerca do uso da etnografia nas pesquisas, outros aspectos foram considerados. Além da grande quantidade de produções identificadas, os resumos dessas 244 pesquisas, ao passarem por uma mirada mais crítica e refinada, ainda se mostraram inconsistentes. Forneciam informações que foram consideradas pelos pesquisadores insuficientes quanto ao entendimento da opção metodológica e do referencial teórico adotado pelos respectivos autores.

Essa constatação foi o ponto de partida para uma terceira leitura e análise dos resumos, a fim de que fosse contemplada a relação por região e quantidade de trabalhos. Na seleção final das obras a serem lidas na íntegra, foram localizadas 13 produções (seis teses e sete dissertações) que mencionaram explicitamente em seus resumos a utilização do referencial teórico proposto pelo DIE. Esse dado foi considerado mais que seguro para que essas pesquisas fossem separadas para a leitura analítica, conforme demonstra o Graf.2.

Gráfico 2: Produções que mencionam o referencial teórico-metodológico do DIE

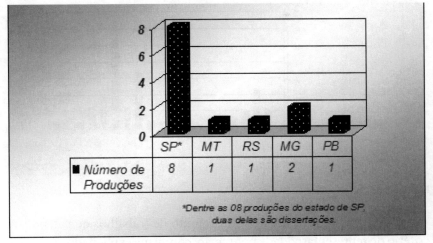

Fonte: Dados da pesquisa.

No entanto, não seria possível limitar a análise apenas aos resumos que indicavam o referencial teórico e metodológico da pesquisa, uma vez que muitos encontravam-se incompletos, com palavras grafadas de forma incorreta, além de não explicitarem – em grande parte dos casos – o referencial teórico e metodológico adotado na dissertação ou na tese.

Dadas as 13 pesquisas indicadas no Graf. 2, decidimos pelo refinamento dos critérios da investigação, visando estabelecer formas mais efetivas de identificar produções que atendessem aos objetivos do projeto. Foram selecionadas, então, para leitura na íntegra, apenas as produções de doutorado. Tal decisão foi tomada tendo-se em vista que um dos pressupostos da etnografia, mesmo na "re-leitura" do DIE, é a exigência de um tempo alargado para sua realização, com permanência prolongada do pesquisador na escola, de modo a assegurar que ele, através da observação e de outras técnicas de coletas de dados, possa adquirir uma compreensão aprofundada e holística da realidade em foco.

Em outros termos, esse critério foi amparado na certeza de que o curso de doutorado, que pode ser concluído em até quatro anos e meio, associado à experiência de pesquisa acumulada na dissertação pelo pesquisador, favorece a realização de uma etnografia. A partir de tal decisão, o *corpus* da pesquisa passou a ser constituído por 66 teses e sete dissertações, conforme mostra o Graf. 3.

Gráfico 3: Teses e dissertações pré-selecionadas

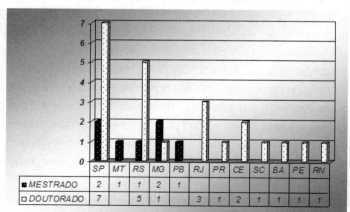

Fonte: Dados da pesquisa.

Desse total, foi escolhido um conjunto de trabalhos que atendia ao critério de representatividade por região, conforme explicitado, através de uma última análise mais seletiva por parte dos pesquisadores. Finalmente, chegou-se a um número de 30 produções a serem lidas na íntegra. Dentre elas, encontram-se as dissertações que mencionaram explicitamente o uso do referencial teórico-metodológico do DIE.

Gráfico 4: Teses e dissertações selecionadas para leitura

	SP	MT	RS	MG	PB	RJ	PR	CE	SC	BA	PE	RN
■ MESTRADO	2	1		1	2	1						
□ DOUTORADO	7		5	1			3	1	2	1	1	1

Fonte: Dados da pesquisa

A fim de orientar a análise crítica das teses e dissertações relacionadas, os pesquisadores elaboraram uma ficha de leitura analítica contendo as dimensões básicas e necessárias no que diz respeito às articulações teóricas e metodológicas possíveis de ser identificadas nas investigações considerando os objetivos do projeto. Como em uma pesquisa quantitativa, construímos uma primeira versão da ficha, que foi "pré-testada" na análise de duas teses. Essa foi uma decisão valiosa tomada durante a pesquisa, pois, com isso, foi possível identificar distorções e chegar a um modelo final, que foi usado por toda a equipe na análise dos trabalhos.

A equipe do EDUC decidiu, também, que as teses e dissertações seriam distribuídas por duplas de pesquisadores. Ambos leriam os mesmos trabalhos e discutiriam a avaliação dos resultados. Tal medida foi tomada visando assegurar, ao máximo, uma leitura rigorosa dos trabalhos o que permitiu chegar a uma avaliação de conjunto. Cada dupla – um pesquisador e um bolsista – ficaram responsáveis pela leitura de sete produções, totalizando 24 pesquisas, das 30 teses e dissertações, pelo fato de cinco trabalhos não terem sido localizados em suas bibliotecas de origem para envio à biblioteca da PUC Minas, através do sistema COMUT, e a cópia de uma delas não ter sido autorizada pelo autor.

Conclusões

Do conjunto de 24 pesquisas analisadas, chegamos à seguinte classificação: três atenderam à proposta do DIE, seis atenderam a ela em parte e as demais 15 pesquisas não atenderam a ela. Retomando os objetivos propostos para este projeto de pesquisa, é possível afirmar que, no conjunto da obra, que resultou de dois anos de investigação, todos eles foram alcançados. Contudo, o mais importante é dizer o quão fundamental é que outras pesquisas como esta sejam realizadas, de modo que se possa ampliar a compreensão da produção do conhecimento em educação nos termos de seus limites, mas, também, de suas inúmeras e criativas possibilidades.

Para tanto, é importante destacar, desde já, o acervo resultante dessa investigação; é numeroso e, sem dúvida, passa a constituir um banco de dados valioso para pesquisadores que queiram se embrenhar pelo caminho dos debates teóricos e metodológicos que configuram a pesquisa educacional entre os anos 1980 e 2008. É fundamental ressaltar, ainda, as dificuldades que cercam investigações cujo objetivo é construir "estados do conhecimento" sobre uma determinada temática em um campo científico, dada a escassez dessa modalidade de pesquisa. Em outros termos, muitos dos instrumentos de coleta de dados são elaborados no processo da investigação, pois não existem modelos prontos, fato que se, por um lado, é um desafio a nossa imaginação criadora, por outro, implica em um tempo maior de leituras e releituras e de construção de tais instrumentos. Assim sendo, acreditamos que os modelos de análise da produção científica criada neste projeto podem ser úteis a outros projetos e pesquisadores.

Alguns apontamentos analíticos

O contexto histórico latino-americano no qual se desenvolve a proposta do grupo do DIE será marcado por profundas transformações sociais, políticas e culturais que vinham se desenrolando desde os anos 1960. Nesse sentido, um conjunto de ações nos planos nacional e internacional, tais como as resoluções da UNESCO sobre patrimônio (ROCHA, 2009), a crítica cultural da etnografia desencadeada no campo da antropologia (MARCUS; FISCHER, 1986) e o crescimento dos movimentos sociais na América Latina e, em particular, no México (WOLF, 2003) e contribuíram para o clima de mudanças que a educação ansiava já por longo tempo.

Pelo levantamento realizado nesta pesquisa, a produção das pesquisadoras mexicanas reflete bem o espírito desse tempo de movimentos e transformações sociais, bem como dos questionamentos de teorias e enfoques metodológicos até então predominantes no campo das ciências sociais, e traz para o campo da educação a possibilidade de ampliar seus caminhos e olhares sobre a escola, seus processos, suas práticas e os sujeitos envolvidos nos diferentes contextos e processos educativos. Embora as dissertações e teses apresentem claros limites teórico-metodológicos, como foi possível observar na análise, do ponto de vista empírico, a abertura à perspectiva proposta pelo grupo de estudos do DIE trouxe significativa contribuição para o conhecimento da realidade social brasileira, em geral, e da escola, em particular.

Em outras palavras, a abordagem das escolas nas dissertações e teses, nos variados casos analisados, oferece dados significativos sobre a realidade social contemporânea à luz dos movimentos sociais e das políticas públicas de cultura e de educação dos últimos 30 anos, bem como sobre as "culturas das escolas" e as "culturas nas escolas" em suas singularidades, espalhadas pelo território nacional brasileiro. Portanto, tal instituição ganha visibilidade a partir desses estudos que tematizam desde os problemas básicos de infraestrutura que afetam o cotidiano das escolas até as relações de poder entre os grupos que as integram, como diretores, professores, alunos, funcionários passando, também, pelas relações que a escola estabelece com seu entorno e pela questão da formação e do trabalho docente. Sem dúvida, o estudo dessas experiências contribui para a ampliação do entendimento do campo científico da educação no Brasil em interface com outros campos, bem como para os processos futuros de transformação social da escola. De resto, enfatizamos, apesar dos limites teórico-metodológicos evidenciados nos trabalhos analisados, que eles servem para iluminar os pontos que ainda se encontram pouco desenvolvidos na pesquisa educacional.

Dessa forma, o estudo possibilitou um duplo aprofundamento: de um lado, sobre o referencial teórico-metodológico defendido pelo grupo de estudos do DIE; do outro, sobre o uso que os pesquisadores fazem desse referencial. Fica clara nesse processo a importância que autores, sobretudo aqueles oriundos da matriz marxista da história, têm para a fundamentação teórica do referido grupo. Particularmente, Agnes Heller (2008) ganha notória visibilidade com sua abordagem do cotidiano e da história. Do ponto de vista metodológico, a etnografia aparece como estratégia privilegiada na investigação da escola, e a justificativa para essa combinação parece assentar-se no esforço de superar a tradição antropológica do estrutural-funcionalismo e do estruturalismo levistraussiano, que, nos anos 1970, chegavam a seu momento de apogeu e crise. Com efeito, a proposta do grupo de estudos do DIE estava em sintonia com a virada hermenêutica e fenomenológica da antropologia.

A bem da verdade, o cotidiano se inscreve na prática da etnografia, e, nesse sentido, a apreensão da dinâmica e das estruturas de funcionamento da "cultura da escola" e das "culturas na escola" só é possível com a efetiva prática da "observação participante". Só assim se torna possível captar o "ponto de vista nativo", afinal, "por definição, somente um 'nativo' faz a interpretação em primeira mão: *é a sua cultura*", dirá Geertz (1989, p. 25). Assim, apreender e compreender o cotidiano da escola começa pela premissa de que a cultura local pertence, em princípio, seus agentes sociais; no caso da escola, a professores, alunos, diretores, funcionários e comunidade do entorno.

Também é verdade que parece haver uma grande distância entre a proposta de Ezpeleta e Rockwell e o uso que dela tem sido feito nas dissertações e teses em educação no Brasil. Poucos trabalhos mostraram obter sucesso no sentido proposto pelas autoras. No geral, os textos que mais se aproximam da proposta do DIE-Cinvestav apresentam uma discussão adensada do ponto de vista teórico, porém avançam pouco em relação à interação com a empiria. Em outras palavras, a teoria fica de um lado, e a empiria do outro, contrariando um dos princípios fundamentais da referida proposta, que é a do permanente diálogo no processo da investigação entre os referenciais teóricos e os dados do campo.

Nesse caso, o resultado é um aproveitamento, ainda incipiente, ficando evidenciada a sedução ideológica da proposta do grupo, que, se bem compreendida, não pode ser deslocada e descolada do contexto histórico de seu surgimento e da declarada adesão de seus idealizadores a uma certa linhagem na leitura do marxismo, especialmente Gramsci e Heller. Fica evidente que, do ponto de vista epistemológico, a interação entre a teoria e a prática ainda se revela insuficiente nos estudos em foco. Essa separação, além de indicar um escasso aprofundamento dos pesquisadores que decidiram se apoiar nas autoras em foco, mostra um não acompanhamento da trajetória do DIE dos anos de 1970 para cá em suas dinâmicas acadêmicas e investigativas, distância que não se coloca no plano formal de um pensar sobre a ciência apenas, mas que indica também certa falta de manejo das escolhas feitas e indicadas nas teses e dissertações. Nessa direção, é importante ressaltar que, se foram encontrados trabalhos que são marcados pela cisão da teoria com relação à metodologia, foram também analisadas aquelas dissertações e teses que citaram as mexicanas como uma escolha no estudo da escola, mas, ao longo de seus textos, nada ou pouco se encontra que ratifique tal escolha. Em outros termos, está ausente uma discussão situada no problema e nas indagações da pesquisa a partir daquelas categorias de base do DIE, como os conceitos de cotidiano, hegemonia e contra-hegemonia, saberes docentes, etc.

Outros aspectos que não podem deixar de ser destacados, uma vez que são fundantes e diferenciais da proposta em questão, referem-se, primeiramente, à pouca presença de uma reflexão e uma análise histórica assumida como uma dimensão necessária à compreensão do fenômeno estudado. Em segundo lugar, o cotidiano como chave de investigação, e nesse aspecto o cotidiano escolar não é compreendido ou apreendido analiticamente como histórico e, portanto, esfera do fazer político e de exercício das relações de poder e empoderamento. Em terceiro lugar, a falta de correlação analítica empreendida entre as esferas macro e micro, bem como do instituído e do não instituído. Dito de outro modo, do que ocorre no interior da escola com o que se passa em torno ou mesmo fora dela, mas que implica e incide em suas dinâmicas e interpelam seus sujeitos. A escola e, em alguns casos, os fenômenos específicos estudados em seus espaços e tempos são analisados separadamente de suas dimensões, correlações e tensões históricas, culturais e sociais. E, por último, a pouca presença de uma análise mais apurada da dimensão/possibilidade da mudança social, tão cara aos pesquisadores do grupo DIE- Cinvestav-IPN do México.

Finalmente, o que é possível apontar com os resultados do projeto de pesquisa *Etnografia para a América Latina: um outro olhar sobre a escola no Brasil*? Observa-se uma virada do olhar macro na educação e na escola para um olhar centrado no micro, isto é, do sistema educacional regulado e controlado pelo Estado para o que acontece, de fato, na escola, na sala de aula e em outros espaços. Outra virada diz da adoção de uma mirada qualitativa, focada na observação e na interação no/do cotidiano escolar e da sala de aula, em lugar da mirada quantitativista. Desta feita, o foco é nos sujeitos, em suas ações, práticas e representações. Assim, pode-se dizer que as dissertações e teses que procuraram inspiração na proposta do DIE-Cinvestav-IPN, do México, trouxeram grande contribuição para o conhecimento do que "se passa nas escolas",[8] ou seja, uma compreensão bastante situada no interior da escola, de seu cotidiano, dos espaços, das dinâmicas e práticas que acontecem nessa instituição e que raramente eram documentadas ou significadas em pesquisas de natureza quantitativa e nas chamadas investigações orientadas pelas teorias da reprodução.

Em que pese o pouco aprofundamento ou a pouca apropriação "global" da proposta do DIE e o conhecimento insuficiente dos fundamentos e dos autores e da perspectiva que baseiam a proposta desse departamento, pode-se afirmar que a perspectiva dos autores mexicanos possibilitou uma aproximação (e uma adoção) da etnografia, assumida como uma nova e fecunda perspectiva para as pesquisas nas escolas na América Latina. O fato, contudo, é que essa aproximação e essa adoção não vieram sempre seguidas de um diálogo mais profundo e necessário com a antropologia e seus aportes teóricos e metodológicos. Ele ocorreu, muitas vezes, por via de uma "importação" do método etnográfico despido de seu referencial teórico originário, fato que reitera o que alguns outros estudos similares

---

[8] Perguntaríamos também: "o que se passa nos programas de pós-graduação e suas perspectivas teóricas e metodológicas, suas opções por determinados problemas 'sociológicos', suas orientações, etc.?". É óbvio que não é neste texto o espaço para esse debate, mas apenas realçamos tal indagação como mais uma questão que a referida pesquisa nos estimulou a pensar.

já observaram: certa confusão existente entre o que é o empreendimento intelectual na antropologia para se fazer uma etnografia e o estudo qualitativo ou a observação participante. Dito de outra maneira, não raras vezes, a apropriação metodológica é confundida com procedimentos como convivência e observação na escola ou, simplesmente, com a observação participante, que é a referência que mais aparece nas pesquisas analisadas.

Para finalizar, devemos dizer que tais considerações são (in)conclusivas, mas abrem um leque de possibilidades na direção de se refletir sobre a riqueza do aprofundamento dos diálogos interdisciplinares movidos pelo espírito crítico e aberto de colaboração com o conhecimento. E, sem dúvida, trilhar pelas lógicas de como ocorrem os usos da antropologia por outros campos, como o educativo, é uma densa contribuição dos mapas teóricos e metodológicos que vamos construindo no empreendimento, nem sempre fácil e, menos ainda, simplista, de responder aos desafios sociais, particularmente os que dizem respeito à educação e à escola, não somente no Brasil, mas também em outras regiões.

Referências

ALTHUSSER, Louis. *Aparelhos ideológicos de estado: notas sobre aparelhos ideológicos de estado*. 7. ed. Rio de Janeiro: Graal, 1998.

ANDRADE, Antônio dos Santos. O cotidiano de uma escola pública de 1º grau: um estudo etnográfico. *Cadernos de Pesquisa*, São Paulo, n. 73, p. 26-37, maio 1990.

BOURDIEU, Pierre. *A reprodução: elementos para uma teoria do sistema de ensino*. 3. ed. Rio de Janeiro: Francisco Alves, 1992.

CALDEIRA, Anna Maria Salgueiro. A apropriação e construção do saber docente e a prática cotidiana. *Cadernos de Pesquisa*, São Paulo, n. 95, p. 5-12, 1995.

CALDEIRA, Anna Maria Salgueiro. *Saber docente y prática cotidiana: un estudio etnográfico*. Barcelona: Octaedro, 1998.

CARVALHO, Marília Pinto. *No coração da sala de aula: gênero e trabalho docente nas séries iniciais*. São Paulo: Xamã, 1999.

CONSEJO MEXICANO DE INVESTIGACION EDUCATIVA. 1998. p. 13-38. Disponível em: <http://www.redalyc.org/articulo.oa?id=14000502>. Acesso em: 16 set. 2009.

COUTINHO, Carlos Nelson. Um certo senhor Gramsci. *Jornal do Brasil*, 29 fev. 1976.

DIAS-DA-SILVA, Helena G. F. Sabedoria docente: repensando a prática pedagógica. *Cadernos de Pesquisa*, São Paulo, n. 89, p. 39-47, 1994.

DUARTE, Newton. *A individualidade para si*. Campinas: Autores Associados, 1993.

ERICKSON, Frederick. Métodos cualitativos de investigacion sobre la enseñanza. In: WITTROCK, Merlin (Org.). *La investigación de la enseñanza 2: métodos cualitativos y de observación*. Barcelona; Buenos Aires; México: Paidós, 1989. p. 195-302.

EZPELETA, Justa; ROCKWELL, Elsie. *La Escuela: relato de un proceso de construccion teórica*. 1986. Disponível em: <http://www.pedagogica.edu.co/storage/rce/articulos/12_05ens.pdf>. Acesso em: 11 ago. 2010.

EZPELETA, Justa; ROCKWELL, Elsie. *Pesquisa participante*. São Paulo: Cortez; Autores Associados, 1989.

FÁVERO, Osmar. *Cultura popular, educação popular*. 2. ed. Rio de Janeiro: Graal, 1983.

FELDMAN-BIANCO, Bela; RIBEIRO, Gustavo Lins (Org.). *Antropologia e poder: as contribuições de Eric R. Wolf*. São Paulo; Brasília: UnB; Unicamp; Imprensa Oficial do Estado de São Paulo, 2003.

GARCIA, Tânia Maria Figueiredo Braga. *Origens e questões da etnografia educacional no Brasil: um balanço de teses e dissertações (1981-1998)*. 2001. 308 f. Tese (Doutorado em Educação) – Faculdade de Educação, Universidade de São Paulo, São Paulo, 2001.

GEERTZ, Clifford. *A interpretação das culturas*. Rio de Janeiro: LTC, 1989.

GIROUX, Henry. *Pedagogia radical: subsídios*. São Paulo: Cortez, 1983.

GRAMSCI, Antonio. *Os intelectuais e a organização da cultura*. 3. ed. Rio de Janeiro: Civilização Brasileira, 1979.

HABERMAS, Jürgen. *Teoria de la acción comunicativa I: racionalidad de la acción y racionalización social*. Madri: Taurus, 1987.

HELLER, Agnes. *Sociologia de la vida cotidiana*. 4. ed. Barcelona: Península, 1994.

HELLER, Agnes. *O cotidiano e a história*. 8. ed. Rio de Janeiro: Paz e Terra, 2008.

HERNÁNDEZ, Citlali Aguilar. *El trabajo de los maestros, una construccion cotidiana*. México: DIE, 1991.

IANNI, Octavio. *A sociedade global*. Rio de Janeiro: Civilização Brasileira, 1992.

LUKÁCS, Georg. *As bases ontológicas do pensamento e da atividade do homem*. São Paulo: Ciências Humanas, 1978.

MANN, Peter H. *Métodos de investigação sociológica*. 5. ed. Rio de Janeiro: Zahar, 1983.

MAGNANI, José Guilherme Cantor. Notas para uma etnografia urbana. *RBCS*, v. 17, n. 42, p. 11-29, 2002.

MAIA, Carla Linhares. *Entre gingas e berimbaus: estudo de caso sobre culturas juvenis, grupos e escola*. 2004. 386 f. Dissertação (Mestrado em Educação) – Instituto de Ciências Humanas, Pontifícia Universidade Católica de Minas Gerais, Belo Horizonte, 2004.

MARCUS, George; FISCHER, Michael. *Anthropology as Cultural Critique: an Experimental Moment in the Human Sciences.* Chicago: The University of Chicago Press, 1986.

MALDONADO, Ruth Mercado. *La educación primaria gratuita, una lucha popular cotidiana.* México: DIE, 1991.

MAUSS, Marcel. *Sociologia e antropologia.* São Paulo: Cosac & Naify, 2004.

MINAYO, Maria Cecília de S. *O desafio do conhecimento: pesquisa qualitativa em saúde.* São Paulo; Rio de Janeiro: Hucitec, 2000.

MISKULIN, Silvia Cezar. As repercussões do movimento estudantil de 1968 no México. In. ENCONTRO INTERNACIONAL DA ANPHLAC, 7., 2006, Campinas. *Anais...* Campinas: ANPHLAC, 2006. Disponível em: <http://www.anphlac.org/periodicos/anais/encontro8/silvia_miskulin.pdf>. Acesso em: 22 out. 2009.

OLIVEIRA, Roberto Cardoso de. *O trabalho do antropólogo.* 2. ed. Brasília: Paralelo 15; São Paulo: Ed. da UNESP, 2000.

PATTO, Maria Helena Souza. *A produção do fracasso escolar: histórias de submissão e rebeldia.* São Paulo: Queiroz, 1991.

PATTO, Maria Helena Souza. O conceito de cotidianidade em Agnes Heller e a pesquisa em educação. *Perspectivas*, São Paulo, v. 16, p. 119-141, 1993.

PENIN, Sonia. *Cotidiano e escola: a obra em construção.* São Paulo: Cortez; Autores Associados, 1989.

PEIRANO, Mariza. *A favor da etnografia.* Rio de Janeiro: Relume-Dumará, 1995.

PORTELLI, Huges. *Gramsci e o bloco histórico.* Rio de Janeiro: Paz e Terra, 1977.

RIBERTI, Larissa Jacheta. Tlatelolco em 1968: a construção da memória do movimento estudantil e da luta pela democratização no México contemporâneo. In: SIMPÓSIO NACIONAL DE HISTÓRIA, 26., São Paulo, 2011. *Anais...* São Paulo: ANPUH, 2011.

ROCHA, Gilmar. A etnografia como categoria de pensamento na antropologia moderna. *Cadernos de Campo*, São Paulo, v. 15, n. 14-15, p. 99-114, 2006.

ROCHA, Gilmar. Cultura popular: do folclore ao patrimônio. *Mediações*, v. 14, n. 1, p. 218-236, jan.-jun. 2009.

ROCHA, Gilmar; TOSTA, Sandra Pereira. *Antropologia & educação.* Belo Horizonte: Autêntica, 2009.

ROCKWELL, Elsie. *La experiencia etnográfica: história y cultura en los procesos educativos.* Buenos Aires: Paidós, 2009.

ROCKWELL, Elsie. La relevancia de la etnografía para la transformación de la escuela. In: SEMINARIO NACIONAL DE INVESTIGACIÓN EN EDUCACIÓN,

3. Bogotá, 1992. *Memorias...* Bogotá: Centro de Investigación de la Universidad Pedagógica; Instituto Colombiano para el Fomento de la Educación Superior, 1986. p. 15-29.

SAVIANI, Demerval. *Educação brasileira: estrutura e sistemas.* Campinas: Autores Associados, 1996.

SERRANO, Norma Georgina Gutiérrez. Orígenes de la institucionalización de la investigación educativa em México. *Revista Mexicana de Investigación Educativa*, v. 3, n. 5, jan.-jun. 1998.

THOMPSON, Edward P. *A formação da classe operária inglesa.* São Paulo: Paz e Terra, 1987. v. 1.

TOSTA, Sandra Pereira. *Pedagogia e comunicação no registro da liberdade.* Belo Horizonte: PUC Minas, 2005.

TOSTA, Sandra Pereira. *Os usos da etnografia na pesquisa educacional.* Belo Horizonte: PUC Minas, 2005. (Relatório).

TURA, Maria de Lourdes. *O olhar que não quer ver.* Petrópolis: Vozes, 2000.

VALENTE, Ana Lúcia. Usos e abusos da antropologia na pesquisa educacional. *Pro-Posições*, v. 7, n. 2 [20], p. 54-64, 1996.

YOUNG, Michael F. D. (Ed.). *Knowledge and Control: New Directions for the Sociology of Education.* London: Collier; Macmillan, 1971.

Parte III
Quando o campo é a educação

Cultura popular e educação na América Latina: um olhar muitos anos depois[1]

Carlos Rodrigues Brandão

Por que recordar? Algumas palavras introdutórias

No começo dos anos 1960, uma nova proposta a respeito da cultura popular surge no Brasil e se difunde por uma vasta parte da América Latina. Ela pretende ser, a seu tempo, um corpo de ideias e práticas renovadoras e questionadoras em vários planos. Em seus primeiros documentos, ela se apresenta como uma alternativa pedagógica de trabalho político que parte da cultura e se realiza através da cultura, especialmente da cultura popular.

Como uma decorrência dessa nova proposta, bastante associada a projetos do que veio a ser mais tarde a educação popular, foram criados os primeiros Movimentos de Cultura Popular (MCPs), em várias regiões do Brasil. A maioria deles não subsistiu ao golpe militar de 1964, mas a relevância de suas ideias de origem permanece visível em várias experiências atuais de educação popular na América Latina.

Usando a mesma expressão "corrente" na Europa, desde pelo menos o século XIX, a proposta dos MCPs dos cinco primeiros anos da década de 1960, subverte de uma maneira muito politicamente motivada o seu sentido. Cultura popular deixa de ser simplesmente um conceito científico herdado pelos cientistas sociais dos folcloristas, e herdado por estes dos antidualistas dos séculos XVII e XVIII, para se tornar a palavra-chave de

---

[1] Este texto não é inédito, embora tenha sido retrabalhado para esta publicação. Ele retoma alguns escritos meus a respeito das relações entre a cultura e a educação popular. Em dois livros meus, um mais antigo e outro mais recente, o que está escrito aqui pode ser encontrado com mais detalhes. Ver: *A educação como cultura*, publicado pela Editora Mercado das Letras, de Campinas, e *A cultura rebelde*, escrito junto com Raiane Assumpção e publicado pela Editora do Instituto Paulo Freire.

um projeto político de transformação social a partir da própria cultura dos trabalhadores e de outros atores sociais e populares.

Os projetos dos MCPs pretendiam ir além de uma simples democratização da cultura ou de uma ilustração das camadas populares através de programas especiais de educação de adultos ou de desenvolvimento de comunidade: tendo como uma distante inspiração experiências como a de Peuple et Culture[2] na França, assim como alguns trabalhos culturais desenvolvidos nos países socialistas, o propósito de um "trabalho de cultura popular" foi uma das expressões mais radicais de associação entre profissionais e intelectuais, de universitários e pessoas das classes trabalhadoras.

Aproveito, nessa breve resenha de "memória dos anos 1960", um máximo de trechos de documentos da época, para que a própria linguagem sugira o teor das ideias de uma cultura popular como um trabalho de arte e educação cujas teorias e práticas, 30 anos depois, merecem ser revisitadas (BEZERRA; RIOS, 1995).

A cultura e a crítica social das culturas

No começo dos anos 1960, no Brasil e, mais tarde, em vários outros países da América Latina, os MCPs pensaram uma filosofia da história ali onde outras organizações devotadas à educação e à mudança social pensaram uma sociologia do desenvolvimento. A leitura comparada de projetos, informativos e artigos do período revelaria uma compreensão bastante desigual sobre os fundamentos do trabalho do educador e do agente de mudanças sociais.

O que caracteriza o homem é ser ele o produtor da cultura que o reproduz como homem. Ela abarca tudo o que o homem e o trabalho humano realizam, ao transformar a natureza e atribuir significados ao que fazem e ao próprio ato criador de fazer. O processo social de criação de cultura é o que atribui ao homem a possibilidade de se afirmar como um ser de consciência. Como um sujeito que habita de modo singular a sociedade e, por sua vez, a história.

Vejamos como isso foi escrito em alguns documentos mais importantes daqueles tempos. Em todos eles, e nos que virão a seguir, o leitor observará um tipo de linguagem bastante característico de educadores como Paulo Freire e de todos os MCPs do período.

---

[2] Disponível em <http://www.peuple-et-culture.org/>.

> O homem estando no mundo estabelece relação com a natureza, a compreende e desenvolve um trabalho de transformação desse mundo. Nesse sentido é que ele cria outro mundo, o mundo da cultura, do qual por sua posição de criador ele é sujeito e é como sujeito que ele deve participar do mundo da cultura da natureza (CPC DE BELO HORIZONTE, 1983, p 83).
>
> Cultura é tudo o que o homem agrega à natureza; tudo o que não está inscrito no determinismo da natureza e que nela é incluído pela ação humana. Distinguem-se na cultura seus produtos: instrumentos, linguagem, ciência, a vida em sociedade e os modos de agir e pensar comuns a uma determinada sociedade, que tornam possível a essa sociedade a criação da cultura (MEB/CULTURA POPULAR, 1983, p. 78).
>
> A distinção entre dois mundos: o da natureza e o da cultura. O papel ativo do homem em sua sociedade e com sua realidade. O sentido de mediação que tem a natureza para com as relações e comunicações dos homens. A cultura como agregação que o homem faz a um mundo que não foi construído por ele. A cultura como resultado de seu esforço criador e recriador (FREIRE, 1963, p. 16).

O trabalho de transformar e significar o mundo é o mesmo que transforma e significa o homem; é uma prática coletiva. É uma ação socialmente necessária e motivada, e a própria *sociedade* em que o homem se converte para *ser* humano é parte da *cultura*, no sentido mais amplo que é possível atribuir a essa palavra. Também a consciência do homem, aquilo que permite a ele não apenas conhecer, como os animais, mas se conhecer conhecendo, o que lhe faculta transcender simbolicamente o mundo da natureza de que é parte e sobre o qual age, é uma construção social que acompanha na história o trabalho humano de agir sobre o mundo e sobre si mesmo. A construção social da consciência se realiza através do trabalho, que, por sua vez, resulta da possibilidade de comunicação entre as consciências, ao ser realizado coletivamente e ao ser coletivamente significado.

Assim, a própria consciência humana, produto do trabalho, é também construída no processo da história e, como um pensar coletivo sobre o mundo através do trabalho, é um pensar social *na* e *sobre* a história: produto e palco do trabalho e da cultura. As transações entre a pessoa humana e a natureza e entre as pessoas umas com as outras, mediatizadas pela natureza através da cultura, não são somente sociais, categoria que parecia esgotar o limite do possível nos projetos de educação anteriores. São históricas por uma dupla razão: porque se constroem na história, no interior de seu processo; porque constroem a própria história, que não é mais que o trabalho humano de fazer cultura. Ao transcender o mundo dado pela natureza e construir material e significativamente um mundo de cultura, o homem se afirma, por sua vez, como criador de suas próprias condições de existência e como sujeito da história. "Criando e recriando, integrando-se às condições do seu contexto, respondendo a seus desafios, transcendendo, lança-se o homem num domínio que lhe é exclusivo o da história e o da Cultura" (FREIRE, 1963, p. 16).

Ser o sujeito da história e ser o agente criador da cultura não são adjetivos qualificadores do homem. São seu substantivo. Mas não são igualmente sua essência e, sim, um momento de seu próprio processo dialético de humanização. No espaço de tensão entre a necessidade (suas limitações como ser da natureza) e a liberdade (seu poder de transcender ao mundo por atos conscientes de reflexão), o homem realiza um trabalho único que, criando o mundo de cultura e fazendo a história humana, cria a própria trajetória de humanização do homem.

Esse trabalho coletivo existe no tempo. Existe ao longo de sucessões de tempos concretos e é, portanto, conjuntural. Ele existe determinado entre condições da natureza e condições da vida social, e ambas partem do processo de história. Assim, a cultura que existe em princípio como o anúncio da liberdade do homem sobre o mundo, na prática histórica de sua produção, pode existir como contingência da perda da liberdade de homens concretos, no interior de mundos sociais determinados, sob o domínio de outros homens. Portanto, há condições estruturais de legitimidade da cultura. De sua "autenticidade", como os documentos da época preferem falar.

> *A cultura é histórica. A iniciativa humana que cria a história é precisamente a cultura.* A história não é mais que o desenvolvimento do processo pelo qual se opera a mudança dialética da Natureza em Cultura, vale dizer, de mundo natural a mundo humano. *Logo, uma cultura a-histórica é um contrassenso. Em verdade, sendo o sujeito da história por ser o criador da cultura, as formas históricas das criações culturais devem situar-se na linha das exigências de realização do homem. Existem valores essenciais que a cultura deve encarnar em situações históricas infinitamente variáveis, justamente por serem valores constitutivos do* ser-homem *(sem estes a cultura é desumanizante e alienante). Uma*

> determinada cultura histórica é *autêntica* quando permite que tais valores se tornem carne e, por eles, a construção de um *mundo-para-o-homem. Nesse caso, a cultura se torna expressão autêntica da real consciência histórica do homem (do grupo, da nação, da época)* (AP/CULTURA POPULAR, 1983, p. 17, grifos dos autores).

Da metade em diante, o trecho citado aborda a questão da qualidade histórica da cultura, da qual, mais adiante, derivará o duplo sentido da cultura popular. Entre os seres conscientes, a relação fundamental da cultura é dada *na* e *pela* comunicação: primeiro entre o homem e a natureza, no mundo; logo, entre os homens, no mundo humano: a sociedade. Sendo produto do trabalho humano, a cultura é o campo das mediações entre os homens. A comunicação das consciências é uma realização da cultura, porque é feita com seus símbolos e entre seus valores. Essa também é condição de existência da cultura como dado objetivo – algo que existe mais além da pura subjetividade individual, no interior da vida coletiva – por ser o que permite a existência de símbolos, valores e bens culturais, transmitidos e coparticipados. Essa relação de comunicação entre consciências na história é subjacente a todas as outras e fundamenta a possibilidade de reprodução social do saber, logo, da própria educação.

Em um mundo plenamente humano, as relações fundamentais de cultura e através da cultura são de reconhecimento de sujeitos livres e igualmente produtores e beneficiários da totalidade da cultura, que emerge à história através de um trabalho que afirma, na história, a liberdade, ao negar a possibilidade de domínio de umas pessoas sobre as outras. No processo real da história humana, o reconhecimento entre as consciências é sistematicamente negado, e a dialética das relações entre o homem e a natureza, através da cultura, estabelece a dominação de categorias de alguns sujeitos e grupos sociais sobre outros. A cultura que deriva da desigualdade de condições humanas de produção de bens, poderes e símbolos de compreensão da vida social é socialmente dividida e reflete relações antagônicas entre grupos no interior da sociedade. A oposição de culturas não é resultante de processos derivados da própria natureza do homem, tampouco é uma condição do modo como o homem se relaciona com seu mundo. É um fato histórico que nega a possibilidade de que a história se realize como afirmação da igualdade e liberdade entre todos os homens (AP/CULTURA POPULAR, 1983, p. 17-19).

A oposição estrutural entre modos sociais de participação na *cultura* é o que explica a cultura popular. No contexto das sociedades latino-americanas, por exemplo, essa é uma das caras da relação negada de universalização da cultura e existe como valores e símbolos de sujeitos e grupos étnicos e sociais dominados no processo da história. É, simultaneamente, a cultura imposta às classes populares e também a cultura que elas criam segundo a forma como participam na vida social em todas as suas dimensões. Frente a uma cultura dominante, a cultura popular é subalterna. Entretanto, separadamente, tanto a primeira como a segunda são igualmente alienadas, no sentido de que não são capazes de afirmar e expressar relações universais e solidárias de reconhecimento entre os homens. A cultura se constitui, ela mesma, então, em um instrumento de dominação entre sujeitos e grupos humanos.

> Sempre que um elemento da cultura passa a ser exclusivamente de um grupo humano ou de uma classe social, e que o internacionalismo universal da cultura é negado pelas condições concretas de sua apropriação pelo homem, a cultura é instrumento de poder e dominação de uns sobre outros. É uma cultura alienante, porque não é humanizante, já que nega o universal do homem. (Elementos de cultura são: as ideias explicitadoras e interpretadoras da realidade; os valores que se oferecem para a opção em liberdade; as técnicas de transformação efetiva da realidade, os bens materiais que dela resultam e que alimentam a vida do homem em níveis crescentes de bem-estar e segurança, etc.). Seu destino universal deve encarnar-se nas condições históricas concretas que permitem sua comunicação real aos homens pelos quais e para os quais se elabora: só assim a cultura é autêntica (AP/CULTURA POPULAR, 1983, p. 28).

Assim, em uma sociedade desigual, regida pela desigualdade em todos os setores da vida social, das relações de produção de bens materiais às relações simbólicas de criação e comunicação de significados e valores, a cultura de pessoas, grupos e classes subalternas é, ela própria, regida por uma autonomia muito restrita. De acordo com os documentos dos MCPs dos anos 1960, sob o poder simbólico de uma cultura dominante, a cultura que o povo cria – com o que lhe é culturalmente imposto e com o que ele consegue representar de seu – traduz sua condição de objeto. Como uma cultura dominada e alienada, ela não expressa para os subalternos a realidade social através dos valores de uma ideologia autônoma de classe. Ela é uma cultura do povo, sem chegar a ser uma cultura *para* o povo.

Ao lado do controle diretamente político (não raro policial e militar) com que as diversas instituições do poder exercem o domínio concreto da vida, existe um controle direto exercido pela cultura dominante sobre a cultura dominada. De muitos modos e através de muitos artifícios de comunicação e de inculcação de ideias, realiza-se um trabalho contínuo de bloqueio e cooptação de todas as "manifestações populares" que possam vir a expressar sua condição de classe e um horizonte histórico popular. O domínio da cultura erudita sobre a popular é *ativo*: mobiliza recursos, canais, meios, pessoas especializadas, grupos de controle, de propaganda, de educação, recupera técnicas, inova, amplia e testa sua estratégia; absorve, esvazia, retraduz, invade domínios e formas de expressão cultural do povo.

Dentro de um tal tipo de estrutura de trocas no interior da ordem de relações desiguais entre os homens, o povo mistura elementos de sua própria cultura (aquilo que reflete para ele a continuidade de seu modo de vida, revelando/ocultando sua condição de classe) com fragmentos da cultura dominante que a todo momento invadem os espaços populares da sociedade. Isso acontece tanto através de um domínio difuso sobre a sociedade quanto por meio de instrumentos ativos de controle, quando as classes dominantes lançam mão de estratégias de cultura *de* massa para envolver e conquistar o imaginário da cultura *das* massas, do povo.

Consequentemente, todos os diferentes setores das classes populares reproduzem, como sendo sua, uma cultura "culturalmente" mesclada (fora do eixo da identidade das classes populares), politicamente dominada (fora do eixo do poder) e simbolicamente alienada (fora do eixo da consciência). Dentro dessa situação, não sendo conscientizado por sua própria cultura, o povo não poderá sê-lo por outro qualquer meio usual na conjuntura de dominação. E, no entanto, somente a partir da ação conscientizada e organizada das classes populares é legítimo imaginar a possibilidade de um projeto de libertação de todas as esferas de domínio na sociedade de classes.

Vejamos como as ideias mais decisivas dos MCPs dos anos 1960, no Brasil, poderiam ser ampliadas, mesmo que por um momento corramos o risco de nos afastar do pensamento de seus documentos originais. Em uma sociedade igualitária e regida por princípios de justiça e fraternidade, a diferença entre culturas é um bem. Sua pluralidade, correspondente à presença de diversos grupos étnicos e mesmo nacionais, à diversidade de suas regiões e à associação entre tudo isso e a variedade de vocações, estilos de vida e de representação da experiência particular de um grupo ou povo no curso da realização de sua vida, é desejável. É mesmo um dos indicadores mais fiéis de um estado cultural de liberdade de criação, a partir de diferenças culturais negadoras de diversidades sociais. É em nome disso que se defende na América Latina o direito a que todos os povos indígenas mantenham a plenitude de suas próprias experiências culturais em todos os seus planos, da língua à religião, o que desautoriza qualquer tipo de prática cultural homogeneizadora, mesmo quando em nome de sua "integração à comunidade nacional", mesmo quando em nome da produção de uma "genuína cultura nacional".

Outra coisa é a desigualdade cultural decorrente de estruturas e processos de imposição de valores, de negação do direito à expressão cultural de povos, de grupos e de etnias minoritários ou dominados social e culturalmente. Na sociedade desigual, uma posição estrutural entre formas sociais de participação na criação, na partilha e no consumo da cultura, é o que explica a própria *cultura popular*. Uma cultura popular "alienada" (o termo era bastante comum na época) é negadora de uma vocação de direitos humanos em um duplo sentido. Primeiro, ela resulta de uma imposição de conhecimentos, valores e códigos de relacionamentos interpessoais de classes e grupos hegemônicos sobre outros, traduzindo a própria relação social de desigualdade, e também o poder de uma classe em impor a outras e a outros grupos de seu meio visões de mundo e expressões de identidade que não são criações suas e não expressam sua própria experiência no mundo; segundo, mesmo uma boa parte daquilo que se pode considerar como criação cultural popular, aquilo que os sujeitos subalternos conseguem criar através de suas próprias experiências no mundo, reflete sua condição subordinada. É seu, mas não traduz sua liberdade. É "próprio", mas não reflete a integridade de sua experiência, pois ela é privada de autonomia.

A proposta de uma ideia: a cultura popular como um trabalho político através da educação

Exatamente nos mesmos anos em que, de maneira crescentemente intensa, várias propostas de trabalho do tipo "povo-e-governo" eram realizadas por meio de programas com nomes como "desenvolvimento" ("nacional", "regional", "socioeconômico", "integrado"), "promoção social", "organização", "educação fundamental", aparecem no Brasil outros tipos de grupos e movimentos de ação direta junto às camadas populares, que opõem outras ideias e projetos aos já existentes e que pretendem reinventar possibilidades de um trabalho popular.

Pouco a pouco eles denunciam a intenção de controle político que se oculta sob as vestes das propostas "oficiais" de trabalho social com o povo e anunciam uma alternativa de efeito político através da ação social. Tais experiências subordinam a ideia de "desenvolvimento" à de "história" e pensam a história como o lugar cujo horizonte é a "libertação". Substituem "comunidade" por "classe", "organização" por "mobilização", "participação" subalterna no "desenvolvimento" por "direção popular" do "processo da história", "mudança de atitudes" por "conscientização", "educação fundamental" por "educação libertadora", "desenvolvimento de comunidade" por "cultura popular".

Se é verdade que por toda parte existe uma espécie de invasão cultural erudita/dominante sobre a cultura popular, na sociedade regida pela desigualdade e pela oposição entre classes sociais, um projeto de ruptura social da desigualdade, da injustiça e da marginalização de pessoas e comunidades populares deveria possuir uma dimensão também cultural. Esse é o momento em que as propostas de cultura popular da década de 1960 propõem uma verdadeira inversão no que então se pensava como sendo "o processo da cultura". Isso é o que eles imaginaram ser sua contribuição inovadora na questão da participação de intelectuais militantes "comprometidos com o povo", no próprio projeto popular de sua libertação, cuja teoria e cuja estratégia cada movimento buscava estabelecer de acordo com sua ideologia e seus projetos de construção da história.

Colocar a cultura na história e depois fazer a crítica histórica da cultura não representa uma descoberta dos movimentos de cultura popular. Mas tomar tal crítica como um ponto de partida e propor um trabalho coletivo como história através da cultura foi uma ideia nova de um tipo de prática até então não realizada no Brasil.

Sabemos, até aqui, que os documentos dos anos 1960 tentam recuperar uma interpretação dialética da cultura, contra uma compreensão dela como produto feito, "coisa" existente no mundo fora do trabalho social do homem e da história social de reproduzi-lo. Opostos à ideologia oficial, que imagina a "cultura brasileira" como um amálgama pacífico "da mistura de três raças" e fecha os olhos às relações e aos conflitos de classe ali presentes, os *movimentos* pretendem instaurar a crítica das condições políticas de realização da cultura.

Contra os usos intelectuais vigentes que tradicionalmente representam a cultura popular "nas tradições do povo", um folclore que não resulta das nem espelha as relações de poder entre seus diferentes tipos de produtores, os documentos dos anos 1960 investem com a proposta de uma cultura popular, proposta de retomar a cultura com o objetivo de motivá-la, através do trabalho político de recriá-la *com* o povo, para conscientizá-lo através dela.

A construção da história da reconquista da conciliação entre os homens e da liberdade do homem não dispensa, do ponto de vista dos MCPs, um trabalho político no domínio da cultura. Ao contrário, ao lado de iniciativas de organização e participação de atores populares em um plano mais diretamente político, há todo um amplo trabalho popular a ser realizado sobre a cultura e através da cultura. Assim como um momento da história pode ser o da tomada do poder por grupos opressores que sujeitam os processos sociais de construção da cultura a seus interesses, outro momento pode ser o da conquista do poder que recupere, não só para o povo, mas para todos os homens, as dimensões perdidas das relações humanas do trabalho e da cultura.

A realização desse momento de história exige que aquilo que só aos olhos do ingênuo aparece como um domínio "universal" de artes, ciências, símbolos e valores "puros" deixe de ser o lugar do "puro" pensamento: a contemplação da cultura – e seja recuperado como um lugar político de luta e transformação. Eis a razão da cultura popular.

Trocado em miúdos, isso quer dizer o seguinte: há um espaço concreto de luta política que se realiza no domínio da cultura. Uma luta popular que, agindo através da própria cultura, participa da criação de sua própria liberdade. A cultura alienada é o solo onde floresce, no oprimido, a consciência alienada. Essa consciência é o nevoeiro que o impede de ver a dominação tal como ela existe. Que o impede de compreender sob que condições existe e, portanto, aprisiona uma ação política contra ela, tal como seria necessário e correto fazê-la.

Na linguagem bem peculiar dos documentos dos primeiros anos da década de 1960, isso implica incentivar e instrumentalizar, de modo conscientizador, o povo, para que este se reorganize em torno dos elementos de sua própria cultura. Implica torná-lo crítico pela reflexão que esta significa e expressa como uma cultura de classe. Importa, ainda, assessorá-lo na tarefa de se fazer capaz de ser o construtor de uma nova cultura popular a partir de novas práticas coletivas. Uma cultura, agora, despojada de valores impostos, estrangeiros e dominantes, que refletem a lógica do polo hegemônico da sociedade, sua visão desta. Uma cultura nascida de atos populares de liberação que reflita, na crítica da prática da liberdade, a realidade da vida social em toda a sua transparência.

Nesse momento estamos trabalhando com uma expressão à qual se atribuem três sentidos. Cultura *popular* significa: 1) a cultura subalterna das classes populares por oposição à cultura dominante das classes dirigentes; 2) as diferentes modalidades de um trabalho realizado conjuntamente entre educadores populares e grupos populares dirigido à produção de outra consciência, de outra cultura e de outra ordem social; 3) o resultado nunca concluído desse trabalho como uma retotalização da cultura nacional, em termos de e sobre as bases de uma cultura popular liberada. Essa cultura que afirma a primazia do reconhecimento e da liberdade entre os homens é, inicialmente, uma cultura de classe: a das classes populares. É, após, a cultura que permite vislumbrar o fim das relações antagônicas entre as classes sociais: uma cultura universal e plenamente democrática.

Portanto, cultura popular pouco a pouco se define como a prática de uma relação de compromissos entre *movimentos de cultura popular e movimentos populares* através da cultura. Define-se como o projeto de realização coletiva dessa prática, aquilo que deve ser construído através do trabalho educativo da cultura popular. Define-se finalmente como o processo e o produto de tal realização. Por essa razão há uma frase que se tornou muito comum nesse período: "fazer cultura popular"; ela significa, igualmente, aquilo que o educador faz junto ao povo e aquilo que o povo educado para a liberdade realiza.

Uma sequência de passagens dos documentos que procuraram então propor uma alternativa política da educação popular pode ser útil aqui. Ela servirá para deixar que falem os autores individuais e coletivos da época. Servirá também para acentuar, com a linguagem dos tempos heroicos dos MCPs, as maneiras como os principais conceitos com que estamos trabalhando aqui eram articulados.

> Não se trata de teorizar sobre a cultura em geral, mas de agir sobre a cultura presente, procurando transformá-la, estendê-la, aprofundá-la (AP/CULTURA POPULAR, 1983, p. 23).
>
> O fenômeno da cultura popular, no Brasil, não surge somente como uma atitude nem somente como consequência de uma análise. Surge como um movimento, isto é, como uma ação efetiva com objetivos determinados, que se cristaliza naturalmente em organizações – que pretendem

uma cultura popular, que fazem cultura popular –, as chamadas organizações de cultura popular.

Tais organizações são assim chamadas, não porque sejam os sujeitos de uma cultura autêntica do povo, nem porque "levem o folclore ao povo", mas porque pretendem agir no sentido da superação, pela sociedade, dos desníveis entre os diversos grupos sociais que a compõem.

[...]

É fácil concluir que todas as organizações que se situam numa área ideológica de libertação política, social ou econômica do povo, situam-se, contudo, da mesma forma que as chamadas organizações de cultura popular (MEB/CULTURA POPULAR, 1983, p. 79-80).

Para que não se transforme em cultura-para-os-trabalhadores, a cultura popular necessita ser uma totalidade que reúna dialeticamente dois pólos distintos e às vezes antagônicos: integrar os interesses imediatos do trabalhador individual com o interesse profundo e objetivo da classe trabalhadora e, nessa mesma dialética, unir os interesses particulares da classe trabalhadora com os interesses gerais de todo o povo. A cultura popular somente é totalidade quando se transforma em um processo que permita a livre expansão desta complexa rede em que se articulam, em interseções ricas e variadas, motivos subjetivos e possibilidades objetivas, propósitos de grupos e paixões individuais, meios disponíveis e finalidades ambicionadas... Em uma palavra, a cultura popular deve ser a expressão cultural da luta política das massas, entendendo-se por essa luta algo que é feito por homens concretos, ao longo de suas vidas concretas (MARTINS, 1983, p. 40-41).

Nossa luta interna de libertação vincula-se profundamente à cultura popular, que assume em um primeiro momento o sentido de desalienação da nossa cultura, sobrepondo a valores culturais estranhos aos nossos, outros criados e elaborados aqui. Esta é a tarefa fundamental da cultura popular, sobrepor nossa cultura às culturas estrangeiras, sem perder de vista, evidentemente, o sentido universal, permitindo um processo de culturalização em que predomine a cultura brasileira. Em um segundo momento a cultura popular assume o caráter de luta, que junto à formação de uma autêntica cultura nacional, promove a integração do homem brasileiro no processo econômico-social e político-cultural de nosso povo. Uma cultura popular que leve o homem a assumir o papel de sujeito da própria criação cultural, fazendo-o não só receptor, senão criador de expressões culturais. A tarefa "da cultura não é somente a de um meio político, como um trabalho de preparação das massas para a conquista do poder. Estaríamos reduzindo o sentido da libertação humana ao plano político e econômico. A tomada do poder revolucionário não esgota a cultura popular, ao contrário, abre o caminho para uma criação cultural autêntica e livre, ou melhor ainda, popular e nacional" (DE PÉ NO CHÃO TAMBÉM SE APRENDE A LER, 1983, p. 74).

O movimento de cultura popular surge no Brasil como reivindicação para opor-se ao tipo de cultura que serve somente à classe dominante. É, por sua vez, um movimento que elabora com o povo (e não para o povo) uma cultura autêntica e livre. O movimento de cultura popular se apresenta como um processo de elaboração e formação de uma autêntica e livre cultura nacional e, por isto mesmo, como uma luta constante de integração do homem brasileiro a nosso processo histórico, em busca da libertação econômica, social, política e cultural do povo. É, portanto, um movimento, por sua vez, de elaboração e de libertação (CPC DE BELO HORIZONTE, 1983, p. 85).

Qualquer movimento de cultura deve ter como diretriz suprema e orientadora do conjunto de suas atividades, a deliberação de incorporar-se ao esforço comum desenvolvido pelo movimento popular em luta pelo alcance de seus objetivos próprios.

Esse propósito primordial se expressa, essencialmente, no projeto de transformação das condições culturais que tem desenvolvido o movimento popular, o que se verifica na medida em que essas condições deixam de ser adversas e passam a ser francamente favoráveis ao avanço do movimento popular.

A presente linha diretora define o movimento de cultura popular como elemento dinâmico integrante da totalidade formada pelo movimento popular e investido da função específica de criar as condições necessárias à intensificação do processo de desenvolvimento do movimento popular em seu conjunto (MCP/PLANO DE AÇÃO PARA 1963, 1983, p. 91).

Escritas com ênfases políticas que desaguavam, então, em diferentes leituras do ideário marxista, mas também no dos primeiros movimentos de vanguarda cristã no Brasil, a proposta da cultura popular consistia em um afã de gerar e difundir instrumentos culturais e culturalmente políticos de serviço à causa popular, sob a forma de movimentos criados por grupos de intelectuais comprometidos com "as classes populares", "as lutas populares", "os trabalhadores", etc. Nos termos em que procuravam se apresentar como um novo tipo de *movimento social*, os MCPs – ou pelo menos uma parte deles – acreditavam que culturalmente nada geravam sozinhos, mas que eles participavam de um esforço comum (com outros grupos comprometidos e com grupos populares) dos processos de conscientização e mobilização dos subalternos. Isso quer dizer que é tarefa desse tipo de trabalho cultural gerar transformações de consciência, de expressão simbólica e ideológica, de qualidade de mobilização e de organicidade da prática política entre sujeitos, pequenos grupos, comunidades e outros setores e espaços populares.

Outro objetivo da cultura popular é a consolidação de um lugar de trabalho comum entre intelectuais eruditos e populares (artistas, educadores, cientistas, promotores e comunicadores de "uma nova cultura") comprometidos com um mesmo projeto histórico de libertação *do* povo, *com* a participação popular. No interior desse projeto de ação pedagógica os mediadores apontam os meios, criam e colocam instrumentos nas mãos dos grupos populares, retraduzem e difundem conteúdos de compreensão da realidade social. Enfim, tornam politicamente populares ideias, práticas e recursos culturalmente eruditos. Os agentes da mobilização popular (pessoas, grupos, comunidades e classes) entram com seus valores, saberes, formas próprias de organização e representação de suas vidas e de sua condição social. Através de um trabalho comum sobre a cultura popular (a que o povo tem e que aporta ao processo) a Cultura Popular (que os mediadores desenvolvem e também aportam ao processo) inova, recria, transforma, conscientiza, tornando cada vez mais crítica, autônoma e politicamente operativa uma cultura do povo que se transforma em uma cultura de classe.

Vimos já que tornar crítica, progressivamente autônoma, etc., a cultura tradicional do povo significa instrumentalizá-la politicamente. Politizá-la como universo simbólico das classes populares significa participar do processo que transforma uma cultura que reflete o mundo, a condição de classe, o modo de vida e o horizonte político do dominado através do pensar imposto do dominante em uma cultura que seja reflexiva dos mesmos elementos, através de um novo pensar crítico do dominado.

A relação que sustenta a cultura popular é dialética. Um trabalho político sobre a cultura cria condições de transformação cultural de teor político entre as classes populares: conscientiza, politiza e mobiliza. Aí está a base do acesso do povo à participação efetiva na luta pela transformação das estruturas sociais de poder. A progressiva conquista popular do poder gera, por sua vez e através de suas práticas, a condição necessária para a transformação da cultura popular (como cultura de classe) em uma autêntica cultura nacional (a de uma sociedade sem antagonismos de classe).

Eis o que geram os MPCs. Como um contraponto ao que, de maneira sistemática, é feito através da cultura na sociedade capitalista, caberia a eles uma parcela importante no trabalho ideológico de recriação, com o próprio povo, de sua própria cultura. Culturas do povo haveriam de ser transformadas em "autênticas culturas populares" através de experiências de cultura popular. Retomando os símbolos e os significados de suas próprias raízes (a arte popular, os saberes populares, as diferentes tradições populares em todas as suas dimensões, os costumes, etc.) e repensando-as a partir da associação entre sua experiência de vida e a associação com os agentes e os recursos do MCPs, as pessoas do povo e os grupos populares (no campo, na cidade, em suas diferenças étnicas, regionais, de vocação de trabalho, de participação diferenciada no trabalho político popular) realizariam sobre si mesmos o trabalho pedagógico de sua própria tomada de consciência. De transformação "de dentro para fora", de seus valores, de seus modos de pensar o mundo, a vida e o destino, de suas crenças (inclusive ou principalmente religiosas) e seus costumes. O resultado simbólico desse trabalho popular haveria de ser o trânsito de culturas subalternas, características da condição subalterna, para culturas em processo de autonomia, características da organização de movimentos populares de resistência, de luta e, no limite, de libertação.

Ora, uma cultura popular finalmente reflexiva, e não reflexa, completaria sua missão histórica quando se afirmasse como cultura nacional. Quando estivesse socialmente dissolvida a desigualdade entre as classes, e uma cultura unificada a partir do povo do país devolvesse ao imaginário de todos seu sentido humano de universalidade. É a essa recuperação de uma unidade como valor universal, regido pela integração de múltiplas expressões de diferenças culturais autônomas, que alguns documentos chamam de "desalienação das culturas". Pois, quebradas as estruturas de domínio de uma sobre a outra, ambas se uniriam em um mesmo sistema de símbolos e significados, pautado na possibilidade de recriação de valores e conhecimentos regidos pela conciliação entre as consciências, onde antes houvera a dominação simbólica de umas sobre as outras.

Livre, uma cultura popular abandonaria os resquícios de uma visão arcaica e fatalista da história dos povos e do destino das pessoas, calcado em uma prisão ao passado e um temor do futuro. Em vez de se apresentar como o tempo da realização de fatalidades determinadas em algum momento do passado e alheias ao poder das pessoas, o futuro se reapresentaria como o lugar do acontecimento. Como o inesperado, mas "construível" território de uma realização assumida, voluntária e solidária dos homens em seu mundo. O domínio da própria tradição popular deve ser então estabelecido sobre outros termos, pois, a não ser nos grupos e momentos mais radicais, não se tinha em mente a desqualificação do folclore, das tradições populares, mas a requalificação de seus sentidos e de seus valores. Algo que significasse a passagem da contingência à consciência. O trânsito daquilo que as pessoas do povo criam e vivem para repetir, nos gestos do presente, os significados subalternos do passado, a algo que, por se tornar a consciência autônoma de seu poder criador, seja para ele mesmo o eixo de sua possibilidade de agir culturalmente como um agente histórico de transformação.

Algumas práticas dos movimentos de cultura popular

Que tipos de prática tão especialmente consequentes com a nova visão de trabalho junto a pessoas, grupos e comunidade populares pretendiam gerar e pôr em prática os MCPs? Aparentemente, nada diferente do que já se havia feito em repetidas oportunidades em todos os países da América Latina. O informativo final do 1º Encontro Nacional de Alfabetização e Cultura Popular relaciona as seguintes modalidades de trabalho, a partir do relato do que faziam em todo o país os distintos grupos de cultura popular: alfabetização, teatro *com* e teatro *para* os grupos populares, cinema e música popular, artes plásticas, rádio e televisão, projetos editoriais (livros, revistas, boletins), praças e parques de cultura popular (FÁVERO, 1983, p. 211-244).

Da mesma forma, e como o professor Paulo Freire reafirmou tantas vezes, as diferenças não estavam no tipo de prática (na alfabetização, por exemplo), mas na qualidade de um modo de prática (uma experiência de alfabetização pode ser "alienante" ou "libertadora"). Entre esses grupos que tratavam socialmente as mesmas categorias de sujeitos e realizavam o mesmo tipo de trabalho, algumas se alienavam ideológica e politicamente como "de cultura popular", e essa diferença pressupunha: 1) uma concepção classista do trabalho sobre e através da cultura (realizar o trabalho junto ao povo como uma experiência popular); 2) uma crença no poder libertador das ações promovidas através da cultura popular.

Dessa forma, dá-se um modo próprio de "fazer alfabetização" como um projeto desde "o ponto de vista da cultura popular". Da mesma forma, a expressão "educação de adultos" também pode ter incorporadas práticas de cultura popular, sempre que os pressupostos de programa e o horizonte de realização sejam consequentes com os princípios desta última.

> Nesse contexto, a alfabetização é legitimamente uma forma de cultura popular. O trabalho de alfabetização deve, portanto, adotar uma interação cada vez maior com o povo: deve buscar uma identificação tão completa quanto seja possível com a comunidade onde atua; deve buscar um diálogo crítico que não será somente entre o alfabetizador e os alfabetizados, senão principalmente entre estes últimos, propiciando um processo um processo de desenvolvimento cultural dinâmico. Este trabalho não poderá ser eventual, senão que deverá obedecer a uma linha sistemática, a partir de uma perspectiva global de educação que tem como objetivo a transformação da estrutura vigente (ENCONTRO NACIONAL DE ALFABETIZAÇÃO E CULTURA POPULAR, 1983, p. 239-240).

A lista de atividades dos movimentos precursores poderia ser organizada com base na divisão das experiências de cultura popular em duas direções principais: 1) aquelas cujo trabalho era predominantemente curricular e que, de modo geral, se moviam da alfabetização à educação de base e desta à ação direta junto a comunidades rurais ou urbanas; 2) aquelas cuja prática era predominantemente artística e para as quais o trabalho de cultura popular era um permanente desafio de descobrimento de meios criativos de uma arte popular.

Arte popular... educação popular... cultura popular... conceitos que se plantavam como contrários a uma "arte para trabalhadores" ou em direção oposta a um aproveitamento do "folclore", tal como ambos vinham sendo utilizados, seja para "elevar o nível cultural do povo", seja para "valorizar a cultura", negando a possibilidade de que dela emerjam valores críticos e ativos de um trabalho de classe. Assim, por exemplo, enquanto em alguns programas tradicionais de "informação cultural" ou de educação de adultos o teatro, a música e o cinema eram utilizados como recursos pedagógicos para transferir, a setores populares, conhecimentos eruditos da lógica dominante, nos movimentos emergentes dos anos 1960, o cinema, o teatro e a música, como arte popular, eram meios para efetuar uma comunicação biunívoca de efeito conscientizador. Essa comunicação visou: 1) tomar os valores da arte e da cultura de grupos e comunidades populares e utilizá-los como elementos próprios de reflexão coletiva sobre as condições de vida e o significado dos símbolos do povo; 2) levar aos setores populares da população uma arte erudita que geralmente lhes era negada, acompanhada de situações de reflexão coletiva que devolvessem ao pensamento do povo um sentido humano e crítico, que os movimentos de cultura popular reconheciam haver se perdido ao se traduzir em termos de "cultura de massas"; 3) criar depois, com os participantes do projeto, uma arte que reflita, a partir da associação dos valores do povo com o aporte do trabalho dos agentes, um modo novo de compreender o mundo e de saber vivê-lo (BRITTO, 1963).

Talvez na alfabetização de adultos os MCPs tenham conseguido realizar suas ideias de uma maneira mais contínua e duradoura, durante a efêmera existência da maior parte deles.

A partir das conhecidas experiências de Paulo Freire e sua equipe no Nordeste, todo um trabalho de alfabetização começa por uma pesquisa conjunta do universo cultural popular. Depois, as próprias aulas são transformadas em *círculos de cultura*, onde o trabalho de ensinar-e-aprender pretende ganhar uma inesperada e inovadora dimensão dialogal, onde o próprio ensino de leitura de palavras do Português começa, e continua, por uma reflexão coletiva a partir da questão teórica da cultura e dos elementos da cultura local de cada grupo de educandos. Pois não se trata de aprender apenas a ler e escrever em uma língua, como nos programas tradicionais de alfabetização de adultos, mas, antes, de aprender a "ler seu próprio mundo através de sua própria cultura" e a se comunicar com o outro como um sujeito consciente: uma pessoa participante das decisões de seu destino e comprometida com o processo histórico de construção de uma sociedade igualitária.

Nesse sentido, o próprio princípio de uma educação dialógica, cuja pedagogia pretende dissolver "a estrutura vertical do ensino" e devolver aos alunos "o poder da palavra" durante sua própria aprendizagem, tem um valor que desloca o educacional para o cultural e resolve ambos como um fazer francamente político, revolucionário mesmo. Sendo um trabalho de mediação, uma prática feita por intelectuais comprometidos com/junto a/para as classes populares, os documentos de 1960 insistem em que ela não deve ser vertical. Não deve ser imposta, como se faz costumeiramente no contexto da cultura dominante e, no limite, não deve ser nem mesmo "para" o povo, ainda que politicamente "em seu nome" e "a seu favor". Ao contrário, toda a prática dos MCPs deve incorporar-se de maneira concreta aos espaços e ao modo de vida do povo, acrescentando ali apenas aquilo que, por conta própria, as classes populares não conseguem ainda produzir. Um dos princípios mais unitários era o de que não existe uma verdadeira conscientização sem o diálogo, e de que não há diálogo solto. Ele só existe no campo das relações sociais diretas, quando elas garantem uma efetiva participação popular no trabalho de realizá-lo através da cultura popular.

Esse procedimento aponta já para o outro lado da proposta múltipla dos MCPs. Apesar de todas as críticas da cultura popular como "alienada", o importante na ação cultural era um trabalho de resgate, não de negação das tradições populares. Partir delas, tal como seus agentes e consumidores populares as vivenciam. Tornar claro, com eles, o que existe ali de verdadeiramente popular e o que é residual, imposto por outras culturas. Em projetos concretos que sempre tiveram uma enorme dificuldade em passar de suas teorias e palavras de ação cultural para uma experiência duradoura e consistente, os objetivos gerais eram a crítica, "como o povo", de seus valores culturais e a experiência de recriação de culturas que, pouco a pouco, passassem de uma espécie de tradição residual para uma tradição inovadora. Que, sem perderem até mesmo suas características "folclóricas", servissem a traduzir para pessoas, grupos, comunidades e movimentos populares sua própria tomada de consciência como sujeitos da história em luta por seus direitos humanos.

Tantos anos depois: alguns elementos de crítica atual aos projetos de cultura popular dos MCPs dos anos 1960

Os documentos que apresentei aqui foram quase todos escritos, discutidos e tomados como um ponto de partida de um "trabalho político transformador", através de cultura e da educação, entre 1961 e 1964.

Trinta anos mais tarde, há um fenômeno que deve chamar a nossa atenção. Há um silêncio muito grande a respeito das relações entre a cultura e a educação popular. Esse silêncio só é menor quando se trata de documentos com teorias, ideias de ação e métodos de trabalho com grupos indígenas, com minorias étnicas ou com outras categorias de agentes sociais, em que a dimensão cultural de suas experiências é muito visível. Dou um exemplo. Em uma publicação recente do Instituto Paulo Freire, editada em Buenos Aires como uma coletânea de educadores de adultos e/ou educadores populares, de que participa o próprio professor Paulo Freire, a grande ausente em quase todos os artigos é a palavra "cultura" (GADOTTI; TORRES, 1993). É como se uma modernização das críticas políticas à sociedade desigual e das propostas pedagógicas com vistas a sua superação pudesse ser agora pensada sem a "questão da cultura" e, especialmente, das culturas populares.

Mesmo no artigo de Luís Eduardo Wanderley e no meu, educadores dos anos 1960, e até mesmo na contribuição oportuna de Paulo Freire, a cultura popular é um ator coadjuvante, às vezes silencioso, em outras ausente mesmo. Em Paulo Freire, expressões como "formação da cidadania" e "prática educativa progressista" parecem querer atualizar palavras antigas, extremamente sonoras e sugestivas 30 anos depois, como "conscientização" e "pedagogia do oprimido".

Algumas críticas poderiam ser feitas à maneira como nos anos 1960 os MCPs pensaram a própria cultura popular e estabeleceram suas propostas de ação cultural. Procuro fazer isso aqui, restringindo-me àquelas que me parecem mais válidas para pensarmos juntos os aspectos mais importantes de uma experiência latino-americana cujos efeitos sobre os MCPs e sobre toda uma tradição de educação popular na América Latina são importantes até os dias de hoje.

A primeira crítica poderia ser a de uma apressada submissão da cultura à política, do símbolo ao poder. Houve sempre um evidente radicalismo em estabelecer essa relação, nos movimentos culturais dos anos 1960. É como se as classes dirigentes detivessem uma espécie de poder absoluto e tivessem um interesse absoluto em utilizar os meios de comunicação e todos os artifícios simbólicos para "invadir" culturas populares e impor a elas seus valores, segundo seus objetivos de controle do imaginário popular e de domesticação dos subalternos.

Sabemos que, se existem relações entre um plano e o outro, elas não são tão diretamente unidirecionais, e o próprio poder deve ser pensado como uma dimensão entre outras da cultura e das múltiplas relações entre culturas, em uma mesma sociedade ou em sociedades diferentes (como uma tribo indígena e a sociedade branca, regional). Sabemos também que, em suas tão diversas expressões, as culturas populares não são um mero reflexo de símbolos, valores, interesses e poderes das elites eruditas. De um modo ou de outro, existem espaços populares de criação original, de autonomia de expressão de si mesmos e de representação de seu mundo segundo sua própria experiência. Sempre existiram estratégias de originalidade e de uma genuína afirmação de identidades peculiares, mais reflexivas que apenas reflexas.

Nos últimos anos, o próprio sentido da ideia de poder, e de uso político do poder, tem tomado direções diferentes de como ele era pensado anos atrás. Creio não ser um exagero dizer que, mesmo entre os movimentos populares e suas ONGs de apoio, a questão do poder está hoje mais para Michel Foucault do que para Karl Marx, mais para Clifford Geertz do que para Antonio Gramsci. Não devemos nos esquecer de que o progressivo desaparecimento dos regimes militares na América Latina, ao lado do crescimento de programas culturais públicos e principalmente dos meios de comunicação de massa, tem colocado em cena uma muito grande variedade de agentes e interlocutores no campo da cultura e mesmo no âmbito das propostas e dos projetos de/sobre as culturas populares. De maneira natural, essa apreciável polissemia torna hoje grosseiro um jogo de opostos do tipo Estado x sociedade civil, elite dominante x povo subalterno, cultura dominante x cultura dominada, alienado x conscientizado, etc.

A segunda crítica poderia ser dirigida a uma uniformização das diferenças culturais populares. Desde o tempo do surgimento dos MCPs até anos recentes, as classificações de tipos e categorias de cultura eram estabelecidas sobre certos pares de opostos muito rudimentares: erudito x popular; dominante x dominado; alienado x libertado; urbano x rural. Nos meios mais militantes, uma proclamada unicidade de destinos – a libertação autoconstruída do povo e a construção popular de outro modelo de estrutura social – impunha uma opacidade teórica e empírica da maneira como em qualquer sociedade diferentes modelos de cultura surgem, comunicam-se, interinfluenciam-se e se transformam. O resultado mais visível disso era uma redução motivada da complexidade das culturas, da diversidade das culturas a amplos domínios onde ela própria era obrigada a se dissolver.

Fora a oposição "popular *versus* erudito", o que dizer das diferenças visíveis que os próprios militantes dos MCPs e os participantes dos atuais inúmeros movimentos populares têm pela frente? Diferentes tipos de povos e de culturas indígenas; negros cuja diferença não está somente em serem "negros", mas em partilharem através das diversidades históricas, étnicas e simbólicas, por meio das quais se reconhecem em sua imensa riqueza, culturas e tradições próprias, peculiares, mesmo dentro de uma mesma unidade ampla. Tipos específicos de "pessoas e comunidades camponesas", cujas experiências culturais não os opõem em bloco apenas às diversas manifestações populares de culturas urbanas, mas que de região para região, dentro de um mesmo país, tomam feições próprias e observam ritmos desiguais em suas próprias experiências de convivência com a modernidade. Novos sujeitos socioculturais que, sobretudo após se constituírem como movimentos particulares de defesa de direitos humanos, descobrem em si mesmos a evidência de serem também sujeitos de culturas originais. Descobrem por si mesmos a maneira como alguma forma de participação em movimentos sociais atualiza, de dentro para fora, essa "cultura em processo" que, entre iguais culturais, quando olhados de um ponto de vista mais amplo, abre as portas à possibilidade ampliada da afirmação de diferenças culturais de identidade, de *ethos*, de estilo de vida e mesmo de projeto peculiar de destino social.

Ao contrário do que aconteceu nos tempos da criação pioneira de um conceito crítico de cultura popular como uma forma de ação política através da cultura, a especialização dos movimentos sociais e uma vasta convergência de propósitos e horizontes têm obrigado todos os participantes mais intelectuais a uma urgente revisão do "lugar da cultura" em toda a experiência dos movimentos populares e das ONGs associadas de alguma maneira a eles.

É difícil hoje lidar com algo como a "classe popular", desde onde seja possível partir de uma cultura popular para se chegar a uma cultura de classe. Lidamos com movimentos de indígenas e movimentos de grupos indígenas específicos. Como frente de lutas de negros, de minorias étnicas, de sujeitos socialmente marginalizados, de categorias profissionais, de agentes específicos de arte ou cultura, de seres humanos empenhados na busca política da paz entre todas as pessoas e todos os povos, de neomilitantes dos direitos humanos através da questão ambiental e de participantes de movimentos de preservação da natureza como um dever humano. Mesmo que o horizonte da história a todos unifique, não são apenas questões muito particulares que, na prática, especializa os movimentos e os grupos assessores, mas também as diferenças de identidade e de culturas dentro das quais todos eles se movem.

Quando, nos anos 1960, pouco a pouco, os MCPs convergiam para um ideal de ruptura das desigualdades e de afirmação das diferenças culturais (o que, de resto, era silenciado ou mesmo negado em alguns grupos mais radicais, empenhados na criação de uma única "cultura popular" afirmada como uma única "cultura nacional"), este era sempre um ponto de chegada. Mas ele é hoje um ponto de partida. Somos conscientes de que as diferentes culturas da cultura popular são, ao mesmo tempo, sua realidade social e sua força na história. Cada vez mais as questões "de classe" se dissolvem em problemas e diferenças étnicas, culturais.

Somos também conscientes de que todos os padrões externos de critérios para qualquer tipo de avaliação, seja do "teor político", seja do "grau de desenvolvimento de culturas populares", são incapazes de traduzir seus verdadeiros significados como uma experiência simbólica de vida de um grupo humano. Sabemos que, assim como não houve origens comuns para o acontecimento das culturas, também não há ritmos ou direções iguais e convergentes. A própria relação entre tradição e modernidade é algo cuja tensão somente pode ser vivenciada e tornada significativa de dentro para fora de cada cultura.

Essa é uma ideia que valia antes para uma compreensão teórica da cultura, como entre os antropólogos, por exemplo. Mas ela tem hoje um valor muito grande mesmo, ou principalmente, nos movimentos populares. Se o que está em jogo não são apenas as faces "materiais" dos direitos humanos, mas todas as dimensões dos direitos à identidade, à realização da vida individual e coletiva segundo padrões próprios e a ritmos peculiares de existência, então a maneira como tudo isso se combina e se transforma é uma questão interna a cada grupo cultural, em cada tipo de experiência comunitária ou de movimento social.

Esse aspecto sugere outra lembrança oportuna. Uma simples releitura dos textos mais dirigidos a uma ação política dos MCPs é o bastante para compreender como, em praticamente todos eles, a questão crucial de uma análise científica da cultura e de uma sugestão de propostas para ações culturais era marcadamente ideológica.

Vivemos hoje, mais de 30 anos depois, o tempo de um imaginário referente a todas essas questões bastante mais flexível e diversificado. Sabemos que, mesmo quando existe o reconhecimento de que certos horizontes comuns na história humana devem ser a busca de todos indistintamente, na verdade, nenhuma ideologia os recobre inteiramente, e nenhum projeto único de construção de futuro contempla as diferenças culturais no que toca à crítica social do real e às respostas políticas com vistas a sua transformação.

Um conjunto mais atual de experiências de movimentos sociais – "populares", nos termos dos anos 1960, ou não –, tão motivadamente diferenciados em suas origens, seus objetivos e seus destinos de realização, aos poucos deslocou, em boa parte, um foco político sobre a ideologia para um foco mais cultural, centrado em questões de identidade social, cultural e ética de relações. De alguma maneira, passamos de propósitos e propostas ideológicas, tão uniformes quanto possível, à ideia de que, afinal, as próprias ideologias são, também elas, construções culturais.

Elas são maneiras próprias através das quais grupos de atores sociais criam símbolos e significados que, em suas origens, traduzem olhares particulares a respeito de si mesmos, de sua visão de mundo e de suas estratégias de condução do poder e de transformação da sociedade. Em suma, ideologias políticas são construções particulares, ainda que humanamente convertes.

Muito mais que ao tempo do surgimento dos MCPs, na mesma medida em que os movimentos sociais são sensíveis às diferenciações de seus sujeitos e de seus objetivos, eles próprios tendem a se diferenciar de uma maneira extraordinária de acordo com o foco de sua vocação.

Ao lado dos antigos, e ainda tão indispensáveis, movimentos populares de luta pelos direitos à terra e pela reforma agrária que envolvem os homens do campo em praticamente todos os países do continente, surgem por toda parte novos movimentos de vocação ambientalista associados a grupos sociais organizados em torno de lutas pelos direitos humanos e da conduta democrática plena à cidadania, os quais emergem revisitando ideais de compreensão universal, de paz entre todos os homens e de pacificação nas relações entre a sociedade e a natureza.

A cada dia surgem novas palavras, novos olhares de crítica e novas (algumas tão velhas!) aspirações que, em boa medida, não se contrapõem, mas se somam aos antigos e atuais movimentos sociais voltados à cultura popular.

Se em algum momento do passado foi suposto que haveria diferenças cruciais entre alguns desses antigos e novos movimentos, agora estamos um pouco mais sensíveis a buscar, em nome dos ideais irredutíveis de justiça, igualdade, paz e solidariedade, o que possa haver de fecundamente convergente entre todos eles.

No campo da cultura, estamos vivendo agora algo de certa maneira novo, e até mesmo inesperado. É que agora é impossível pensar uma luta pelos direitos populares à cultura e pela afirmação solidária de identidade étnicas, sociais, etc., através também de uma reiterada diferenciação de tradições culturais populares, sem ligar tudo isso a uma universalização de direitos e de deveres em que a "questão ambiental" tem um lugar crescentemente importante.

Quaisquer que tenham sido as observações que nos anos seguintes foram dirigidas ao pensaram e projetaram realizar os antigos MCPs, pelo menos duas entre outras contribuições deles devem ser lembradas aqui: apesar do caráter francamente "mecanicista" do modelo usual de análise da realidade social de seu tempo, e também apesar de um ingênuo simplismo na maneira como se acreditava poder atuar politicamente através de culturas do povo, redimensionadas como culturas populares e tornadas, em seu limite, uma cultura nacional autônoma, consciente e revolucionária, havia o propósito de inserir o processo da cultura no interior de uma integração de dimensões da própria vida social que parece haver se diluído nas experiências de ação cultural mais recentes. Claro, será preciso descontar uma apressada sobrevalorização do trabalho cultural, nos anos 1960. Mas o que importa reconhecer é que pela primeira vez, entre educadores e artistas, os valores e alcances da cultura popular deixaram de ser tratados como simples matéria-prima do conhecimento erudito ou de atividades escolares interessadas muito mais na tradição residual das culturas populares que em seu teor de processo simbólico de transformação de consciências e de atitudes dos criadores sociais de culturas populares.

Essa é uma segunda contribuição dos MCPs dos começos da educação popular na América Latina que merece ser lembrada aqui. Nunca antes os sujeitos das classes populares, os homens do campo, os povos indígenas foram, com tanta ênfase, convocados a assumir sua própria passagem de agentes econômicos a atores sociais responsáveis pela realização de sua própria história.

As propostas atuais de projetos de educação popular, de educação e direitos humanos, de educação para a paz, um apelo à democratização da cultura associado a um desejo de realização social dos direitos de cidadania estendidos a todas as categorias de pessoas, por igual, não parecem possuir a mesma qualidade de aposta no poder de organização e de transformação do povo, a partir de seu próprio trabalho político, um trabalho de reinvenção do poder, capaz de construir na história uma sociedade plenamente solidária, na qual à cultura cabe um duplo papel: o de ser, durante o processo de sua construção, uma instância crítica de democratização efetiva de símbolos, de valores e de significados da vida social; o de ser, em sua completa realização, a própria evidência simbólica da comunicação livre e igualitária entre todas as pessoas.

Referências

AP/Cultura Popular. In: FÁVERO, Osmar (Org.). *Cultura popular, educação popular: memória dos anos 60*. 2. ed. Rio de Janeiro: Graal, 1983. p. 15-31.

BEZERRA, Ainda; RIOS, Rute. La negociación: una relación pedagógica posible. In: VAN DAM, Anke; MARTINIC, Sergio; PETER, Gerhard (Ed.). *Cultura y politica en educación popular*. La Haia: CESO, 1995. p. 21-68. (CESO Paperback, 22).

BRITTO, Jomard Muniz. Educação de adultos e unificação da cultura. *Revista de Cultura da Universidade do Recife*, n. 4, p. 61-70, 1963.

CPC de Belo Horizonte. In: FÁVERO, Osmar (Org.). *Cultura popular, educação popular: memória dos anos 60*. 2. ed. Rio de Janeiro: Graal, 1983. p. 83-89.

DE PÉ no chão também se aprende a ler/cultura popular: tentativa de conceituação. In: FÁVERO, Osmar (Org.). *Cultura popular, educação popular: memória dos anos 60*. 2. ed. Rio de Janeiro: Graal, 1983. p. 71-75.

FÁVERO, Osmar (Org.). *Cultura popular, educação popular: memória dos anos 60*. 2. ed. Rio de Janeiro: Graal, 1983.

FREIRE, Paulo. Conscientização e alfabetização: uma nova visão do processo. *Revista de Cultura da Universidade do Recife*, n. 4, p. 4-22, 1963.

GADOTTI, Moacir; TORRES, Carlos Alberto (Org.). *Educación Popular, crisis y perspectivas*. Buenos Aires: Instituto Paulo Freire; Miño y Davila Editores, 1993.

MARTINS, Carlos Estevam. A questão da educação popular. In: FÁVERO, Osmar (Org.). *Cultura popular, educação popular: memória dos anos 60*. 2. ed. Rio de Janeiro: Graal, 1983. p. 33-47.

MCP/Plano de ação para 1963. In: FÁVERO, Osmar (Org.). *Cultura popular, educação popular: memória dos anos 60*. 2. ed. Rio de Janeiro: Graal, 1983. p. 90-96.

MEB/cultura popular: notas para um estudo. In: FÁVERO, Osmar (Org.). *Cultura popular, educação popular: memória dos anos 60*. 2. ed. Rio de Janeiro: Graal, 1983. p. 77-81.

RESOLUÇÕES do I Encontro Nacional de Alfabetização e Cultura Popular (Recife, 15 a 21 de setembro de 1963). In: FÁVERO, Osmar (Org.). *Cultura popular, educação popular: memória dos anos 60*. 2. ed. Rio de Janeiro: Graal, 1983. p. 211-244.

"Discutindo a relação": antropologia e educação a partir de uma experiência de ensino, pesquisa e orientação

Tania Dauster

O presente texto tem como objetivo refletir a contribuição do fazer etnográfico na pesquisa e nas práticas educacionais através de minha trajetória e minha experiência profissionais.

Sabe-se que a Educação, como campo disciplinar, apropria-se de outros saberes, tais como a Filosofia, a Psicologia e a História, para pensar suas práticas.

No contexto de programas de graduação e de pós-graduação de Departamentos de Educação universitários, até onde sei, a disciplina antropológica foi incorporada ao esquema curricular de maneira sistemática nas últimas décadas, tendo em vista contribuir para a reflexão sobre fenômenos tidos como educacionais.

Em 1987, o Departamento de Educação da PUC-Rio e sua pós-graduação abrem, na área de Fundamentos da Educação, a disciplina intitulada Antropologia e Educação. Coube-me o privilégio de assumir essa disciplina, através da mediação da professora Vera Candau.

Na qualidade de professora, pesquisadora e orientadora, introduzi a literatura do campo antropológico nas discussões sobre as chamadas práticas etnográficas no campo da pesquisa educacional, e as considerações em torno do conceito de cultura e da interpretação das relações sociais. Instiguei a busca dos significados inscritos em representações, práticas e atitudes emergentes no trabalho de campo e na observação participante, assim como a escuta e a interpretação de categorias nativas e sistemas classificatórios. Essas foram algumas das dimensões trabalhadas com os estudantes a partir do confronto com a literatura do campo antropológico.

Qual a perspectiva adotada? Instaurar na mediação com os estudantes do campo educacional, futuros professores e pesquisadores, tanto nos cursos de graduação quanto nos de pós-graduação, outra pauta para pensar e atuar. Sob os prismas da literatura antropológica, o objeto educação se reinventa. A partir do enfoque antropológico e de sua prática, uma forma alternativa de construir o objeto "educação" no contexto da pesquisa qualitativa educacional é gerada. Incorpora-se o imaginário antropológico na pesquisa para criar outra forma de produção dos dados, já então podendo ser classificados como dados etnográficos.

Sempre julguei a perspectiva antropológica enriquecedora para o profissional da área da educação, por acreditar que o professor, em sua prática de sala de aula, em qualquer nível de ensino, enriquece-se com o conhecimento da abordagem antropológica, pois passa a olhar seu aluna-do com outras lentes, estando sensível para analisar a heterogeneidade e a diversidade socioculturais em um universo escolar ou acadêmico. Por outro lado, baseio-me na hipótese de que os conhecimentos antropológicos permitem que o professor desenvolva uma visão crítica em face de suas posturas etnocêntricas, que, por vezes, aprisionam-no a considerar as diferenças de estilo e de história de vida dos estudantes como manifestações de inferioridade, incapacidade ou "privação cultural".

Em que contexto exercitei esse ofício mediador?

Para dar continuidade a essa discussão, irei me referir, sobretudo, ao contexto da pós-graduação.

Os trabalhos investigativos que, desde o final dos anos 1980 até 2005, foram realizados no âmbito da pós-graduação em Educação da PUC-Rio se passaram no meio urbano e são marcados pela ótica sintetizada nas palavras de Gilberto Velho:

> A possibilidade de partilharmos patrimônios culturais com os membros de nossa sociedade não nos deve iludir a respeito de inúmeras descontinuidades e diferenças provindas de trajetórias, experiências, e vivências específicas. Isto fica particularmente nítido quando fazemos pesquisa em grandes cidades e metrópoles onde a heterogeneidade provinda da divisão social do trabalho, a complexidade institucional e a coexistência de numerosas tradições culturais expressam-se em visões de mundo diferenciadas e até contraditórias. Sob uma perspectiva mais tradicional poder-se-ia mesmo dizer que é exatamente isto que permite ao antropólogo realizar investigações na sua própria cidade. Ou seja, há distâncias culturais nítidas internas no meio urbano em que vivemos, permitindo ao "nativo" fazer pesquisas antropológicas com

grupos diferentes do seu, embora possam estar basicamente próximos (VELHO, 1980, p.16).

A opção por essa abordagem ocorreu em função de minha própria trajetória no campo antropológico, uma vez que minha formação se direcionou para a pesquisa das sociedades complexas e para a antropologia urbana a partir da orientação do professor Gilberto Velho em meu percurso para a obtenção do doutorado.

A força desse trajeto deixou marcas nas posições que trilhei e na maneira de me constituir como professora/pesquisadora no campo das ciências humanas. Mesmo considerando as fronteiras móveis e fluidas entre as chamadas ciências sociais e humanas, por exemplo, há diferenças em termos de imaginários e crenças entre elas que não são desprezíveis e que têm impacto sobre a natureza do trabalho realizado em cada âmbito. Os diferentes estilos de produzir conhecimento têm particularidades e valores próprios.

A introdução da perspectiva antropológica nesse contexto é sustentada pela necessidade simbólica de produzir uma atitude de "estranhamento" e relativização por parte do profissional da educação, segundo a qual são percebidos outros sistemas de referência que não os seus próprios. Ou seja, pesquisador e professor, a partir desse exercício, são sensibilizados para compreender outras formas de representar, definir, classificar e organizar a realidade e o cotidiano. Em outras palavras, o especialista se reestrutura e desenvolve seus potenciais para apreender maneiras de sentir, pensar e fazer distintas daquelas que são próprias de sua formação.

Sintetizando, no que tange ao ensino e à pesquisa, através do enfoques anteriormente mencionados, exerci meu ofício docente buscando formar um profissional, fora da área das ciências sociais, apto, entre outros aspectos, a ultrapassar estereótipos, preparado para compreender a *diferença* e a *especificidade* de um determinado universo social. Tal perspectiva, a meu ver, faz parte dos usos da antropologia no campo da educação e, certamente, do instrumental que a etnografia oferece, mesmo considerando que existem diferentes concepções sobre sua prática.

A questão do contexto me parece da maior relevância. Quem são os estudantes da pós-graduação em Educação? Sem poder lançar mão da descrição objetiva desse perfil e sem querer reificar, posso afirmar que se trata de uma clientela heterogênea proveniente tanto de cursos de Pedagogia quanto de outras áreas do conhecimento, inclusive Filosofia, Letras,

Psicologia, Educação Física, História, o que caracteriza as diferenças internas desse universo.

Fazem-se etnografias nessa situação acadêmica? O exercício etnográfico é possível nessas circunstâncias? É viável fazer antropologia nestas inter-relações? Quem faz etnografia e como faz (já que é um fato que essa prática migrou para outras áreas fora das ciências sociais)? Quem avalia a produção etnográfica fora da área da própria antropologia? Qual a diferença entre a etnografia inventada no campo da educação por um pesquisador em educação, que tem como objeto o fenômeno educativo, e a etnografia inventada por um antropólogo sobre o mesmo objeto?

Para desenvolver essas reflexões, passo a apresentar outros aspectos conceituais e metodológicos da disciplina antropológica que embasaram, do meu ponto de vista, a contribuição da etnografia para o campo da educação.

Cultura: conceito emblemático da antropologia

Neste momento, busco focalizar o termo "cultura" a partir do enfoque antropológico, explicitando parcialmente os caminhos pelos quais a questão conceitual foi debatida em minha prática.

Entende-se que o dilema constitutivo da antropologia – e serei muito sintética – pode ser assim resumido: compreender a unidade biológica da espécie humana e sua diversidade cultural, percebida através da pluralidade de costumes, atitudes, concepções, práticas, símbolos, em suma, de múltiplos modos de vida.

Assim sendo, do contraste entre o um e o múltiplo, ou entre o mesmo e o "outro", nasce a problemática da cultura, contribuição relevante da antropologia para as ciências humanas e sociais, na busca de interpretar as diferenças sociais e culturais entre grupos humanos.

"Cultura" é termo polissêmico. Não se trata, evidentemente, de percebê-lo dentro da lógica do senso comum, que dá margem a declarações sobre os grupos que diferem de nós, em tons que podemos identificar nas seguintes expressões: "eles não têm cultura, são selvagens, sem moral, têm costumes bárbaros" (DAMATTA, 1986). Essas são afirmações reveladoras de posturas etnocêntricas.

A menção ao etnocentrismo merece explicação. Afinal, qual o significado desse termo?

Conforme a própria palavra revela, trata-se do centramento nos próprios valores e na própria cultura ou etnia. Tal tendência, se bem que universal, é a lente que pode constituir obstáculo a olhar o "outro" em sua dignidade e positividade; é o foco que alimenta as ideologias sobre a carência cultural como explicação sobre os modos de vida alheios. Essa é uma discussão relevante para a área de educação.

Sem dúvida, desde sempre, a visão antropológica se abre para a compreensão dos modos de vida em todos os aspectos: as maneiras de comer, vestir, andar, as técnicas corporais e as visões de mundo dos sujeitos em seus contextos de existência.

Sem ter espaço para aprofundar as discussões sobre o conceito de cultura neste texto, cabe-me, entretanto, declarar em que teoria da cultura me apoio.

É sabido que o conceito de cultura, por sua própria força e disseminação, difundiu-se, mostrando inúmeras definições de acordo com posturas teóricas no campo disciplinar. Daí a importância de fazer escolhas e mostrar com que definição de cultura se está trabalhando. Na segunda metade do século XX, o antropólogo americano Clifford Geertz escreveu sobre a relevância de delimitar o termo "cultura".

Escolhendo o caminho da semiótica, Geertz vê o homem como um animal amarrado a teias de significado que ele mesmo teceu, e a cultura, como essas teias (GEERTZ, 1978, p.15). Desenvolvendo seu pensamento, declara que a cultura é pública, e que o comportamento humano é ação simbólica, pois tem significado (p. 20). Por sua vez, o papel da cultura na vida humana, segundo o mesmo autor, aproxima-se da ideia de um "programa" ou de "sistemas organizados de símbolos significantes que orientam a existência humana" (p. 58).

Em tempos de globalização, como fica a discussão sobre a cultura?

De acordo com Geertz (1999), a diversidade cultural faz parte da sociedade complexa, considerando-se tanto os grupos étnicos como outras diferenças que podem ser examinadas, por exemplo, em função de geração, de gênero e de classe.

Geertz propõe a ideia de que o significado é socialmente construído. Confrontando o enigma da diversidade cultural e seus usos, ele indica que estamos hoje desafiados a pensar a diversidade por outra ótica. Por quê? No lugar de pensarmos em termos de espaços sociais e fronteiras bem-delineadas, confrontamos um mundo com maneiras de viver distintas, que se misturam e se interpenetram tal qual uma colagem, cujas bordas são irregulares e moventes. Essa imagem, em sua riqueza, significa nossa existência urbana e cotidiana.

Para o antropólogo americano, vive-se em uma imensa *colagem*, ou seja, em um mundo de texturas e símbolos variados e superpostos, que pode ser percebido nas expressões da mídia, no acesso frequente às linguagens outrora vistas como exóticas e distantes, na migração intensa de outras culinárias e gostos gastronômicos, assim como no consumo de artigos de vestimenta e mobiliário de distintas e diferentes regiões. Temos acesso a essa experiência no dia a dia: a vivência em uma *colagem* e a cultura da mistura.

Como interpretar seu significado? O mundo globalizado, para ser entendido, demanda um exercício discriminatório constante, tendo em vista situar os elementos que configuram as colagens e suas intermediações. Esse contexto requer a percepção das relações entre os elementos, as mediações, assim como seus sentidos identitários, mesmo que fluidos. É um cenário que continua a exigir, para sua interpretação, um olhar descentrado, que estranha os estereótipos, buscando um ponto de vista em relação aos significados do "outro" em seus próprios termos.

A discussão aqui apresentada condiz com as escolhas e o estilo de trabalho que adotei e que têm efeito no que foi produzido durante um determinado período na PUC-Rio.

Em outras palavras, o exercício antropológico situa os fenômenos na especificidade do social, o que significa *desnaturalizá-los*, ou seja, mostrar que, entre outros fatores, as atitudes, os comportamentos e os gostos são socialmente construídos e nada têm de *naturais*, pois pertencem ao campo da cultura e das relações sujeito-sujeito e sujeito-*objeto*. Trata-se de buscar significados, sistemas simbólicos e de classificação, em uma postura antropológica, que pressupõe a quebra de visão dissimuladora da homogeneidade. Essa é uma perspectiva instigante para construir o objeto educação.

Outro aspecto merece atenção no que diz respeito à prática que estabeleci. Em suas análises, Velho alerta para o risco metodológico de ver segmentos sociais como se fossem unidades independentes, autocontidas e isoladas. Refletindo sobre o contexto urbano, o autor sinaliza para a heterogeneidade social que a noção de sociedade complexa comporta, lançando uma pergunta crucial: "Como localizar experiências suficientemente significativas para criar fronteiras simbólicas?" (VELHO, 1981, p. 16). Por outro lado, o que pode ser comunicado e partilhado, quais os valores, quais os limites das negociações simbólicas? (p. 18-19). Tais perguntas são igualmente relevantes para a prática educacional.

Antropologia, etnografia e educação

Será essa uma inter-relação recente?

Não se trata de uma área nova de trabalho no campo das ciências sociais e da antropologia. O "fenômeno educativo" como objeto de pesquisa foi legitimado por grandes nomes da antropologia. Assim, vale registrar, de forma sucinta, a contribuição de autores consagrados e outros desenvolvimentos no campo.

Nos anos 1930, a antropóloga americana Margaret Mead faz da educação objeto privilegiado da antropologia no interior da corrente Cultura e Personalidade. Sua obra clássica, intitulada *Growing up in New Guinea*, buscava entender como valores, gestos, atitudes e crenças eram inculcados nas crianças pelos adultos com o objetivo de formá-los para viver dentro de sua sociedade. A autora investigou tanto os modos de transmissão das gerações mais velhas para as mais novas como a própria formação da personalidade e as formas de aprendizagem existentes (BONTE; IZARD, 1991). Essa referência é particularmente importante, uma vez que a antropóloga demonstrou, ao lado da dimensão científica, a preocupação pedagógica, buscando, a partir de sua experiência etnográfica, influenciar as atitudes em face das crianças e dos adolescentes no seu país, no sentido de uma menor repressão. A pesquisadora mostrou que a adolescência, com as características conhecidas por nós, é um fenômeno sociocultural, e não uma questão fisiológica. Ou seja, os comportamentos, as atitudes, as crises de crescimento não podem ser reduzidas a fatores biológicos, orgânicos ou hormonais.

Essa abordagem não só revelava a insuficiência de explicações ditadas pelas considerações ligadas à natureza, que pecam pelo essencialismo e pela argumentação reificadora, mas também deslocava as explicações da construção de gênero, por exemplo, para o reino da cultura e das especificidades sociais. Ademais, Mead travou um intenso diálogo com a psicologia e a psicanálise, tendo em vista sustentar a existência de "personalidades culturais".

Outro enfoque se localiza na vertente da Escola Sociológica Francesa. Pierre Bourdieu trabalha a noção de *habitus*, tendo em vista o processo educativo, que por intermédio de sua teoria surge de forma dinâmica, como inculcação de disposições duráveis, matriz de percepções, juízos e ações que configuram uma "razão pedagógica", ou seja, como lógica e estratégias que uma cultura desenvolve para transmitir seus valores.

Estas breves notas têm o intuito de apontar alguns ângulos através dos quais as relações entre Antropologia, Etnografia e Educação podem ser dimensionadas.

Nos idos da década de 1950, Claude Lévi-Strauss (1985), escrevendo sobre o lugar da antropologia e problemas de seu ensino, teceu considerações sobre o projeto antropológico que, a me ver, continuam relevantes, mesmo tendo em conta as transformações histórico-teóricas em seu âmbito e que podem servir para as considerações feitas no caso em apreço.

Ao definir o que é antropologia, Lévi-Strauss explica que ela emerge de uma forma específica de gerar problemas, a partir do estudo das chamadas sociedades simples, tendo se voltado, em seu desenvolvimento, para a investigação das sociedades complexas, objetivando entender a cultura e a vida social. Uma das vias para a construção desse conhecimento é a etnografia, concebida como descrição, observação e trabalho de campo a partir de uma experiência pessoal. Segundo o autor, o antropólogo, a partir desse ponto de vista, ultrapassando suas próprias categorias, visa elaborar a ciência social do observado. Construindo um conhecimento fundado na experiência etnográfica, na percepção do "outro" do ângulo de suas razões positivas, e não de sua privação, buscando o sentido emergente das relações entre os sujeitos, ele estaria transpondo suas próprias referências com aquelas do contexto observado.

Sobre a etnografia

Eis aí, resumidamente, um dos legados da antropologia para as ciências sociais e humanas.

É esse outro olhar, essa forma alternativa de problematização dos fenômenos, que busco evocar a princípio ao usar a etnografia no campo da educação.

Mas convém penetrar um tanto mais no que vem a ser o fazer etnográfico, ou pelo menos em quais as minhas principais leituras sobre o assunto antes de dar continuidade a esta explanação.

O antropólogo francês François Laplantine (1998), preocupado com o ensino da antropologia para públicos mais vastos que os estudantes das ciências sociais, ao comentar algumas das dificuldades de tal empreendimento, revela os usos de vários termos que compõem o vocabulário da disciplina. Toma de Lévi-Strauss a seguinte postura: tanto a etnografia quanto a etnologia e a antropologia integram instantes de uma mesma perspectiva disciplinar. Se a etnografia visa à coleta direta, minuciosa, de fenômenos observados na vida social, através de sucessivas aproximações e impregnação continuada, a etnologia implica a percepção da lógica específica do universo estudado através dos dados etnográficos coletados em um primeiro movimento de abstração do material empírico. Já a antropologia realiza a construção de modelos segundo os quais as sociedades podem ser comparadas (LAPLANTINE, 1998, p. 25).

Dando continuidade a estas considerações, não poderia deixar de mencionar Bronislaw Malinowski (1884-1942), um dos "pais fundadores da etnografia". Esse antropólogo marca a história da disciplina na medida em que é o criador da teoria do trabalho de campo, ou, em outras palavras, é quem teoriza pela primeira vez as regras da etnografia e da observação participante. A concepção metodológica apresentada e publicada por Malinowski em 1922, na introdução a seu livro *Os argonautas do Pacífico Ocidental*, é leitura imprescindível e referência para aguçar os sentidos do aspirante a etnógrafo, em que pesem as mudanças internas no corpo da disciplina.

A imersão do pesquisador no cotidiano do universo estudado, a relação direta com os sujeitos no campo, a maneira de coletar e interpretar os dados empíricos inaugura outra visão da sociedade observada, uma verdadeira revolução do olhar. Tal construção etnográfica fundou princípios metodológicos para apreender o ponto de vista do outro; em resumo: a busca da compreensão integral do universo estudado, a coleta exaustiva de dados concretos, a captação das regras e das regularidades, o entendimento das peculiaridades da vida social e das maneiras de pensar e sentir captadas através da linguagem e das assim chamadas categorias "nativas".

Geertz ocupa outro lugar no fazer etnográfico. É importante mencioná-lo na medida de sua apropriação pelo campo educacional. Ao falar em descrição das culturas, o autor enfatiza que estas são as descrições elaboradas pelos antropólogos e que, portanto, são aquelas que esse profissional imagina como sendo as construções feitas pelos sujeitos que está investigando. Ou seja, são interpretações de segunda e terceira mão (GEERTZ, 1989, p. 25), portanto, são *ficções ou "fabricações"*, pois somente o *nativo* faz uma interpretação de primeira mão. Ademais, convoca o pesquisador a captar o fluxo do comportamento, ou melhor, as ações sociais, buscando o significado, o papel e o uso nas relações da vida social estudada. Geertz resume sua descrição densa ou etnográfica em quatro características: ela é interpretativa, a interpretação busca o fluxo do discurso social, o antropólogo capta o significado e a descrição é microscópica.

Como pode ser depreendido da breve exposição já feita, são significativas as diferenças de enfoque nos exemplos apresentados, e, portanto, o mesmo termo – "etnografia" – possui significados distintos.

Tais tópicos, embora incompletos e provisórios, levam-me de volta a meu tema: o uso ou o significado do fazer etnográfico na área educacional, ou, invertendo os termos, o contexto educacional e as relações com a antropologia.

Como fazê-lo?

Não se trata de reduzir a etnografia a uma técnica, mas, sim, tomá-la como uma opção teórico-metodológica, o que já implica conceber a prática e a descrição etnográficas ancoradas nas perguntas provenientes da teoria antropológica.

No meu entendimento, Mariza Peirano (1995) mostra que não existe dissociação entre pesquisa teórica e empírica, sendo a história da disciplina ao mesmo tempo história e teoria, e as monografias, instâncias constitutivas do próprio desenvolvimento da disciplina e da teoria antropológica.

Vale relembrar que a postura de base antropológica visa ao entendimento das diferenças culturais ou da alteridade a partir de um projeto universalista. Como diz Peirano, nesse mesmo texto, a antropologia pretende não só o conhecimento contextualizado de cada universo cultural. Em seus horizontes universalistas, supõe que o que se encontra em uma dada cultura estará em outra, embora de forma distinta.

Insisto que essas discussões são relevantes para o debate sobre a relação entre a antropologia e o campo da educação – relação que apresenta contornos desafiantes e polêmicos. As indagações que seguem são bastante reveladoras das possíveis tensões interdisciplinares emergentes entre os dois campos.

Se não, vejamos: como articular o projeto antropológico de conhecimento das diferenças com o projeto educacional de intervenção na realidade? (NOVAES, 1992). A meu ver, tomando como um dado que a prática educacional é normativa e imbuída de um "dever ser" pedagógico e de um projeto de transformação, como o educador poderá colocar-se na posição de produzir conhecimentos descentrados e incorporar outras lógicas cognitivas? Como esse profissional poderá estabelecer a "dúvida metódica" sobre seus próprios valores e crenças tendo em vista a construção de uma interpretação ou o possível conhecimento do "outro" em seus termos? Como o pesquisador situado na educação com suas crenças e sua formação pode transformar o "olhar" sobre sua própria prática profissional?

Do ângulo do ensino da antropologia na área da educação, cabe a pergunta: como o antropólogo poderá propor-se introduzir a "antropológica" em um feixe de relações simbólicas em que muitos estudantes não têm informações sobre a disciplina antropológica? Outro aspecto a ser levado em conta reside na incorporação dessa lógica em um contexto no qual se vive outro clima acadêmico, gerado e alimentado por outras intenções e significados. Quais as tensões, os limites e as possibilidades que, por hipótese, podem emergir do encontro entre a antropologia e a educação no contexto de cursos superiores de educação?

É bom frisar que, se existem distâncias, no que diz respeito a métodos, crenças, referenciais e "pais fundadores", entre as duas disciplinas, existem também proximidades, uma vez que ambas têm como objeto os modos de vida, os valores, as formas de socialização (GUSMÃO, 1997) e as sociabilidades, ou seja, as formas de interação entre os indivíduos.

Portanto, é estimulante perceber que, se existem diferenças significativas de abordagem entre as duas disciplinas, há, também, proximidades e pontes a serem construídas. Até porque ambas têm como solo as relações entre o indivíduo e a sociedade, e tanto uma quanto a outra tratam da existência humana.

Mesmo crendo, portanto, nessa aposta interdisciplinar como um caminho promissor e enriquecedor para ambos os lados, há dilemas que devem ser examinados.

Sobre o ensino, a pesquisa e as orientações de teses e dissertações

Dando continuidade às questões apresentadas, volto a me posicionar sobre o ensino de antropologia na área de educação. Antes de tudo, reitero que o contato com a literatura antropológica permite que o educador venha a apreender outras relações e posturas. Trata-se da aprendizagem de outra linguagem, de outro código que possibilita levantar questões acerca dos fenômenos tidos como educativos dentro e fora da escola. Geram-se possibilidades na área da produção de conhecimentos, que conduzem à desconstrução de estereótipos (VELHO, 1980) a partir do encontro do educador com outros sistemas de referências, propiciando a busca do entendimento de outro universo social em seus próprios termos.

Segundo Geertz (1978), o entendimento do que é uma ciência passa pelo conhecimento de seu exercício. De acordo com essa orientação, tive como proposta de ensino o trabalho intensivo sobre as práticas de investigação etnográfica, através do contato dos estudantes com autores e suas monografias, discutindo escolhas teórico-metodológicas e trabalhando conceitos forjados no âmbito da disciplina.

O mergulho na literatura antropológica e nas etnografias permite que o especialista da área de educação descubra outras lentes para observar os fenômenos educacionais. Esse profissional se abre para perguntas inspiradas na antropologia, fabricando outras versões e interpretações sobre fenômenos de seu interesse. Tenho classificado essa elaboração, que é produzida pelo educador nessa prática interdisciplinar, como um saber de fronteira, um saber híbrido entre a educação e a antropologia.

No que tange às atividades de orientadora, muitas das dissertações e teses se vincularam às chamadas pesquisas institucionais.

No contexto destas reflexões, preciso reconhecer que não tenho os mesmos objetivos que outros antropólogos; que são outras as relações que estabeleço com a disciplina, até porque o público estudantil ao qual me dirijo e as relações que vivencio com os estudantes em minha trajetória implicam um exercício de mediação e uma busca de diálogo.

Passo agora a comentar a organização do trabalho da chamada pesquisa institucional, uma vez que se trata de um âmbito importante para o exercício dos orientandos, como pesquisadores, e da própria orientação acadêmica.

O que vem a ser o trabalho de campo e a observação participante em termos de um trabalho de equipe no interior de uma pesquisa institucional? Estou refletindo sobre a prática investigativa que resulta de um projeto docente apoiado pelo CNPq por meio de bolsa de pesquisador e de bolsas de iniciação científica, sustentado, ainda, por outros recursos financeiros provenientes de órgãos de apoio ao desenvolvimento da pesquisa no país, como a Fundação de Amparo à Pesquisa do Estado do Rio de Janeiro (FAPERJ). Refiro-me, ademais, a um contexto acadêmico no qual a relação ensino e pesquisa é um valor.

Tendo essas condições em vista, pode-se dizer que as pesquisas institucionais são parte importante da orientação acadêmica e da formação de pesquisadores. Pelo estatuto da universidade, os mestrandos devem matricular-se durante um semestre, enquanto os doutorandos se integram durante um ano letivo em uma das pesquisas em curso no departamento; já os graduandos o fazem por períodos determinados por suas bolsas de iniciação científica.

Meus critérios de seleção da equipe apresentam uma dose de subjetividade e levam em conta as afinidades intelectuais, como também pressupõem as necessidades da pesquisa e as trajetórias e os interesses intelectuais dos alunos em qualquer dos níveis considerados.

As atividades a serem desenvolvidas pela equipe compreendem reuniões semanais, realização de leituras com elaboração de resumos críticos, levantamentos bibliográficos, participação na pesquisa de campo e na realização de entrevistas, participação na análise de dados construídos no trabalho de campo, confecção de relatórios, artigos e participação em seminários. Em todos os momentos, minha atuação se faz presente ao buscar construir um processo dinâmico no qual e em função do qual o objeto da pesquisa é coletivamente construído, mesmo levando-se em conta a heterogeneidade dos estudantes.

Pesquisar, então, está longe de ser um ato de argonauta mitológico e solitário que faz um mergulho em mares desconhecidos. Trata-se de uma prática distante da concepção etnográfica como experiência eminentemente pessoal e se aproxima de uma vivência complexa, em que o individual e o coletivo se misturam. Até que mestrandos e doutorandos façam seu voo solo, a partir do momento em que, por suas escolhas e trajetórias exclusivas, mesmo guardando sintonia com os chamados projetos institucionais, precisam estabelecer um distanciamento da equipe para a necessária e irrevogável experiência "autoral".

Esse exercício é uma proposta paralela à transmissão do "ofício" do etnógrafo, isto é, à interpretação da vida social, à observação de sociabilidades, à captação dos sistemas de organização e classificação, apreendendo os valores e os sistemas de crença, buscando as lógicas e os significados, tendo em vista ir além da descrição empírica factual, na busca do suposto ponto de vista do "outro" em seus termos.

Mas quais os problemas? Limites de várias ordens se impõem, considerando-se a questão do tempo ou as próprias dificuldades de produção e interpretação de dados etnográficos. Os limites estão postos quanto a uma vivência prolongada e quanto ao mergulho em profundidade que se espera do trabalho de pesquisa qualitativa. A investigação é fracionada pelas múltiplas atividades que aparecem no dia a dia. Vive-se outra fragmentação no grupo de pesquisa, que, por regras e razões institucionais, passa por mudanças periódicas em sua composição, com a saída e a entrada sazonal de seus membros.

Esses constrangimentos são, em parte, compensados por uma observação flutuante, um estado de alerta permanente, no qual a equipe se coloca para captar os dados significativos no contexto de uma relação de alteridade. Ademais, as elaborações e interpretações de natureza antropológica durante as reuniões de equipe são um momento no qual os exercícios da oralidade, da argumentação e do debate constituem uma verdadeira produção social de conhecimento, que poderia ser entendida, quem sabe, como uma autoria coletiva.

As práticas de pesquisa institucional, pelas características que apresentam em congregar os três níveis de orientação no mesmo espaço e tempo acadêmicos, possibilitam trocas intensas e fecundas entre os participantes. É, a meu ver, uma experiência formadora e, como disse, propiciadora do surgimento de temas particulares de investigação, recortes originais e específicos de dissertações e teses, ainda que associados ao projeto institucional do professor-orientador. Ao lado dessas tão fecundas experiências de produção de conhecimento, vejo que se operam transformações de visão de mundo, do olhar e da subjetividade, e que pesquisadores vão sendo formados nos meandros da pesquisa etnográfica.

Além de propiciar outro "olhar", as leituras de antropologia e a apropriação de suas formas de operar – o trabalho de campo e a observação participante – possibilitam a construção de um saber híbrido, ou de fronteira, quando da elaboração e da escrita de dissertações e teses, gerando-se outro perfil para esses trabalhos acadêmicos no campo da educação.

Considerações finais

Os dilemas e limites comentados não devem servir de obstáculos para a prática etnográfica no campo da educação, mesmo considerando-se que haja grandes distâncias entre as maneiras de apropriação de autores e escolas antropológicas.

Lanço mão do conceito-chave de leitura de Roger Chartier para me apoiar nessa argumentação sobre as apropriações de autores e de textos antropológicos fora de seu mundo de referência.

Nas palavras desse historiador: "No ponto de articulação entre o mundo do texto e o mundo do sujeito desloca-se necessariamente uma teoria da leitura capaz de compreender a apropriação dos discursos, isto é, a maneira como estes afetam o leitor e o conduzem a uma nova norma de compreensão de si próprio e do mundo" (CHARTIER, 1990, p. 26).

O mesmo autor mostra que as obras não têm um sentido único e intrínseco e que são apropriadas por práticas plurais e leitores concretos que lhes dão contraditória e diferencialmente significados segundo suas competências, posições e disposições. A meu ver, essas são as questões em jogo e nas quais me apraz aprofundar: como migram autores e textos da antropologia para outras áreas? O que se lê? Como se lê? Quando se lê? Só o antropólogo faz etnografia? Como validar as "etnografias" produzidas fora das ciências sociais? Quais as fronteiras simbólicas entre umas e outras? Eu sempre fiz questão de validar meu trabalho de orientadora convidando um antropólogo para as bancas de defesa de tese e de dissertação.

Volto assim ao ensino de antropologia na minha trajetória. Estudantes da graduação e pós-graduação se tornam leitores de textos (mas não de obras) de antropólogos durante um semestre. Ao se tornarem meus orientandos, são convidados a explorar intensamente a literatura dessa área.

Fazendo um balanço e correndo o risco de generalizações, diria que ler antropologia é uma experiência transformadora da subjetividade e das formas de estar no mundo e de nele atuar e, certamente, de construir outras problematizações na esfera do conhecimento, no que concerne à relação entre o profissional da educação e essa literatura, mesmo considerando-se a heterogeneidade desse universo e distintos níveis de atuação possíveis. Em outras palavras, construir no trabalho de campo os significados inerentes e específicos vislumbrados nas práticas e nas narrativas dos sujeitos investigados. Lembrando, como diz Roberto Cardoso de Oliveira (1998), que informam o trabalho do antropólogo os atos cognitivos de "olhar, ouvir e escrever".

Cabe-me salientar, ainda, a perspectiva fecunda que se apresenta nas palavras a seguir: "A Antropologia é uma forma de educação, bem como a educação só é possível como prática antropológica" (ROCHA; TOSTA, 2009, p. 17).

O que foi dito mostra que existe um processo intenso de migração da antropologia para outra área fora das fronteiras das chamadas ciências sociais, no caso, a educação. Mesmo considerando-se as distâncias em termos de crenças, valores e atitudes entre esses dois campos disciplinares, as mediações vêm se realizando em suas margens.

Vale, entretanto, uma provocação final: com que hipóteses podemos operar para pensar as diferenças entre as etnografias produzidas na área da educação, por profissionais fora das ciências sociais, e as etnografias que tenham como objeto os processos educativos realizados por antropólogos? Quais os significados que podemos dar para a expressão "inspiração antropológica", encontrável com frequência em teses e dissertações do campo da educação? O que dizer da indispensável valorização da interdisciplinaridade em nosso mundo acadêmico e da indiscutível interdisciplinaridade própria aos campos da antropologia e da educação, como insistem Carlos Brandão (2002) e Sandra Tosta em diferentes instâncias?

Referências

BONTE, Pierre; IZARD, Michel. *Dictionnaire de l'ethnologie et de l'anthropologie*. Paris: PUF, 1991.

BRANDÃO, Carlos Rodrigues. *Educação como cultura*. São Paulo: Mercado de Letras, 2002.

CHARTIER, Roger. *A história cultural: entre práticas e representações – memória e sociedade*. Lisboa: Difel, 1990.

DAMATTA, Roberto. *Ensaio de sociologia interpretativa*. Rio de Janeiro: Rocco, 1986.

DAUSTER, Tania (Org.). *Antropologia e educação: um saber de fronteira*. Rio de Janeiro: Forma & Ação, 2007.

DAUSTER, Tania. Cultura e pobreza: um recorte antropológico. *Cadernos EducAção*, Rio de Janeiro: Departamento de Educação da PUC-Rio, 2002.

DAUSTER, Tania. Navegando contra a corrente? O educador, o antropólogo e o relativismo. In: BRANDAO, Zaia (Org.). *A crise dos paradigmas e a Educação*. São Paulo: Cortez, 1994. p. 75-87.

DAUSTER, Tania. Resumo da atividade. Fórum 03. O fazer antropológico e o processo de orientação: encontros e desencontros. V Reunião de Antropologia do MERCOSUL. In: GROSSI, M. Guedes, S.Z. *Programas e Resumos. Antropologia em Perspectivas*, Florianópolis, 2003b.

DAUSTER, Tania. Sobre etnografia e educação: quais as perspectivas e dilemas?. *Revista Espaço*, Rio de Janeiro, n. 29, p. 32-41, jan.-jun. 2008.

DAUSTER, Tania. Um outro olhar: entre a antropologia e a educação. In: GUSMÃO, Neusa M. (Org.). *Antropologia e educação: interfaces do ensino e da pesquisa*. Campinas: Centro de Estudos Educação e Sociedade, 1997

DAUSTER, Tania. Um saber de fronteira: entre a antropologia e a educação. REUNIÃO ANUAL DA ANPED, 26., Poços de Caldas, 2003a. CD-ROM.

DAYRELL, Juarez (Org.). *Múltiplos olhares sobre educação e cultura*. Belo Horizonte: Ed. da UFMG, 1996.

GEERTZ, Clifford. *A interpretação das culturas*. Rio de Janeiro: Jorge Zahar, 1978.

GEERTZ, Clifford. Os usos da diversidade. *Horizontes Antropológicos*, Porto Alegre, n. 10, 1999.

GUSMÃO, Neusa Maria Mendes. Antropologia e educação: origens de um diálogo. *Caderno CEDES*, Campinas, v. 18, n. 43, p. 8-25, dez. 1997.

LÉVI-STRAUSS, Claude. *Antropologia estrutural*. Rio de Janeiro: Tempo Brasileiro, 1985.

MALINOWSKI, Bronislaw. *Argonautas do Pacífico Ocidental*. São Paulo: Abril Cultural, 1978.

NOVAES, Regina. Um olhar antropológico. In: TEVES, Nilda (Org.). *Imaginário social e educação*. Rio de Janeiro: Gryphus, 1992. p. 122-143.

OLIVEIRA, Roberto Cardoso de. Olhar, ouvir, escrever: o trabalho do antropólogo. In: *O trabalho do antropólogo*. São Paulo: Paralelo 15, 1998.

PEIRANO, Mariza. *A favor da etnografia*. Rio de Janeiro: Relume-Dumará, 1991.

ROCHA, Gilmar; TOSTA, Sandra Pereira. *Antropologia & educação*. Belo Horizonte: Autêntica, 2009.

VELHO, Gilberto. Biografia, trajetória e mediação. In: VELHO, Gilberto; KUSCHNIR, Karina (Org.). *Mediação, cultura e política*. Rio de Janeiro: Aeroplano, 2001.

VELHO, Gilberto. *Individualismo e cultura*. Rio de Janeiro: Jorge Zahar, 1981.

VELHO, Gilberto. O antropólogo pesquisando em sua cidade: sobre conhecimento e heresia. In: VELHO, Gilberto (Coord.). *O desafio da cidade: novas perspectivas da antropologia brasileira*. Rio de Janeiro: Campus, 1980. p. 13-21.

ZALUAR, Alba. O relativismo cultural na cidade?. *Primeira Versão*, Campinas, n. 39, 1991.

A reeducação do antropólogo: a pedagogia da antropologia[1]

Marco Antônio Gonçalves

> *De quem é o olhar*
> *que espreita por meus olhos?*
> *Quando penso que vejo,*
> *Quem continua vendo*
> *enquanto estou pensando?*
>
> Fernando Pessoa

Não pretendo traçar uma relação histórica entre antropologia e educação, mas tão somente tangenciar os problemas postos pela educação a partir do próprio fazer antropológico, refletir sobre o processo de produção de conhecimento na antropologia como um processo de aprendizagem, de socialização do antropólogo que "aprende" outra cultura. Em outras palavras: pensar sobre essa "qualidade de aprender" da antropologia. Tomando uma das especificidades do fazer antropológico, o trabalho de campo, procurarei encaminhar uma discussão sobre suas consequências, relacionando esse estar em "campo" com uma pedagogia da antropologia.

O trabalho de campo na antropologia não é apenas um deslocamento, uma viagem, uma técnica, um método, uma aproximação, uma convivência: é uma epistemologia no sentido mais clássico desse conceito, qual seja, uma reflexão sobre o próprio ato de conhecer e de como conhecemos. Nesse sentido, a produção desse conhecimento se realiza como processo de socialização do antropólogo a partir da mobilização de seu interesse sobre

---

[1] Agradeço à professora Sandra Pereira Tosta e ao professor Gilmar Rocha pelos diálogos, pelos estímulos e pela oportunidade de publicar este trabalho, que originalmente foi uma intervenção oral ao Colóquio Diálogos Ibero-Americanos sobre Etnografia na Educação, na PUC Minas, em agosto de 2011.

determinado tema e de seu engajamento na própria "aventura antropológica". Assim, a partir do trabalho de campo, tomado como condensação do trabalho antropológico, poderemos propor algumas conexões entre antropologia e educação.

O trabalho de campo posto como questão epistemológica, como meio de produzir o conhecimento, vincula-se indissociavelmente a uma pedagogia, ao ensinar e ao aprender. Anthony Seeger define o antropólogo que realiza trabalho de campo como "uma criança no mundo", alguém que sofre um importante processo de socialização responsável por reconfigurar seu pensamento. Acentua, assim, o caráter ritual do trabalho de campo, que passa a ser vivido como um processo de iniciação, como um rito de passagem do qual o iniciado sai transformado.

A antropologia desenvolve em seu exercício de produção de conhecimento esse princípio reflexivo, que é uma espécie de pedagogia de mão dupla: quem ensina aprende, quem aprende ensina. O trabalho de campo, esse lugar no qual se opera essa pedagogia, é menos uma espacialidade e mais um encontro entre pessoas, entre culturas, entre conceitos. Uma relação que permite ao antropólogo e a seus interlocutores exercitar essa pedagogia, o antropólogo se submete a esse aprendizado buscando quem o ensine a aprender aquele mundo outro. Portanto, o trabalho de campo seria essa instância pedagógico-epistemológica que transforma as pessoas nesse encontro, quando se defrontam perspectivas, conceitos e ideias.

Essa "petição de princípio" talvez seja a maior contribuição da antropologia para as ciências humanas, o modo radical de fazer o pensamento correr riscos, e nesse processo de defrontar perspectivas, conceitos e ideias, produzir novas interlocuções, novos diálogos. Esses diálogos têm uma longa história na antropologia, que remonta a mais de 100 anos. Detenho-me, aqui, em alguns momentos distintos, representados pela contribuição de alguns antropólogos, com o intuito de propor uma sistematização de como esse diálogo assumiu distintas configurações no modo de conceituação da produção do conhecimento na antropologia e suas implicações pedagógicas: o aprender e o ensinar. Desejo, aqui, refletir sobre essa qualidade do trabalho de campo em diferentes momentos da história da antropologia, como essa relação entre sujeitos, antropólogos e nativos, foi construída a partir de processos de ensino e aprendizagem. O desenvolvimento dessa relação entre antropólogos e nativos na história da antropologia aponta, cada vez mais, para uma aproximação, uma partilha, entre os conceitos dos chamados nativos e os dos antropólogos, pondo em relevo o diálogo e as imbricações entre os modelos nativos e os modelos antropológicos.

Sobre essa qualidade pedagógica da antropologia, evocamos aqui uma passagem proferida por Marcel Mauss – antropólogo/sociólogo francês que construiu sua obra a partir da leitura dos trabalhos dos etnógrafos de sua época e que, desse modo, revisitando as etnografias, pôde propor importantes problemas para a antropologia.

> De fato, as categorias aristotélicas não são as únicas que existem em nosso espírito, ou que existiram no espírito e com as quais devemos nos ocupar. É preciso, antes de tudo, fazer o catálogo maior possível de categorias; é preciso partir de todas aquelas que podemos saber que os homens utilizaram. Veremos então que houve e que há ainda muitas luas mortas, ou pálidas, ou obscuras, no firmamento da razão. [...] Nossos conceitos gerais são ainda instáveis e imperfeitos. [...] E creio que essa ciência, o sentimento da relatividade atual de nossa razão, é que talvez há de inspirar a melhor filosofia." (MAUSS, 2004, p. 343-344).

Nessa passagem, encontramos todos os argumentos dessa pedagogia: sua recusa ao universalismo aristotélico afirma que o conhecimento se dá, sobretudo, por um processo de aprendizagem, de descoberta das "luas mortas ou obscuras no firmamento da razão". Entenda-se, aqui, que essa razão não é a Razão Ocidental, mas formas outras de pensar o mundo que precisam ser aprendidas, e que o próprio processo de aprendizado nos faz perceber como os "nossos próprios conceitos são instáveis e imperfeitos", constatação que gera "o sentimento da relatividade de nossa razão".

Essa relatividade da razão proposta por Mauss faz ecoar a pedagogia filosófica de Sócrates: "Tudo que eu sei é que nada sei".[2] Essa frase nos reenvia a uma das questões mais cruciais da antropologia e se relaciona com o modo como é produzido o conhecimento, uma espécie de "mantra" antropológico que o antropólogo no exercício de seu trabalho deveria sempre repetir. Uma vez que se admite para si mesmo que "tudo que eu sei é que nada sei", coloca-se em suspensão os *a priori*, as categorias do antropólogo, seu entendimento do mundo, sua própria cultura. Essa consciência do "não saber" provoca a possibilidade de perceber o mundo de uma maneira renovada a cada momento que o "mantra" é evocado,

---

[2] Citado por Platão (2003) em *Apologia de Sócrates*.

permitindo nos surpreender e, assim, poder conhecer de outro modo. Essa petição de princípio leva a uma verdadeira revolução no modo que a antropologia conhece, implicando uma abertura para o outro, sendo esse outro a nova fonte do conhecimento, com quem aprendemos, quem nos ensina a partir de uma relação constituída que é o operador epistemológico da antropologia: o trabalho de campo.

Marcel Mauss vai dar atenção especial aos conceitos indígenas de tal modo que foi acusado por Claude Lévi-Strauss (2004, p. 35) de ter reificado o *hau*, conceito polinésio, quando procura explicar a razão última da troca. Entretanto, para Mauss, a intraduzibilidade dos conceitos apontava não apenas para sua complexidade, mas sobretudo para sua polissemia. Sobre *hau*, Mauss nos diz: "O papua e o melanésio, têm uma única palavra para designar a compra e a venda, o empréstimo e a tomada de empréstimo. As operações antitéticas são expressas pela mesma palavra" (MAUSS, 2004, p. 35). Tanto *hau* quanto *mana* não poderiam ser simplesmente traduzidos como "potência secreta" ou "força misteriosa", uma vez que Mauss estava cônscio dessa irredutibilidade dos conceitos indígenas, percebendo, outrossim, que residiria justamente nesta irredutibilidade o próprio modo de conhecer da antropologia, instituído por uma pedagogia em que o antropólogo passa a ser reeducado pelos ensinamentos que aprende.

Esse exercício de descentramento, de deslocamento literal ou induzido pelo "mantra" nos faz questionar nossos próprios modos estabelecidos de perceber o mundo. Uma desestabilização que nos reenvia para um terreno do questionamento de como "olhamos" e "conhecemos" o mundo. Essa condição da renovação do olhar e do exercício de descentramento é também evocada por Lévi-Strauss em sua reflexão "Como surge um etnógrafo", justamente quando realiza trabalho de campo no Brasil Central: "As suas condições de vida e de trabalho [as do etnógrafo] isolam-no fisicamente de seu grupo durante longos períodos de tempo; adquire, em virtude da brutalidade das modificações a que se sujeita, uma espécie de desenraizamento crônico: nunca mais se poderá sentir em casa em lugar nenhum, ficará mutilado psicologicamente" (LÉVI-STRAUSS, 1981, p. 49).

Essa mesma concepção de dúvida, de abertura, de querer mais aprender que ensinar ressoa nas palavras de Franz Boas quando escreve o prefácio ao livro de Margaret Mead sobre os processos de socialização na cultura samoana: "O antropólogo duvida do verdadeiro das opiniões..." (BOAS, 1968, p. 12).

Franz Boas, considerado o mais influente antropólogo na formação da antropologia cultural americana, foi um dos pioneiros na realização de trabalho de campo entre os Inuíte, ainda no final do século XIX. Boas, formado na escola alemã, herda a tradição que remonta a Herder passando por Goethe, Humboldt e Bastian, que percebe a língua como a expressão máxima de identidade cultural.

Wilhelm von Humboldt (1988) desenvolveu uma teoria linguística que se assemelha à de Boas. Uma definição resumida do conceito de língua, para Humboldt, pode ser a que ela é uma energia em que se encontram separadas a matéria fônica, a conceitual e a forma da linguagem, que são as palavras e seu encadeamento sintático. Porém, o que parece ser mais importante no conceito que Humboldt empresta à língua é sua "capacidade de individualizar uma concepção de mundo" (BUNZL, 1996, p. 32-33). Embora uma ligação similar entre língua e caráter nacional seja derivada também de Herder, Humboldt desenvolveu esse ponto de forma mais sistemática. Adolf Bastian, um dos primeiros a se inspirar na tradição humboldtiana, faz uma junção entre as tradições dos irmãos Humboldt (Wilhelm e Alexander). No que tange à questão da semelhança de seu conceito de *Völkergedanken* e o conceito *Nationalcharakter* de Humboldt, parece ter havido uma influência direta (BUNZL, 1996, p. 49). Boas, quando escreve sobre os Kwakiutl, tem a parceria de George Hunt, um nativo na língua, e juntos constituem uma obra cuja maior parte é formada por narrativas míticas: cinco volumes de mitos e outras narrativas escritas de forma "crua", em que a língua aparece como carro-chefe e veículo de todo aquele universo, apresentando de uma só vez a língua, a visão de mundo e os detalhes da cultura Kwakiutl (BERMAN, 1996).

Nessa perspectiva, a antropologia nasce marcada por uma percepção de língua vinculada à cultura e à visão de mundo: uma língua, do mesmo modo que uma cultura, não pode ser simplesmente traduzível, deve ser, antes de tudo, apreendida em seus próprios termos. Reside aí uma ideia de intraduzibilidade, princípio geral do romantismo alemão sustentado por Humboldt. A tradução livre soaria como uma distorção, pois ao traduzir uma língua, o tradutor força seus próprios conceitos e os impõe como modo de compreensão dessa outra língua. Da mesma forma, ao se procurar traduzir uma cultura, corre-se o risco, então, de reconceituar, de interferir, de alterar os princípios básicos pelos quais aquela cultura é compreendida pelos nativos.

Nesse sentido, Boas, ao refletir sobre o trabalho de campo e a etnografia, tem como principal problema a enfrentar a tradução cultural. Essa relação entre língua e cultura é de tal forma importante que vai ser uma das chaves conceituais da fundação da antropologia nos Estados Unidos. Mas qual seria a peculiaridade do campo para Boas? Que tipo de pedagogia ele desenvolvia para aprender uma cultura? Essa é uma questão também crucial, pois foi Boas quem institui a ideia do diálogo com o "informante" na antropologia. O "informante" era quem ensinava a Boas a língua e a cultura de seu povo, seja um Inuíte, seja um Kwakiutl. Boas se sentava ao lado de seus informantes e passava horas a fio coletando mitos e narrativas diretamente na língua nativa. Esses informantes, que aprenderam a ensinar Boas, passaram, com o tempo, a ser colaboradores e coautores de seus livros.

Boas nada mais fazia que tomar o ditado de seus informantes, anotando lendas, mitos e narrativas, temas também caros à antropologia alemã. A partir do registro do ditado, constrói uma gramática, elabora uma escrita da língua, mas não se arrisca a traduzir; realizava na maioria das vezes a tradução morfêmica ou lexical, mas não a tradução livre. A tradução era vista como problemática para essa vertente, pois implicava, justamente, a projeção de conceitos ocidentais sobre os dos nativos. Esse método de trabalho deu origem a livros "incompreensíveis" para quem não seja nativo ou fluente na língua indígena. Ao final do século XIX e começo do século XX, nas publicações do Bureau of American Ethnology, encontram-se dezenas de livros que espelham esse modo de produzir o conhecimento na antropologia: índios e antropólogos colaborando estreitamente e partilhando a escrita de mitos e narrativas apresentados em língua indígena. Esse diálogo entre nativos e antropólogos através e pela língua nativa não assumia a forma propriamente de etnografia que veio a assumir mais tarde, com o advento da obra de Bronislaw Malinowski no arquipélogo de Trobriand, na Melanésia. O discurso do antropólogo é ausente, não descreve o que vê e o que viveu, fruto de sua interação real com os nativos; pelo contrário, a narrativa que testemunha o encontro é materializada na própria língua nativa que é exposta em toda a sua complexidade no texto. O antropólogo não é tradutor de mundos, mas se resigna, honrosamente, a exercer o papel de coautor; essa relação de coautoria enfatiza a colaboração, os interesses compartilhados entre o antropólogo e os nativos, agora situados no lugar de informantes.

O trabalho de campo é essa possibilidade de aprofundar uma relação com os informantes: chegar à compreensão de sua língua e sua cultura. Boas valorizava essa profundidade da pesquisa caracterizada em seu trabalho com informantes. Seu objetivo era o de "sentar com um bom informante e encher os cadernos de campo e, depois, voltar para casa" (JACOBS *apud*

BERMAN, 1996, p. 217). Uma passagem de seu diário confirma essa percepção do trabalho de campo; Boas se importava mais com o processo do ditado das narrativas saídas da boca de seus informantes que propriamente com os suntuosos e emblemáticos rituais denominados Potlash: "Eu tive um dia miserável hoje. Os nativos estavam fazendo novamente Potlash. Eu não pude ter nenhum informante... O trabalho aqui teve que esperar" (BOAS *apud* BERMAN, 1996, p. 215).

Capistrano de Abreu, historiador brasileiro que atuou no final do século XIX e começo do XX, desenvolveu um de seus trabalhos ao modo de uma etnografia boasiana. Leitor dos intelectuais alemães e influenciado pela produção da antropologia alemã através dos trabalhos de Karl von den Steinen sobre os Bakairi do Xingu, passou, então, a se interessar pelos problemas da antropologia, especificamente por essa possibilidade de narrar um mundo através da língua nativa, de uma relação profunda com informantes, e de poder revelar uma cultura. Capistrano pede a um amigo que traga dois índios Kaxinawá do Acre, para residir em sua casa no Rio de Janeiro com o objetivo de fazer um livro com esses índios. Publica, em 1912, *Rã-txa hu-ní-ku-í*, que consiste em 5.650 frases proferidas por seus informantes, transcritas e traduzidas morfemicamente. Capistrano aprendeu a língua kaxinawá com os dois informantes, em um processo semelhante ao de Boas, conferindo uma coautoria ao livro a Tuxinin, seu principal informante. Esse parecia ser um tipo muito específico de produzir conhecimento na antropologia, com base em uma concepção radical de fidelidade ao pensamento nativo: através da língua se penetrava na cultura.

Essa relação de aprendizado desenvolvida por Capistrano de Abreu com seus informantes o fez partilhar com Boas um gosto por um tipo de etnografia pré-malinowskiana que aposta nas frases, na tradução morfêmica. Um gosto por uma inversão de posições, de sábio a quem quer saber, de professor a aluno.

Bronislaw Malinowski era cidadão austro-húngaro, polonês, e quando realiza sua primeira expedição de campo às ilhas Trobriand, em 1914, na Melanésia, eclode o conflito mundial. Por circunstâncias do destino, Malinowski acaba, forçosamente, passando longos períodos entre os nativos, uma vez que estava obrigado a permanecer no arquipélago até o fim da guerra. Realiza, assim, um prolongado trabalho de campo que mudaria os rumos da antropologia moderna. Malinowski vai ser o primeiro a refletir sobre o significado do trabalho de campo, o que o leva a elaborar um método que permita a produção do conhecimento na antropologia.

O resultado dessa relação é uma nova maneira de fazer antropologia. O antropólogo, nesse sentido, é aquele que se coloca à prova e à dúvida permanente, resultado do contato com esses "outros" e com tudo que eles representam: outra língua, outra cultura. Essa mudança de perspectiva, que se pode marcar com o advento dessa experiência e da obra de Malinowski, inaugura um novo momento para a disciplina e radicaliza um problema que ela já havia se colocado desde sua formação: a pedagogia da antropologia, seu modo de aprender, seu modo de conhecer.

Malinowski, quando escreve sobre sua experiência entre os nativos, repete uma expressão: "Imagine-se o leitor *sozinho*..." ou "imagine-se entrando pela primeira vez na aldeia, *sozinho*..." (MALINOWSKI, 1978, p. 19). Note-se a insistência no "sozinho". Por que "sozinho", se havia ali centenas de nativos? O "sozinho", nesse contexto, parece ser a fórmula de estabelecer uma distância entre os modos de pensar da antropologia e os dos nativos, de reviver a diferença entre o "eu" e os "outros", distintas formas de pensar que podem se encontrar a partir da tradução, do desejo deliberado do antropólogo em traçar conexões a partir da etnografia.

A experiência da solidão, por outro lado, nos remete ao sentimento de estar à deriva, estado em que as certezas sobre o mundo ficam mais fracas. É disso que nos fala Malinowski nesta sua confissão:

> Lembro-me bem das longas visitas que fiz às aldeias durante as primeiras semanas; do sentimento de desespero e desalento após inúmeras tentativas obstinadas para estabelecer contato real com os nativos e deles conseguir material para a minha pesquisa. Passei por fases de grande desânimo, quando então me entregava à leitura de um romance qualquer, exatamente como um homem que, numa crise de depressão e tédio tropical, se entrega à bebida (MALINOWSKI, 1978, p. 19).

Mas, paradoxalmente, estar à deriva é poder aprender outro mundo, é estar aberto para essa relação pedagógica fundante do conhecimento antropológico. Desse modo, a experiência do trabalho de campo encarna simultaneamente as duas qualidades do sacrifício na acepção maussiana: é um ato de abnegação e de doação, e por sua vez se relaciona com a dádiva, pois se o sacrificante se priva, ele dá ao mesmo tempo, podendo, assim, estabelecer um contrato entre as partes envolvidas. O trabalho de campo como metonimização dessa relação sacrificial entre antropólogo e nativo revela as qualidades dessa pedagogia, uma vez que o contrato estabelecido é baseado no aprender e ensinar.

Malinowski acentuava o caráter de aprendizado dessa prática apelando para um tipo de conhecimento derivado diretamente da observação, da participação do antropólogo na vida dos nativos, em suas atividades, de que resulta uma determinada concepção de mimese: pela imitação, o fazer do mesmo modo leva a uma compreensão e uma apreensão do que é feito. Essa observação proposta por Malinowski ganhou uma definição secundária com o conceito de "observação participante". Esse modo de aprendizado mimético está na base mesmo de toda a pedagogia. Mimese, o fazer o que o outro faz, seria uma via para apreender o ponto de vista do outro sobre seu próprio mundo. Malinowski elege esse caminho da mimese como fonte de conhecimento, como fonte de transcriação, em que o próprio antropólogo experimenta o aprendizado, é ensinado e a partir daí é capaz de narrar sua própria apreensão do mundo do outro, que se constrói como a tradução de sua experiência. Não se trata mais, portanto, de se enfatizar um informante e revelar com ele seu próprio conhecimento em sua própria língua sobre seu próprio mundo: ao contrário, o antropólogo exerce, agora, uma vocação de falar de sua própria experiência, de narrar seu próprio aprendizado e de que modo aprendeu os ensinamentos de seus interlocutores. Assim, o antropólogo cria uma espécie de dicionário de termos "intraduzíveis", isto é, os conceitos nativos são mantidos em sua própria língua, mas são "acercados" de possíveis significações, e ao serem descritos densamente constituem, eles mesmos, a própria etnografia. Vê-se, então, essa preocupação com os conceitos nativos, e não por acaso muitos desses conceitos passam a ser conceitos da própria antropologia: *xamã*, *mana*, *kula*, *hau*, *tabu*, *totem*, etc. Esses conceitos "intraduzíveis" passam a ser descritos na língua do antropólogo, em um exercício de aproximação entre o pensamento nativo e o do antropólogo, revelando os processos de reversões do ensinar e do aprender nessa complexa pedagogia que funda o conhecimento na antropologia.

Malinowski manifestava uma preocupação em assumir uma determinada posição narrativa quando buscava um modo de escrever sobre sua experiência, e essa sua busca deu origem a um gênero particular de escrever que se define como "etnografia". A etnografia moderna localizava o antropólogo como tradutor de mundos outros, como escritor, e é o próprio Malinowski que diz em seus diários que ele "seria o Joseph Conrad da antropologia". Essa possibilidade de escrever sobre o outro sem ser totalmente outro, o que contrasta com a etnografia de Boas, provoca uma mudança no modo como a antropologia produz conhecimento, ao inserir na narrativa etnográfica um personagem onipresente, que é o próprio antropólogo. Malinowski, sabedor de sua posição de narrador e de personagem e consciente de que a etnografia se apoiava em bases textuais, passa, então, a conclamar o leitor a participar no texto, a tomar o lugar do autor através da repetição incessante de uma fórmula narrativa que abunda em *Os argonautas do Pacífico Ocidental*: "Imagine-se o leitor rodeado...", "imagine-se o leitor...". A imaginação para Malinowski é um modo de conhecimento, um artifício para produzir a verossimilhança com o real e um modo de provocar no leitor essa possibilidade de aprender diretamente com os trobriandeses. A imaginação induz o leitor a tomar o lugar de Malinowski, a refazer esse encontro com os nativos, a reviver através da prosa a pedagogia da antropologia e poder aprender, como o fez Malinowski, os ensinamentos dos nativos, mas para isso é preciso, agora, "imaginar", construir cenários, se aproximar.

Vejamos uma formulação proposta por Jean Rouch (antropólogo francês que atuou desde a década de 1940 no cenário de pesquisas na África, contribuindo significativamente para constituir a relação entre etnografia e imagem):

> Tudo que eu posso dizer hoje é que no campo o simples observador se modifica a si mesmo. Aqueles que com ele interagem igualmente se modificam a si mesmos, a partir do momento em que confiam neste estranho habitual visitante. É este permanente [...] diálogo que me parece um dos ângulos interessantes do atual progresso etnográfico: conhecimento não é mais um segredo roubado para ser mais tarde consumido nos templos ocidentais de conhecimento. É o resultado de uma busca interminável onde etnógrafos e etnografados se encontram num caminho que alguns de nós já chamam de antropologia compartilhada (ROUCH, 2003b, p. 185).

Essa formulação põe em relevo de forma explícita o modo de a antropologia conhecer, que depende, sobretudo, de uma relação que acaba por transformar os termos nela envolvidos: o antropólogo e o nativo, o etnógrafo e o etnografado se modificam através dessa relação, pois compartilham, por meio desse encontro, um conhecimento. Nesse sentido, o conhecimento não é mais da ordem do segredo, dos sábios, que tem lugar nos templos ocidentais, mas é da ordem de uma relação, ele é essencialmente compartilhado. Essa seria a pedagogia radical proposta pela antropologia rouchiana, a de poder construir o conhecimento a partir do encontro de dois sujeitos, superando, assim, a clássica relação sujeito-objeto e revertendo, definitivamente, os lugares de quem ensina e de quem aprende.

Desse modo, para Rouch, a "diferença não é uma restrição, mas uma adição" (ROUCH, 2003a, p. 137). Frase que faz ecoar o significado do Outro para essa forma de fazer antropologia em que o Outro é simplesmente *outro*, não é objeto de estudo, é sujeito e, antes de tudo, um amigo em potencial. Se, para Rouch, a essência do fazer etnografia e do fazer cinema é a relação – como gênese, possibilidade e resultado de uma narração –, essa relação é entre sujeitos, e o conhecimento na antropologia e no cinema surgem como possibilidade da subjetividade. A partir dessa qualificação da diferença é que Rouch (1996, p. 45) profetiza quanto à popularização do filme etnográfico em formato de vídeo, uma vez que ele previa que chegaria o tempo sonhado por seus ancestrais Dziga Vertov e Robert Flaherty: uma câmera participante que passaria de forma quase automática para as mãos daqueles que estavam habitualmente na frente da câmera – "o antropólogo não terá mais o monopólio da observação, ele será ele mesmo observado, gravado, ele e sua cultura. E assim, o filme etnográfico nos ajudará a compartilhar a Antropologia" (PIAULT, 1996, p. 55). Essa percepção de Rouch de produzir uma antropologia no diálogo, essa abertura para o outro, de tomar a palavra do outro como palavra de aprendizado fez com que ele descobrisse a imagem, o cinema, como modo de conduzir seu trabalho de campo.

Esse novo método de pesquisa consiste em compartilhar com as pessoas que, de outro modo, não passariam de objetos da pesquisa. Diz Rouch: "Nós fazemos delas sujeitos!" (ROUCH *apud* DA-RIN, 2004, p. 158). Esse fazer do objeto sujeito é que abria caminho para o que veio a ser designado de antropologia compartilhada, inaugurada em seu filme intitulado *Bataille sur le grand fleuve* (1954), sobre a caça ao hipopótamo. Rouch projetou o filme realizado para os filmados, e, após algumas sessões, os caçadores criticaram a música de fundo posta pelo antropólogo. Os personagens do filme dizem a Rouch que a música prejudicaria a caçada, para se caçar um hipopótamo deve-se estar em profundo silêncio. Rouch levou a sério a crítica e retirou o som do filme.

Do mesmo modo, o conceito de câmara participativa, no sentido de que os filmados podem interferir no resultado final da filmagem, passou a compor uma ético-estética rouchiana. O conceito de antropologia compartilhada encerra mesmo uma ideia do que significa uma etnografia: a constituição de uma relação. Para Rouch, sua presença precipita e faz parte do contexto de pesquisa, sendo a própria pesquisa fruto dessa proposição, o que questiona, por sua vez, as noções de autenticidade e autoridade, acentuando a noção de coautoria, na acepção de um contraste de visões partilhadas, em que o conhecimento advém justamente dessa explicitação da relação entre pesquisador e pesquisado.

Rouch estava cônscio de que a antropologia oferecia justamente essa forma de mediação entre mundos conceituais, e, por seu próprio caráter de mediadora, de instituir uma relação, precipitava a reflexão sobre como aprender, como ensinar, como conhecer. Em suas palavras: "etnografia, a ciência dos sistemas de pensamento dos outros, é um permanente cruzar de um universo conceitual para outro; ginástica acrobática, em que perder o pé é o mínimo dos riscos" (ROUCH, 2003c, p. 185).

Para Rouch, a alteridade é uma forma de aceder a um conhecimento. Nesse sentido, enfatiza esse "se colocar no lugar do outro, assumindo sua visão", "ser outro do outro", realizando, assim, uma desestabilização do lugar do sujeito/objeto na construção da etnografia. Nesse sentido, seu filme mais conhecido – *Os mestres loucos* – acentua a potência da alteridade na produção do conhecimento. Através da possessão, um grupo de pessoas incorpora os ícones do colonialismo – o tenente, os soldados, a locomotiva –, elaborando, de forma sensível, via possessão, sendo "outro", uma reflexão sobre o colonialismo na África. A própria ideia de *feedback*, a qual Rouch alega ter aprendido com Flaherty (RUBY, 2000, p. 91 e 102), foi designada como antropologia compartilhada, e nada mais é que essa percepção de "fazer de conta" que se é outro, para mudar sua percepção e poder ver o mundo de outro ponto de vista. Desse modo, vemos o mesmo esforço maussiano de pôr em xeque nossos próprios conhecimentos e o modo como vemos o mundo quando se intenciona aprender outra cultura. Essa percepção sobre a alteridade se assemelha à formulação proposta por Marilyn Strathern (2006, p. 401) sobre a relação entre "eu" e "outro", que, ao depender da ação, sempre altera as percepções dessas relações: "A dualidade de direções para a qual as mentes das pessoas se voltam, para si próprias e para os outros, constitui um contexto axiomático para a ação [...] este precipita não uma dialética entre 'ego' e 'alter', mas um 'ego' que, ao agir com respeito a outrem, altera as relações no interior das quais está inserido". Nesse ponto, observa-se uma convergência entre o pensamento de Rouch e as discussões da antropologia contemporânea quando se empreende uma reflexão sobre o estatuto do conhecimento antropológico, como atesta a seguinte passagem extraída de um texto de Eduardo Viveiros de Castro (2002, p. 113-114): "Mas o conhecimento antropológico é imediatamente uma relação social, pois é o efeito das relações que constituem reciprocamente o sujeito que conhece e o sujeito que ele conhece, e a causa de uma transformação (toda relação é uma transformação) na constituição relacional de ambos".

Marc Piault nos lembra, ainda, que a antropologia compartilhada, tantas vezes reivindicada, não é um simples método de participação afetiva, ela dá conta do insuperável paradoxo da alteridade que a antropologia tem, justamente, por função assumir: como mostrar e entender a diferença sem torná-la irredutível nem a reduzi-la ao idêntico. A questão é, igualmente, de tornar acessível a um e a Outro aquilo que lhes é estranho, e mesmo de tornar acessível a Outro como a um aquilo que lhes é ainda incompreensível (PIAULT, 1995, p. 190).

Rouch sempre afirmou que a técnica cinematográfica empregada para construir uma etnografia teria a vantagem de estabelecer uma relação mais simétrica entre o etnógrafo ou o que ele produz e seu público, que, embora sendo, na maioria das vezes, iletrado, tem na dimensão da escuta e do olhar centros importantes da percepção cultural. A linguagem cinematográfica, para Rouch, engendrava um desafio para a antropologia, o de se situar entre a linguagem escrita e a linguagem imagética e auditiva (ROUCH, 2003c, p. 97).

Essa busca de uma relação simétrica entre antropólogos e nativos que impacte diretamente a produção do conhecimento nos lembra as formulações de Bruno Latour (1991), em seu livro *Jamais fomos modernos*, que parece ser uma retomada mais radical dessa possibilidade de tomar os conceitos do outro, dos nativos, a sério e produzir uma simetrização no processo de produção do conhecimento, de modo que os conceitos dos nativos possam efetivamente produzir um choque nos conceitos do antropólogo. Esse pôr os conceitos em relação de um modo simétrico precipita uma reflexão sobre os conceitos forjados pela filosofia ocidental, da qual a antropologia faz parte. Quando o nativo é filósofo, teórico, quando seu pensamento é tomado a sério, produz-se um fluxo que provoca alterações nos modelos da antropologia. Essa proposição retoma uma tradição da antropologia, que desde sempre esteve preocupada com a projeção dos conceitos ocidentais sobre os conceitos dos nativos, tradição que ecoa nas palavras proferidas por Edmund Leach ainda nos anos 1950: "Nós, antropólogos, também temos de reexaminar premissas básicas e compreender que padrões mentais da língua inglesa não são um modelo necessário para toda a sociedade humana [...] supomos que nossas palavras consanguinidade e afinidade, siblings, descendência, filiação têm algum valor universal..." (LEACH, 1974, p. 50). Essa parece ser a questão central da antropologia, que é de acolher em seu discurso as premissas que ela mesma critica. A eficácia dessa postura se sustenta no fato de que, todo o tempo, se privilegia uma "relação crítica com a linguagem", da qual nos fala justamente Jacques Derrida (1977, p. 107). Esse tipo de argumentação é fundamental, pois coloca os limites e os problemas de qualquer interpretação e de toda crítica.

Nesse sentido, para a pedagogia antropológica, a proposição de conceitos já guarda em si mesma a possibilidade de crítica. Desde Boas, os conceitos formulados pela antropologia estão em risco por seu próprio contágio e contato com os dos nativos. A história da antropologia pode ser contada a partir dessas superações de conceitos, uma vez que todo esforço de conceituar, compreender, convencionar contém os próprios germes de sua destruição, da confusão, dos curtos-circuitos, da não compreensão. É nesse sentido que se pode entender que as percepções nativas impactam os conceitos da antropologia.

À guisa de conclusão, podemos nos perguntar: como a antropologia, filha do colonialismo, pôde inverter completamente essa relação de conhecimento, as assimetrias estabelecidas em suas relações com os nativos? A resposta para tal superação possa, talvez, estar na base mesma do encontro entre os antropólogos e os nativos, espaço que põe em relação ideias, perceptos, conceitos e que parece ter um poder transformador capaz de inverter a lógica colonialista de ensinar, passando, portanto, a aprender. Esse esforço renovado da antropologia de inverter assimetrias, de correr riscos, de se transformar a cada momento reforça sua pedagogia, que é a de pressupor que em cada encontro entre sujeitos podem se abrir novos horizontes, transformando o nativo e o antropólogo em um processo incessante de aprendizado. É nesse sentido que a antropologia talvez possa ser pensada como uma pedagogia de mão dupla, e, agora, parece mais que natural ela estar associada à educação.

Referências

BERMAN, Judith. The Culture as It Appears to the Indian Himself: Boas, George Hunt and the Methods of Etnography. In: STOCKING JR., George W. (Org.). *Volksgeist as Method and Ethic: Essays on Boasian Ethnography and the German Anthropological Tradition*. Wisconsin: The University of Wisconsin Press, 1996. p. 215-256.

BOAS, Franz. Preface. In: MEAD, Margareth. *Coming of Age in Samoa*. New York: Willian Morrow and Company, 1968. p. xi-xv.

BUNZL, Mattias. Frans Boas and the Humboldtian Tradition: from Volksgeist and Nationalcharakter to an Anthropological Concept of Culture. In: STOCKING JR., George W. (Org.). *Volksgeist as Method and Ethic: Essays on Boasian Ethnography and the German Anthropological Tradition*. Wisconsin: The University of Wisconsin Press, 1996. p. 17-78.

CASTRO, Eduardo Viveiros de. O nativo relativo. *Mana*, v. 8, n. 1, p. 113-148, 2002.

DA-RIN, Silvio. *Espelho partido: tradição e transformação do documentário*. Rio de Janeiro: Azougue, 2004.

DERRIDA, Jacques. A estrutura, o signo e o jogo no discurso das ciências humanas. In: COELHO, Eduardo Prado (Org.). *Estruturalismo*. Lisboa: Edições 70, 1977. p. 229-249.

HUMBOLDT, Wilhelm von. *On Language: the Diversity of Human Language Structures and Its Influence on the Mental Development of Mankind*. Cambridge: Cambridge University Press, 1988.

JACOBS, Melville. Folklore. In: GOLDSCHMIDT, Walter (Org.). *The Anthropology of Franz Boas: Essays on the Centennial of His Birth*. San Francisco: Howard Chandler; The American Anthropological Association, 1959. (Memoir of the American Anthropological Association, 89).

LATOUR, Bruno. *Nous n'avons jamais été modernes*. Paris: Découverte, 1991.

LEACH, Edmund. *Repensando a antropologia*. São Paulo: Perspectiva, 1974.

LEVI-STRAUSS, Claude. Introdução à obra de Marcel Mauss. In: MAUSS, Marcel. *Sociologia e antropologia*. São Paulo: Cosac Naify, 2004. p. 11-46.

LEVI-STRAUSS, Claude. *Tristes trópicos*. Lisboa: Edições 70, 1981.

MALINOWSKI, Bronislaw. *Os argonautas do Pacífico Ocidental*. São Paulo: Abril, 1978. (Os Pensadores).

MAUSS, Marcel. *Sociologia e antropologia*. São Paulo: Cosac Naify, 2004.

PESSOA, Fernando. *Seleção poética*. Rio de Janeiro: Nova Fronteira, 1972.

PIAULT, Marc. Uma antropologia-diálogo: a propósito do filme de Jean Rouch *Eu, um negro*. *Cadernos de Antropologia e Imagem*, n. 4, p. 185-192, 1995.

PIAULT, Marc. Une pensée fertile. In: PREDAL, René. *Jean Rouch ou le cine-plaisir*. Calvados: Éditions Charles Corlet, 1996. p. 46-55. (CinémAction, 81).

PLATÃO. *Apologia de Sócrates*. Belo Horizonte: VirtualBooks, 2003.

ROHNER, Ronald P. (Org.). *The Ethnography of Franz Boas: Letters and Diaries of Franz Boas Written on the North West Coast from 1886 to 1931*. Chicago: Chicago University Press, 1969.

ROUCH, Jean. La caméra et les hommes. In: PREDAL, René. *Jean Rouch ou le cine-plaisir*. Calvados: Éditions Charles Corlet, 1996. p. 42-45. (CinémAction, 81).

ROUCH, Jean. A Life on the Edge of Film and Anthropology: Jean Rouch with Lucien Taylor. In: FELD, Steven (Ed.). *Cine-Ethnography: Jean Rouch*. Minneapolis: University of Minneapolis Press, 2003a. p. 129-148. (Visible Evidence, 13).

ROUCH, Jean. Jean Rouch with Enrico Fulchignoni. In: FELD, Steven (Ed.). *Cine-Ethnography: Jean Rouch*. Minneapolis: University of Minneapolis Press, 2003b. p. 147-187. (Visible Evidence, 13).

ROUCH, Jean. On the Vicissitudes of the Self: the Possessed Dancer, the Magician, the Sorcerer, the Filmmaker and the Ethnographer. In: FELD, Steven (Ed.). *Cine-Ethnography: Jean Rouch*. Minneapolis: University of Minneapolis Press. 2003c. p. 87-101. (Visible Evidence, 13).

RUBY, Jay. *Picturing Culture: Explorations of Film and Anthropology*. Chicago: Chicago University Press, 2000.

SEEGER, Anthony. "Uma criança no mundo". In: SEEGER, A. *Os índios e nós: estudos sobre sociedades tribais brasileiras*. Rio de Janeiro: Campus, 1980. p. 25- 42.

STRATHERN, Marilyn. *O gênero da dádiva: problemas com as mulheres e problemas com a sociedade na melanésia*. Campinas: Ed. da Unicamp, 2006.

Parte IV
O cotidiano como método

A caminho da escola: reflexões sobre o cotidiano como método

Gilmar Rocha

> *Aliás, muitas vezes, aquilo que um objecto é...*
> *é aquilo que os métodos de abordagem*
> *permitem ou determinam.*
>
> José Machado Pais

No meio do caminho

Tomo emprestado ao poeta itabirano um de seus versos mais conhecidos para iniciar essas reflexões sobre "o cotidiano como método", tema proposto para esta parte, já que um dos sentidos de método é o de caminho.

> No meio do caminho tinha uma pedra
> tinha uma pedra no meio do caminho
> tinha uma pedra
> no meio do caminho tinha uma pedra.
>
> Nunca me esquecerei desse acontecimento
> na vida de minhas retinas tão fatigadas.
> Nunca me esquecerei que no meio do caminho
> tinha uma pedra
> tinha uma pedra no meio do caminho
> no meio do caminho tinha uma pedra
> (ANDRADE, 1980, p. 18)

O poema aponta para uma dupla direção onde o passado e o presente se encontram, onde o obstáculo e a fundação se misturam, onde o extemporâneo e o cotidiano se descobrem poesia. E isso, talvez, sirva de lição ou inspiração para o campo da antropologia e da educação; afinal, é esse lugar de mediação que também parece ocupar a etnografia nesses diálogos.[1]

A categoria cotidiano contraria a pobreza de sentidos normalmente apresentada nos dicionários. Mais que o diário, o que acontece todos os dias, o que é habitual, o que ocorre frequentemente ou o que está presente na vivência do dia a dia; em acordo com a interpretação do símbolo em Paul Ricœur (1988), o cotidiano "dá o que pensar".

Segundo o antropólogo José Reginaldo Gonçalves, a antropologia tem contribuído significativamente no estudo das categorias de pensamento, sendo a história da disciplina "marcada pela descoberta e análise de categorias exóticas e aparentemente estranhas ao pensamento ocidental", tais como *tabu*, *mana*, *totemismo*, entre outras. Ainda na linha de reflexão do autor de Antropologia dos objetos, também nós "estamos focalizando uma categoria, não exótica, mas bastante familiar ao moderno pensamento ocidental" (GONÇALVES, 2007, p. 107). Contudo, embora familiar, cotidiano está longe de ser uma categoria sem complicações, pois, como nos lembra Gilberto Velho (1978, p.39), "o que sempre vemos e encontramos pode ser familiar, mas não é necessariamente conhecido". Essa hipótese parece confirmada quando levamos em conta a quantidade de estudos e a diversidade das abordagens sobre o tema.

O cotidiano, antes de ser um objeto definido, constitui um campo de estudos aberto a inúmeras possibilidades metodológicas de abordagem; que o diga João Carlos Tedesco em seu belo estudo sobre os *Paradigmas do cotidiano: introdução à constituição de um campo de análise social* (2003). Fazendo jus à proposição desta parte, penso o cotidiano como um caminho que nos conduz aos campos de estudo da epistemologia, da história, da antropologia, da escola e também, curiosamente, aos rituais de comensalidade, às formas de sociabilidade, aos processos de identificação, às táticas de sobrevivência, às cerimônias e aos festivais, às performances corporais, enfim, ao campo da produção cultural no âmbito da vida social. Mas não se trata de um caminho sem percalços, eles mesmos metodológicos, se se considera o fato de o estudo do cotidiano reclamar uma definição acerca do caminho a seguir. Assim, frente à amplitude de objetos, problemas e

---

[1] No meio do caminho nos leva a muitos lugares e interpretações nem sempre divergentes. Espécie de espaço zero de significação, "no meio do caminho" é onde tudo se reúne, ao mesmo tempo que também se separa, revelando assim a condição ambígua daquele ou daquilo que só pode ser aprendido por um ponto de vista cronotópico.

possibilidades que o estudo do cotidiano envolve, e não são poucos, talvez, o mais correto seja inverter a proposição e perguntar sobre o sentido do método no estudo do cotidiano. Em outras palavras, qual(ais) o(s) caminho(s) possível(eis) para estudar o cotidiano? Ao que tudo indica, dependendo do método utilizado se atinge determinado cotidiano e não outro.

Este texto, desenvolvido com base em uma comunicação realizada no dia 23 de setembro de 2011, durante o seminário internacional Diálogos Ibero-Americano sobre Etnografia na Educação, não tem a pretensão de apresentar uma explicação ontológica do que é o cotidiano, nem mesmo responder as inúmeras questões que o tema suscita; antes propõe uma pequena reflexão metodológica sobre o cotidiano a partir da perspectiva antropológica de Marcel Mauss com o objetivo de contribuir para o campo de estudos da educação. E o primeiro passo nessa direção consiste em definir o cotidiano, lembrando que uma definição, adverte o próprio Mauss, tem somente a função de circunscrever o campo da observação:

> [...] não se trata, bem entendido, de definir imediatamente a própria substância dos fatos. Tal definição só pode vir no termo de uma ciência, aquela que devemos enunciar no início só pode ser provisória. Está destinada apenas a encaminhar a pesquisa, a determinar o objeto do estudo, sem antecipar os resultados do estudo (MAUSS, 1981, p. 251).

Inicialmente, devemos estar atentos para o fato de que o cotidiano parece irredutível a toda e qualquer tentativa de definição absoluta. Afinal, é possível apreendermos o cotidiano em sua dimensão concreta e complexa ou dele só podemos obter uma ideia, uma representação parcial e fragmentada? Estranhar o cotidiano para que se possa "reinventá-lo", no sentido atribuído por Michel de Certeau (1994), eis o caminho a ser trilhado nestas reflexões.

Labirintos do cotidiano

Embora o estudo do cotidiano se faça presente já em algumas obras clássicas da história e da antropologia, somente a partir dos anos 1960 a constituição desse campo de estudos se tornou explícito.[2] Além da estreita

---

[2] José Machado Pais (1986), Norberto Luiz Guarinello (2004) e Peter Burke (2005) destacam os inúmeros conflitos, debates, controvérsias e problemas que cercam os campos da Sociologia e da História do Cotidiano. O cotidiano parece inerente à etnografia antropológica,

aproximação da história com a antropologia na forma da história cultural em tempos atuais, colocando em evidência o cotidiano, sua emergência no período pós-guerra se deve a um conjunto de fatores, dentre os quais se podem destacar: de um lado, a crise dos modelos explicativos do funcionalismo parsoniano, no campo da sociologia, e do estrutural-funcionalismo radcliffe-browniano, no campo da antropologia, embora o estruturalismo antropológico de Claude Lévi-Strauss encontrasse significativa projeção nesse período; e, do outro lado, as experiências provocadoras da Internacional Situacionista nos idos de 1950, assim como os desdobramentos da proposta fenomenológica de Alfred Schutz no campo da sociologia e o posterior desenvolvimento das abordagens dramatúrgica, de Erving Goffman, e etnometodológica, de Harold Garfinkel. Não se podem esquecer, ainda, as discussões sobre a cultura popular nos *sixties*, possibilitando uma compreensão mais "de dentro" e de "perto" dos processos de produção cultural do homem comum no âmbito da sociologia, da história e da antropologia. Soma-se a isso a emergência dos estudos sociológicos e antropológicos do corpo nesse período, dando "carne e osso" à vida cotidiana; ainda que Marcel Mauss já os tivesse prenunciado tempos atrás. Não demorou para que essas propostas atingissem o campo da educação nos idos de 1980. Esse quadro, parcial, certamente contribuiu para que o cotidiano entrasse definitivamente em cena no campo de estudos das ciências sociais e humanas desde então.[3]

Podemos reconhecer duas grandes tradições teórico-metodológicas no campo das ciências sociais no estudo do cotidiano, aqui identificadas sob as rubricas:

1) estruturalista: representada, principalmente, pelos estudos marxistas de Agnes Heller, Henri Lefebvre e outros; destaca

---

o que, talvez, justifique a inexistência de uma "antropologia do cotidiano" nos termos da Sociologia e da História.

[3] Ver Rocha; Tosta (2009). Vale lembrar ainda, de um lado, a proposta teórica de Yi-Fu Tuan em *Topofilia* (1980), ao trazer para o campo espacial a dimensão afetiva na maneira de se viver o presente nos mais variados gestos do cotidiano, por exemplo, através das conversas de café, dos rumores da vizinhança, dos encontros domingueiros na missa, das compras no mercado local, das partidas de futebol nos fins de semana, etc.; do outro lado, as formulações do professor Carlos Rodrigues Brandão sobre o Movimento de Educação de Base no contexto dos anos 1960 e a proposta de etnografia escolar do Departamento de Investigaciones Educativas do Centro de Investigación y de Estudios Avanzados (DIE-Cinvestav), do Instituto Politécnico Nacional (IPN, México), ponto de partida desses diálogos ibero-americanos; experiências apresentadas nesta publicação.

os mecanismos de dominação político-econômica e de estruturação da vida cotidiana frente às lutas dos homens na história com vistas ao processo de transformação possível (e/ou reprodução) da realidade social;

2) fenomenológica: parte da premissa de que as instituições sociais são resultado de processos de interação, portanto, a conduta social deve ser explicada a partir da interpretação que os agentes fazem da situação em que estão envolvidos. Para além da abordagem clássica de Schutz, também Goffman, Garfinkel, De Certeau e Michel Maffesoli se acham inscritos nesse paradigma.

Certamente, uma leitura mais profunda e qualificada dessas tradições revela outras distinções, oposições, diferenças e aproximações.[4] Mas, como o deus Jano, de dupla face, o cotidiano carrega uma temporalidade bifronte cuja implicação epistemológica nos conduz às reflexões de Lévi-Strauss em sua *Antropologia estrutural* (1967) sobre a relação entre a história e a etnologia e, na sequência, às experiências concretas de *O pensamento selvagem* (1989). Segundo o antropólogo francês, o paralelo história/etnologia não tem a intenção de aumentar a distância entre elas, mas sim de mostrar que a diferença entre ambas não é de objeto nem de objetivo e menos ainda de método, e sim de perspectivas: "a história organiza seus dados em relação às expressões conscientes, a etnologia em relação às condições inconscientes da vida social" (LÉVI-STRAUSS, 1967, p.34). Situando-o a meio caminho entre a história e a etnologia, o cotidiano ora expressa uma breve temporalidade na qual imperam as ações conscientes dos homens no curso da história, ora expressa um tempo de longa duração em que se localizam as ações inconscientes da vida social. No esforço de juntar essas tradições, alguns historiadores o situam nas fronteiras do episódico e do ordinário, do particular e do universal, convergindo assim para o plano das mentalidades (LE GOFF, 1988). Porém, mais que uma medida de tempo, é como dimensão consciente e/ou inconsciente da história que o cotidiano adquire, a meu ver, nesse caso, importância antropológica. Ainda nessa

---

[4] José Machado Pais (1986) identifica quatro grandes paradigmas na análise da vida cotidiana, a saber: formalista, marxista, interacionista e fenomenologia do cotidiano. As considerações do sociólogo sobre a abordagem de Simmel e/ou de Maffesoli em torno do papel das formas de sociabilidade, de um lado, e de Karl Popper no âmbito da fenomenologia do cotidiano, do outro, parecem convergir para a vertente fenomenológica.

linha de reflexão, não é demais observar que o mundo da vida cotidiana não é senão o mundo sensível das experiências concretas, ou seja, aquele que Lévi-Strauss descobriu sob a ordem do pensamento selvagem. Trata-se de um mundo muitas vezes visto como regido pelo imperativo funcional da necessidade, sob o qual um conjunto mais amplo e complexo de interesses, pensamentos e valores se revela nem sempre de maneira imediata e prática à razão dos utilitaristas. Lévi-Strauss nos lembra o quanto grande parte das atividades constitutivas do cotidiano, como preparar alimentação, cultivar plantas, etc., é resultado de experiências cognitivas, nem sempre nos dadas a ver de imediato, embora seus resultados possam sê-lo. Assim,

> Para transformar uma erva silvestre em planta cultivada, uma besta selvagem em animal doméstico, para fazer aparecer em uma ou em outra propriedades alimentares ou tecnológicas que, em sua origem, estavam completamente ausentes ou apenas podiam ser suspeitadas; para fazer de uma argila instável prestes a esfarelar-se, a se pulverizar ou a rachar uma cerâmica sólida e vedada (mas somente com a condição de ter determinado, dentre uma multidão de materiais orgânicos e inorgânicos, o mais adequado para servir de detergente, assim como o combustível conveniente, a temperatura e o tempo do cozimento, o grau de oxidação eficaz); para elaborar técnicas, muitas vezes longas e complexas, que permitem cultivar sem terra ou sem água; para transformar grãos ou raízes tóxicas em alimentos ou ainda utilizar essa toxicidade para a caça, a guerra ou o ritual, não duvidemos de que foi necessária uma atitude de espírito verdadeiramente científico, uma curiosidade assídua e sempre alerta, uma vontade de conhecer pelo prazer de conhecer, pois apenas uma pequena fração das observações e experiências (sobre as quais é preciso supor que tenham sido inspiradas antes e sobretudo pelo gosto do saber) podia fornecer resultados práticos e imediatamente utilizáveis (Lévi-Strauss, 1989, p. 29-30).

Alguns autores reconhecem a dificuldade em obter uma definição única ou uma visão panóptica sobre o assunto. Não sendo um objeto homogêneo no campo das ciências sociais e humanas, seu significado vai sendo produzido, descoberto e definido no curso da vida social, ora pelos homens comuns, ora pelos intelectuais e, em muitos casos, por ambos, simultaneamente. Nesses termos, a definição do cotidiano parece circunscrita a um modo de ver, pois a "realidade" revelada pelo olhar estruturalista é a mesma do olhar do fenomenólogo ou se constitui em uma realidade diferente? Há uma realidade única e cotidianos diferentes construídos a partir de olhares diferentes? Ou cada um desses olhares é, por definição, uma realidade única, portanto outra? Com efeito, devemos pensar e falar em cotidiano no singular ou no plural? O cotidiano está circunscrito ao mundo da vida pública ou da vida privada? Está localizado no mundo da casa ou no mundo da rua, ou nos domínios do "pedaço"?[5]

Como já disse, sem pretender realizar uma ontologia do cotidiano, o fato é que sua compreensão coloca inúmeros problemas de ordem epistemológica, à primeira vista insuperáveis.[6] Cotidiano é sinônimo de realidade? No cotidiano, realidade e imaginário se confundem? O cotidiano é o que definimos, normalmente, como a esfera do senso comum? A exemplo de Agnes Heller (2008), para quem o cotidiano é a vida vivida como heterogênea, hierarquizada, espontânea, imediatista, alienada, imitativa, ultrageneralizante, enfim, é a vida de todo homem; também Clifford Geertz nos lembra que se "a religião baseia seus argumentos na revelação, a ciência na metodologia, a ideologia na paixão moral; os argumentos do senso comum, porém, não se baseiam em coisa alguma, a não ser na vida como um todo. O mundo é sua autoridade" (GEERTZ, 1998, p. 114). Mundo considerado como o mundo *par excellence*, pensam os fenomenólogos. Nessa perspectiva, o cotidiano pode se revelar tão sofisticado e complexo quanto qualquer outro sistema cultural. Haja vista as observações do sociólogo Michel Maffesoli (1984), quando confere ao mundo das experiências sensíveis não só o motor dos grandes acontecimentos históricos, mas também o sentido estético que orienta a barroquização do mundo no curso da vida cotidiana com suas sociabilidades festivas, seu hedonismo confusional, suas orgias dionisíacas, suas desordens tribalistas, enfim, suas lógicas emotivas, no curso da vida pós-moderna.

No cotidiano coexistem temporalidades diferenciadas? Tempos míticos convivem com tempos históricos? O movimento ordinário da vida social, cotidiano, se contrapõe ao movimento extraordinário, ritual? Em outras palavras, o cotidiano corresponde ao lado estrutural, tradicional e

---

[5] Categoria analisada por Magnani (1984), constitui uma espécie de meio caminho entre os mundos da casa e da rua.

[6] Para uma análise do cotidiano, do ponto de vista epistemológico, porém, em alguns casos, beirando o ontológico, ver: Patto (1993), Martins (1998), Alves (2003), Oliveira & Sgarbi (2008).

repetitivo da vida social ou ao lado dinâmico, inventivo e histórico? Nas sociedades contemporâneas, a produção do cotidiano se inscreve no âmbito das operações artesanais auráticas ou no plano das atividades industriais massificadas? O historiador Norberto Guarinello também se pergunta:

> Que é cotidiano? Na origem latina, *quot dies* é, ao mesmo tempo, um dia e todos os dias. Engloba, assim, tanto o instantâneo como o duradouro, o incisivo e transformador e o repetitivo. Cotidiano tem, portanto, dois sentidos temporais complementares. É o que acontece em um dado dia, num tempo brevíssimo, uma efeméride, e o que acontece todos os dias, portanto num tempo potencialmente longo (GUARINELLO, 2004, p. 25).

O fato é que o cotidiano, a exemplo de outros objetos sociais, mostra-se muitas vezes incompreensível, invisível, impenetrável, inapreensível, indefinível e, como tal, um terreno escorregadio. "Se o objeto da vida quotidiana é o quotidiano, há que precisar, caracterizar, delimitar, se isso for possível, esse objeto em termos teóricos", observa José Machado Pais (1986, p. 11). Nesses termos, a construção conceitual do cotidiano representa um passo a mais na definição desse objeto social. O cotidiano se inscreve, simultaneamente, no tempo e no espaço; ou melhor, em um determinado tempo e um determinado espaço, já que nem todo tempo e nem todo espaço é cotidiano. Não sendo o significado de cotidiano o mesmo de sempre, sua definição exige uma abordagem heurística. O cotidiano de ontem certamente não é o mesmo de hoje; mesmo que se repitam os gestos, os trabalhos, as necessidades, a luta pela sobrevivência, etc., os significados podem ser outros. Frente à ideia de que outras temporalidades correspondem a outras historicidades, acrescente-se a experiência de outras cotidianidades.[7]

O cotidiano parece exigir de seus estudiosos um procedimento, curiosamente pouco enunciado nos seus estudos: a abordagem interdisciplinar. Afinal, o cotidiano guarda afinidades com o senso comum (magia, religião, mitos), com a cultura popular (as festas, o mercado, a praça), com o individual (memórias, infância), com a vida privada (higiene, casa, alimentação, vestuário), com a vida pública (trabalho, sociabilidades), com a produção e o consumo (arte, economia), etc. Se tudo é passível de ser inscrito sob a rubrica do cotidiano, o que não é cotidiano? No limite, o alerta feito ao

---

[7] "A questão a discutir é saber, portanto, se as definições se devem aceitar como procedimento fundamental para estabelecer significados", observa Machado Pais (1986, p. 9).

estudo do cotidiano encontra ressonância na crítica de Paul Veyne (1995), "se tudo é histórico, a História não existe". Um caminho, então, parece ser a escolha de um objeto capaz de conter em si a totalidade da vida social, não significando isso que ele seja portador de toda a vida social. Nesse sentido, talvez, se possa ver no corpo o fato social total que circula e vive em si o mundo da vida da cotidiana. O cotidiano se inscreve no corpo; ele é o outro do meu corpo.[8]

Se o estudo do cotidiano exige a interdisciplinaridade como estratégia epistemológica capaz de colocar em prática um modelo artesanal de ciência no qual impera o diálogo com outras perspectivas do conhecimento, sugere Howard Becker (1993), como se tecem os fios dessa artesania? A narrativa, penso aqui em Walter Benjamin (1994), parece conter os elementos necessários para fazer da vida cotidiana, com seus dramas sociais, suas aventuras e seus infortúnios, uma história digna de um "romance verdadeiro". Uma história capaz de nos tirar o chão, nos cortar o fôlego, nos roubar a calma, nos emocionar com o simples, tão simples e genial como muitas vezes Manuel Bandeira, Cecília Meireles, Forrest Gump, Marechal Guilherme, entre outros, poetas e heróis (reais e imaginários), foram capazes de eternizar nas letras, nas artes plásticas, no cinema, nas memórias, enfim, nos pequenos gestos do cotidiano o sentido da vida. Que o diga o compositor popular:

> Todo dia ela faz tudo sempre igual
> Me sacode às seis horas da manhã,
> Me sorri um sorriso pontual
> E me beija com a boca de hortelã.
>
> Todo dia ela diz que é pr'eu me cuidar
> E essas coisas que diz toda mulher.
> Diz que está me esperando pr'o jantar
> E me beija com a boca de café.
>
> Todo dia eu só penso em poder parar;
> Meio-dia eu só penso em dizer não,
> Depois penso na vida pra levar
> E me calo com a boca de feijão.
>
> Seis da tarde, como era de se esperar,
> Ela pega e me espera no portão
> Diz que está muito louca pra beijar
> E me beija com a boca de paixão.

---

[8] Sugestão extraída da antropologia de Mauss, como será visto à frente.

> Toda noite ela diz pr'eu não me afastar;
> Meia-noite ela jura eterno amor
> E me aperta pr'eu quase sufocar
> E me morde com a boca de pavor.
>
> Todo dia ela faz tudo sempre igual:
> Me sacode às seis horas da manhã,
> Me sorri um sorriso pontual
> E me beija com a boca de hortelã
> (HOLLANDA, 1989, p. 96)

Região onde o efêmero e o episódico adquirem os contornos de fenômeno estrutural, o cotidiano é, para Berger e Luckmann (1985), a realidade por excelência. Mas podemos apreender o cotidiano como um todo ou obtemos somente um ponto de vista sobre ele? Michel de Certeau observa que:

> O cotidiano é aquilo que nos é dado cada dia (ou que nos cabe em partilha), nos pressiona dia após dia, nos oprime, pois existe uma opressão do presente. Todo dia, pela manhã, aquilo que assumimos, ao despertar, é o peso da vida, a dificuldade de viver, ou de viver nesta ou noutra condição, com esta fadiga, com este desejo. O cotidiano é aquilo que nos prende intimamente, a partir do interior. É uma história a meio-caminho de nós mesmos, quase em retirada, às vezes não velada. Não se deve esquecer este "mundo memória", segundo a expressão de Péguy. É um mundo que amamos profundamente, memória olfativa, memória dos lugares da infância, memória do corpo, dos gestos da infância, dos prazeres. Talvez não seja inútil sublinhar a importância do domínio desta história "irracional", ou desta "não-história", como o diz ainda A. Durpont. O que interessa ao historiador do cotidiano é o Invisível... (CERTEAU, 1997, p. 31).[9]

Cotidiano não é um dado da natureza, é inventado culturalmente. Portanto, o que faz do cotidiano um tempo-espaço de significação é o fato de ele ser inventado todos os dias, pensa Michel de Certeau (1994). Nessa linha de reflexão, pode-se evocar ainda Roy Wagner (1981), na medida em que nos revela ser a "invenção" uma dessas obsessões de nossa cultura; e, dentre elas, encontramos o cotidiano. De resto, estamos falando de algo pensado,

---

[9] Nessa linha de reflexão, também vale lembrar, com Pierre Bourdieu (2004), em seu obituário de Goffman, o fato de que também ele trouxe para o plano dos estudos sociológicos o "infinitamente pequeno".

sentido, definido, classificado como aquele momento ou episódio de nossa vida que merece nossa atenção porque mesmo quando silencioso é portador de significados e sentidos. Trata-se daquela porção da vida aparentemente menor, banal e sem sentido, mas cujo significado é, exatamente, traduzir o lado mais rico e humano de nossas experiências e nossa existência.

A definição do cotidiano parece condicionada à ideia de algo separado do plano macro e/ou estrutural da realidade social. Nesses termos, só faz sentido falar em cotidiano quando se separa a realidade em níveis micro e macroestruturais, em eventos singulares e problemas universais, em planos ordinários e extraordinários, ou seja, em rotina e ritual. Com isso, não estamos atribuindo ao cotidiano, ao ordinário e rotineiro, um sentido tão exemplar quanto ao que se descobre nos momentos rituais, extraordinários e excepcionais da vida humana? Curiosamente, o estudo do cotidiano busca superar exatamente a fragmentação da realidade. E, nesse ponto, a antropologia parece levar alguma vantagem no estudo do cotidiano, mesmo quando se tem em mira a atitude teórica desenvolvida ao longo da história da disciplina frente à atitude narrativa, caracteristicamente marcada pelo fazer etnográfico, destaca Gonçalves (2007). Afinal, a etnografia funciona como forma de mediação entre a teoria e a narrativa, a ciência e a cultura popular, mas também entre a antropologia e a educação, pois nos ensina sobre ambas as culturas: a dos nativos e a dos antropólogos.[10]

No limite, o estudo do cotidiano parece evocar o anarquismo epistemológico de Paul Feyerabend (1989) em suas considerações "contra o método", afinal, o estudo do cotidiano exige o tempo todo o reconhecimento do método como um conjunto de práticas, estratégias e/ou táticas desenvolvidas pelo investigador no curso da investigação. O cotidiano não está dado previamente, metodologicamente, sua descoberta se faz de modo reflexivo ao longo do processo de investigação, a partir do meu presente aqui e agora. É o que faz do cotidiano, portanto, uma categoria heurística com implicações epistemológicas no curso de sua definição. Por isso mesmo, nesse momento, penso na contribuição de Marcel Mauss, à luz de sua "antropologia do concreto" como um caminho outro que nos leva ou nos traz ao mundo do cotidiano.[11]

---

[10] Sobre o papel da etnografia como forma de mediação entre a teoria e a empiria, a ciência e a sabedoria popular, ver Peirano (1995) e Rocha (2006; 2009), respectivamente.

[11] Ao lado de Mauss, nomes como Friedrich Nietzsche, Mikhail Bakhtin, Walter Benjamin e Victor Turner podem sugerir fecundas leituras do cotidiano a partir das ideias de tragédia, cronotopos, experiência ou dramas sociais, respectivamente. A partir desse momento,

Em direção ao concreto

A contribuição teórico-metodológica de Marcel Mauss (1872-1950) para o campo das ciências humanas e sociais é profunda e duradoura. A ele se pode aplicar o epíteto de "fundador de discursividade", elaborado pelo antropólogo Clifford Geertz para descrever aqueles estudiosos que construíram "teatros de linguagem a partir dos quais toda uma série de outros atuam" (ROCHA, 2011, p. 35), alguns encenando monólogos, outros derrubando a quarta parede. De fato, Marcel Mauss é, ao lado de Bronislaw Malinowski (1884-1942), na Inglaterra, e Franz Boas (1858-1942), nos Estados Unidos, um dos pilares da antropologia social moderna.

Mauss é considerado por muitos o pai da antropologia francesa moderna. Intelectual e militante socialista com uma obra original e, aparentemente, fragmentada e dispersa, Mauss idealizou museus, fundou escolas, escreveu alguns dos ensaios mais importantes para o campo das ciências sociais e humanas, além de ter contribuído direta e indiretamente para a formação de inúmeros antropólogos de renome internacional. Embora não tenha desenvolvido estudos específicos sobre a educação, como fez o tio Émile Durkheim, ainda assim sua obra é recheada de sugestões, ideias e problemas que permeiam o fenômeno da educação.

O ponto de partida para destacar a importância da antropologia do concreto de Mauss ao campo de estudos da educação e o desenvolvimento de uma análise que contemple a dimensão do cotidiano se encontra no *Manual de etnografia*, organizado pela ex-aluna Denise Paulme, em 1947. Nesse "manual", na verdade um importante inventário do imaginário antropológico da época, Mauss dispõe uma série de *instruções de etnografia descritiva* fundamentais ao ofício do etnólogo.[12] Muitos autores apontam com um misto de curiosidade e perplexidade o fato de alguém que nunca fez trabalho de campo no sentido estrito do termo ter escrito um *Manual de etnografia*. Segundo James Clifford, Mauss apresenta um "olhar acurado para o detalhe significativo", diz o historiador:

---

apresento algumas ideias, melhor dizendo, alguns flashes do pensamento de Mauss, extraídos de Rocha (2011).

[12] Em certo sentido, o *Manual de etnografia* de Mauss corresponde em importância às *Regras do método sociológico*, de Émile Durkheim, obra originalmente publicada em 1895, e, se se pode dizer ainda, às "regras do método antropológico" propostas por Bronislaw Malinowski em seu famoso *Argonautas do Pacífico Ocidental*, de 1922. Do ponto de vista pedagógico, uma análise comparada entre as propostas etnográficas de Mauss e de Malinowski (e, talvez, Boas) pode trazer contribuições muito significativas para o campo da educação.

> Mauss era um pesquisador. Ele treinou um seleto grupo. Na década de 1930, um grupo de devotos, alguns deles amantes do exótico em moda, outros, etnógrafos que se preparavam para ir para o campo (alguns dos primeiros em vias de se transformarem nos segundos), seguiria Mauss de sala em sala. As aulas de Mauss não eram demonstrações teóricas. Elas enfatizavam, na sua forma divagadora, o fato etnográfico concreto; Mauss tinha um olhar acurado para o detalhe significativo. Ainda que ele próprio nunca tenha feito trabalho de campo, Mauss era eficiente em levar seus alunos a fazerem pesquisa de primeira mão (ROCHA, 2011, p. 44).

Essa capacidade de observar os detalhes, o infinitamente pequeno, pode ser constatada em uma observação de Mauss referente às dificuldades vividas pelo etnógrafo quando tem pela frente o peso da tradição, o caráter consuetudinário da cultura:

> Cerimônias inteiras podem desenrolar-se sob os olhos de um estrangeiro e ele não os verá. O padre Dubois, no seu livro sobre o Betsileo, mostra como, desde que o indígena se aproxima da sua casa, tudo se torna religioso; nada no interior da habitação é puramente laico, cada coisa ocupa um lugar fixo, o pai senta-se sempre ao fundo à direita; toda a casa é orientada. Da mesma forma, na cabana tchouktchi, tudo é rigorosamente classificado. O observador deverá imaginar as pessoas que vivem todo o ano como vive um judeu polaco o dia do Grande Perdão: não há acto nenhum que seja religiosamente indiferente no interior da casa. A casa romana, com os seus *penetralia*, apresenta um aspecto bastante similar. As sociedades mais simples podem ser, ao mesmo tempo, as mais complicadas (ROCHA, 2022, p, 45).

Penetrar o mundo da cultura de outro povo ou grupo social não é tarefa fácil, requer sensibilidade, observação, diálogo, aprendizagem, enfim, um conjunto de ações que também afetam o observador. Vale lembrar com Lévi-Strauss, em sua *Introdução à obra de Marcel Mauss*, "numa ciência em que o observador é da mesma natureza que seu objeto, o observador é ele próprio uma parte de sua observação". Fugindo a todo subjetivismo estreito, de um lado, e ao objetivismo totalizante, do outro, Mauss confere ao "fato social total" a qualidade epistemológica de um recurso teórico-metodológico eficaz à compreensão da realidade social. Primeiro porque o concebe como um sistema no qual as dimensões econômica, política, moral, estética, religiosa se encontram presentes e condensadas; segundo, sem abrir mão do ponto de vista nativo e sem apresentar uma visão reducionista, empirista ou empobrecida da realidade, Mauss realiza o que Goldman (2006) chama de "teoria etnográfica" do concreto. Para Mauss, é no plano das ações simbólicas, dos objetos materiais, das categorias de entendimento, das expressões obrigatórias dos sentimentos, dos rituais religiosos, da morfologia sazonal dos grupos primitivos, enfim, na prece "do francês médio, do melanésio dessa ou daquela ilha", como dirá no *Ensaio sobre a dádiva*, que se encontra o mundo concreto, o mundo vivido, o mundo das categorias de pensamento e das emoções, portanto, o cotidiano a ser explicado pelo investigador. E nele habita o "homem total", ao mesmo tempo biológico, psíquico e sócio-histórico. Curiosamente, sua produção em torno de *As técnicas corporais*, de *Expressão obrigatória dos sentimentos* e de *Uma categoria do espírito humano: a noção de pessoa, a noção de "eu"*, de certa forma, parece sintetizar essa tridimensionalidade constitutiva do homem como corpo, sentimentos e racionalidade. Contudo, não se pode esquecer o fato, talvez mais importante, do homem como ser histórico. Não por acaso, Mauss irá confiar ao corpo um lugar central em suas análises da magia, do sacrifício, da prece, das expressões obrigatórias do sentimento, da dádiva, das técnicas corporais e até mesmo do processo de construção do "eu" no indivíduo moderno. Pode-se mesmo dizer que, talvez, o corpo, sim, é o fenômeno social total da antropologia de Mauss. Mas é como resultado de um amplo e complexo processo de formação educacional que o corpo (e as técnicas corporais) deve ser compreendido.

"O corpo, a consciência individual e a coletividade; é a própria vida, é o homem todo, é sua vontade, seu desejo de viver ele mesmo sua vida, que devem ser considerados do ponto de vista dessa trindade" (ROCHA, 2011, p. 80), observa Mauss. Na verdade, a compreensão do corpo, do "eu" e da sociedade expressa um programa antropológico no qual o concreto, o simbólico, o corpo nos levam ao *homo educandus*, ao seja, ao fato social total de que o homem é um ser que se faz ou se *per faz* por meio da educação.

Mauss defende uma concepção ampliada de educação relacionada às experiências concretas dos homens e ao processo de transmissão da cultura. Sem perder de vista o condicionamento da morfologia social, ele entende que é por meio dos ritos, das representações, dos sentimentos, das técnicas corporais, enfim, da dádiva que o homem ensina e aprende sua cultura. A tradição transmitida pelos mecanismos da educação constitui um elemento fundamental na estrutura e no funcionamento da vida social, ou seja, em sua coesão social. Embora a oralidade seja o caminho mais conhecido de transmissão da tradição, também a gestualidade se mostra uma das formas mais importantes de transmissão da tradição, uma vez que por meio dos ritos manuais, das práticas mágicas e religiosas, das atividades esportivas, das regras da etiqueta, das habilidades profissionais, das expressões artísticas, enfim, das técnicas corporais um conjunto de saberes, valores e significados é ensinado e imitado pelas pessoas ao longo da vida.

O ensaio sobre *As técnicas corporais* é, sem dúvida alguma, uma das mais importantes contribuições de Mauss para o campo da antropologia social e cultural, o que inclui a educação. Com efeito, Mauss nos oferece um programa de estudos sobre o corpo – segundo o entendimento de Lévi-Strauss, ainda está por ser feito o "inventário das técnicas corporais" – ao destacar a necessidade de se levar em conta as divisões das técnicas corporais entre os sexos e de suas variações em termos de idade, a classificação das técnicas corporais com relação a seu rendimento e performance e sua transmissão a outras gerações. Os cuidados com o corpo, a higiene, as técnicas de alimentação, as formas de descanso, as atividades relacionadas ao movimento, as artes do corpo, as preocupações com a saúde e a doença, enfim, nada foge ao olhar de Mauss. Por técnicas corporais, Mauss entende os "atos tradicionais eficazes" carregados de valores mágicos, artísticos e performáticos, fabricados ao longo da história e transmitidos por meio da educação, principalmente, às crianças e aos jovens. Daí, a categórica assertiva de Mauss, segundo a qual:

> Em todos esses elementos da arte de utilizar o corpo humano, os fatos da *educação* dominam. A noção de educação podia sobrepor-se à noção de imitação. Pois há crianças, em particular, que têm faculdades muito grandes de imitação, outras que as têm bem fracas, mas todas passam pela mesma educação, de sorte que podemos compreender a sequência dos encadeamentos. O que se passa é uma imitação prestigiosa. A criança, como o adulto, imita atos que obtiveram êxito e que ela viu serem bem sucedidos em pessoas em quem confia e que tem autoridade sobre ela. O ato impõe-se de fora, do alto, ainda que seja um ato exclusivamente biológico e concernente ao corpo. O indivíduo toma emprestada a série de movimentos de que ele se compõe do ato executado à sua frente ou com ele pelos outros (ROCHA, 2011, p. 96).

O corpo é a base de sustentação da noção de pessoa, da noção de "eu", já que tais categorias expressam um modo histórico de constituição do indivíduo moderno. É por meio da consciência do corpo que o indivíduo moderno começa a elaborar sua concepção de subjetividade. Atento aos valores de sua própria sociedade, Mauss acabou por desvelar a dimensão corporal que sustentava o imaginário psíquico do período entreguerras. É suficiente lembrar as formulações de Jean Piaget, Henri Wallon e Lev Vygotsky, no campo da psicanálise e da psicologia, naquele momento. Se a ideia de pessoa e de "eu" andava na cabeça dos homens, faltava lhes fornecer um corpo; de certa forma, foi o que fez Mauss.[13]

Nada é mais cotidiano que o corpo. Uma etnografia do corpo, com suas técnicas, seus gestos, suas representações, seus sentimentos, suas performances, funciona como um caminho fecundo e significativo para pensar o campo do cotidiano na fronteira da antropologia com a educação. É onde encontramos também os rituais, os dramas, as modas, os simbolismos, que formam a vida cotidiana. Ao ampliar o significado da educação, a abordagem de Mauss contribui também para que se amplie o campo de sua inscrição. Nesse sentido, a educação não fica restrita ao mundo formal da escola, já que se estende ao mundo da vida cotidiana.

A caminho da escola

Nas sociedades arcaicas, a vida social será marcada pelo ritmo dos ritos, pelas atividades artísticas, pelas experiências dos jogos, pelas ações de caça e de pesca, pelas expressões religiosas, todas funcionando como espaço pedagógico de transmissão da tradição. Até mesmo o meio ambiente irá contribuir nesse processo, lembra Mauss no *Ensaio sobre as variações sazoneiras das sociedades esquimó*, de 1905, pois uma dupla corporalidade se manifesta a partir das diferenças entre o inverno e o verão. Com efeito, "nas sociedades arcaicas, todos os tipos de ambientes estão encarregados de fabricar o mesmo homem, e conseguem fabricá-lo" (*apud* ROCHA, 2011, p. 100), observa Mauss. Assim, a educação de um homem, nos termos da "fabricação de um jovem", realiza-se de maneira mais ou menos espontânea, visto que também é obrigatória, já que é o resultado da "imitação prestigiosa" dos gestos. Portanto, diferente de nossas sociedades, nas quais conferimos à escola o ambiente de formação educacional, nas chamadas sociedades primitivas:

---

[13] Também alguns teóricos do teatro, como Antonin Artaud, Vsevolod Meyerhold e Constantin Stanislavski, recolocam o corpo no centro do palco e dos picadeiros; ver Santos (2006).

De fato, ensinamento, instrução, educação, sugestão, autoridade forçando ou reservando a aquisição de tal conhecimento, de tal "maneira", de tal ou tal maneira de fazer, tudo isso funciona simultaneamente, em sincronia com a imitação espontânea dos gestos com eficácia psíquica, e também com o jogo que consiste em brincar com ocupações sérias e artísticas. [...] *ao passo que, em nossas sociedades, funcionários especiais tentam formar o homem e também a mulher, num único meio totalmente especial: a escola; ao passo que desta escola saem indivíduos tão idênticos quanto possível, personalidades humanas do mesmo gênero – o que produz de fato o individualismo mais tenso; nas sociedades arcaicas, todos os tipos de ambiente estão encarregados de fabricar o mesmo homem, e conseguem fabricá-lo.* Nossas sociedades procuram diversificar as pessoas partindo de um esforço para uniformizá-las. É quase o inverso daquilo que conseguem as educações de que nos ocupamos agora (ROCHA, 2011, p. 102, grifo meu).

Mauss chega mesmo a identificar um sistema educacional por meio do qual são transmitidas as tradições de uma determinada sociedade e cultura e que se baseia no ensino das técnicas do corpo, das técnicas manuais, das tradições tecno-científicas, na educação estética, econômica, jurídica e religiosa. Mas, sem dúvida alguma, não perde de vista a importância dos sentimentos, dos rituais, dos mitos, na transmissão da cultura. Para Maus, o homem é "um animal que educa e adestra suas crianças" (*apud* ROCHA, 2011, p. 102); isso não exclui a aprendizagem das crianças através da experiência com outras crianças, como reconheceu em conferência de 1937. Diz ele:

> Essa relação entre as gerações de crianças relativamente mais velhas com as relativamente mais novas é uma questão fundamental, mas igualmente fundamental é também saber como se agrupam as idades. Assim como não é menos essencial saber como se diferenciam os sexos. O meio infantil é sempre, sobretudo quando é livre, e não o fruto de uma educação, mas sim de uma educação das crianças pelas próprias crianças, uma forma de compreender esses fenômenos muito vastos das gerações (*apud* ROCHA, 2011, p. 104).

No Brasil, pode-se evocar o nome de Florestan Fernandes, em seus estudos sobre o folclore infantil nos idos de 1940, como alguém que percebeu desde muito cedo a importância da cultura das crianças, na qual são elas os principais protagonistas e produtores de significados. Mais recentemente, as contribuições da etnologia revelam as dimensões cosmológicas da aprendizagem e da socialização das crianças nas sociedades indígenas brasileiras.

Pode-se pensar, então, na educação como fenômeno social total. Significa isso que devemos estar atentos, primeiro, para o fato de que o observador é da mesma natureza que seu objeto; segundo, a educação se faz no cotidiano e tem implicações políticas, econômicas, morais, estéticas, etc.; terceiro, está inextricavelmente ligada ao sistema da dádiva, afinal, as ações de dar, receber e retribuir se fazem mais presentes do que nunca na educação e nos sistemas de ensino. A educação como dádiva consiste no processo não só de promoção da interação social e da socialização, mas também de constituição do sentido de história, de vinculação no tempo e no espaço, de mediação entre gerações. Do ponto de vista fenomenológico, o corpo adquire total centralidade a educação cotidiana. A fabricação de um jovem implica a formação da noção de "eu" e do sentimento de pessoa; requer aprendizado das expressões obrigatórias dos sentimentos; exige a fabricação do corpo e das técnicas corporais. Nesse processo, todo um conjunto de elementos, como indumentária, cuidados pessoais com a alimentação e a higiene, práticas de esporte, inscrições corporais como tatuagens, *piercings*, pinturas, etc., são fundamentais para a imagem que se faz de si, no processo de construção da identidade social. É frente a esse quadro de possibilidades que a escola se apresenta não como objeto único ou privilegiado da educação, mas como um espaço a meio caminho da antropologia e da educação, da casa e da rua, do repetitivo e do criativo, enfim, no qual o corpo como técnica, como sentimento, como razão, como pessoa nos conduz ao cotidiano inscrito das roupas, da alimentação, das brincadeiras, dos trabalhos escolares, dos conflitos grupais, do consumo dos objetos, etc. Portanto, frente à impossibilidade de descrever tudo, o corpo se apresenta como um caminho possível, um fato privilegiado que nos guia pelos labirintos do cotidiano.

Por essas razões, mais que um manual de instruções em antropologia da educação, Mauss nos oferece uma oportunidade de refletir o sobre o significado da educação na formação do homem, no sentido amplo do termo, e na cultura da escola, em particular, ambas convergindo para o plano concreto da vida cotidiana. Considerando a observação de Martins segundo a qual "etimologicamente, poderíamos afirmar que educação, do verbo educar, significa 'trazer à luz a ideia' ou filosoficamente fazer a criança passar da potência ao ato, da virtualidade à realidade", a educação parece adquirir no pensamento de Mauss o status de categoria do entendimento, colocando em destaque, assim, não só a importância da formação do homem (da criança ao adulto) no cotidiano, mas do reconhecimento da própria antropologia como uma forma de educação, ou seja, do que podemos aprender quando incorporamos a nossas experiências de vida um olhar antropológico.[14]

O caminho está aberto, é preciso então coragem para querer aprender, afinal, "aprender é sempre mais difícil do que ensinar, pois é preciso disposição para reavaliar conceitos, modelos e teorias. É preciso se consentir e querer se 'reeducar'" (ROCHA; TOSTA, 2009, p. 18). Em suma, é preciso se aventurar em outros caminhos, ocupar outros espaços de entre-lugar, assumir outra corporeidade, permitir-se usar outros métodos, descobrir outros sentidos, inventar novos cotidianos.

Referências

ALVES, Nilda. Cultura e cotidiano escolar. *Revista Brasileira de Educação*, n. 23, p. 62-74, 2003.

ANDRADE, Carlos Drummond. *Literatura comentada: seleção de textos, notas, estudo biográfico, histórico, crítico e exercícios*. Organização de Rita de Cássia Barbosa. São Paulo: Abril Educação, 1980.

BECKER, Howard. *Métodos de pesquisa em ciências sociais*. São Paulo: Hucitec, 1993.

BENJAMIN, Walter. O narrador: considerações sobre a obra de Nikolai Leskov. In: *Magia e técnica, arte e política: ensaios sobre literatura e história da cultura*. Organização de Jeanne Marie Gagnebin. São Paulo: Brasiliense, 1994. p. 197-221. (Obras Escolhidas, 1).

BERGER, Peter; LUCKMANN, Thomas. *A construção social da realidade*. 6. ed. Petrópolis: Vozes, 1985.

BOURDIEU, Pierre. Goffman, o descobridor do infinitamente pequeno. In: GASTALDO, Edson (Org.). *Erving Goffman, o desbravador do cotidiano*. Porto Alegre: Tomo Editorial, 2004. p. 11-12.

BRANDÃO, Carlos Rodrigues. *A educação como cultura*. Campinas: Mercado de Letras, 2002.

---

[14] Destaque deve ser dado ainda a Margaret Mead, ao conferir à educação lugar privilegiado na compreensão da cultura e da personalidade; ver Rocha (2012).

BUENO, Belmira Oliveira. Entre a antropologia e a história: uma perspectiva para a etnografia educacional. *Perspectiva*, Florianópolis, v. 25, n. 2, p. 471-501, 2007.

BURKE, Peter. *O que é história cultural?*. Rio de Janeiro: Jorge Zahar, 2005.

CERTEAU, Michel de. *A invenção do cotidiano: artes do fazer.* Petrópolis: Vozes, 1997.

OLIVEIRA, Inês Barbosa & SGARBI, Paulo. *Estudos do cotidiano e educação.* Belo Horizonte: Autêntica, 2008.

FEYERABEND, Paul. *Contra o método: esboço de uma teoria anárquica da teoria do conhecimento*. 3. ed. Rio de Janeiro: Francisco Alves, 1989.

GEERTZ, Clifford. O senso comum como um sistema cultural. In: *O saber local: novos ensaios em antropologia interpretativa*. Petrópolis: Vozes, 1998. p. 111-141.

GOLDMAN, Marcio. *Como funciona a democracia: uma teoria etnográfica da política*. Rio de Janeiro: 7 Letras, 2006.

GONÇALVES, José Reginaldo. *Antropologia dos objetos: coleções, museus e patrimônios*. Rio de Janeiro: Garamond, 2007.

GUARINELLO, Norberto Luiz. História científica, história contemporânea, história cotidiana. *Revista Brasileira de História*, São Paulo, v. 24, n. 48, p. 13-38, 2004.

HELLER, Agnes. *O cotidiano e a história*. 8. ed. Rio de Janeiro: Paz e Terra, 2008.

HOLLANDA, Chico Buarque. *Letra e música*. São Paulo: Companhia das Letras, 1989.

LE GOFF, Jacques. As mentalidades: uma história ambígua. In: LE GOFF, Jacques; NORA, Pierre (Org.). *História: novos objetos*. 3. ed. Rio de Janeiro: Francisco Alves, 1988. p. 68-83.

MAFFESOLI, Michel. *A conquista do presente*. Rio de Janeiro: Rocco, 1984.

LEVI-STRAUSS, Claude. *Antropologia estrutural*. Rio de Janeiro: Tempo Brasileiro, 1967.

LEVI-STRAUSS, Claude. *O pensamento selvagem*. Campinas: Papirus, 1989.

MAGNANI, José G. *Festa no pedaço: cultura popular e lazer na cidade*. São Paulo: Brasiliense, 1984.

MARTINS, José de Souza. O senso comum e a vida cotidiana. *Tempo Social: Revista de Sociologia da USP*, São Paulo, v. 10, n. 1, p. 1-8, 1998.

OLIVEIRA, Inês Barbosa & SGARBI, Paulo. *Estudos do cotidiano e educação.* Belo Horizonte: Autêntica, 2008.

PAIS, José Machado. Paradigmas sociológicos na análise da vida cotidiana. *Análise Social*, v. 22, n. 90, p. 7-57, 1986.

PATTO, Maria Helena. O conceito de cotidianidade em Agnes Heller e a pesquisa em educação. *Perspectivas*, São Paulo, n. 16, p. 119-141, 1993.

PEIRANO, Mariza. *A favor da etnografia*. Rio de Janeiro: Relume-Dumará, 1995.

RICOEUR, Paul. *O conflito das interpretações*. Lisboa: Rés, 1988.

ROCHA, Gilmar. A etnografia como categoria de pensamento na antropologia moderna. *Cadernos de Campo*, São Paulo, v. 14-15, p. 99-114, 2006.

ROCHA, Gilmar. Aprendendo com o outro: Margaret Mead e o papel da educação na organização da cultura. In: DAUSTER, Tania; TOSTA, Sandra Pereira; ROCHA, Gilmar. *Etnografia & educação: culturas escolares, formação e sociabilidades infantis e juvenis*. Rio de Janeiro: Lamparina, 2012. p. 41-68.

ROCHA, Gilmar. Cultura popular: do folclore ao patrimônio. *Mediações*, Londrina, v. 14, n. 1, p. 218-236, 2009.

ROCHA, Gilmar. *Mauss & a educação*. Belo Horizonte: Autêntica, 2011.

ROCHA, Gilmar; TOSTA, Sandra Pereira. *Antropologia & educação*. Belo Horizonte: Autêntica, 2009.

SANTOS, Maria Clara Lemos. *Transferência de aprendizagem: um percurso entre as técnicas áreas circenses e a formação do ator*. 2006. Dissertação (Mestrado em Artes) – Escola de Belas Artes, Universidade Federal de Minas Gerais, Belo Horizonte, 2006.

TEDESCO, João Carlos. *Paradigmas do cotidiano: introdução à constituição de um campo de análise social*. 2. ed. Santa Cruz do Sul: EDUNISC; Passo Fundo: UFP, 2003.

TUAN, Yi-Fu. *Topofilia: um estudo da percepção, atitudes e valores do meio ambiente*. São Paulo: Difel, 1980.

VELHO, Gilberto. Observando o familiar. In: NUNES, Edson (Org.). *Aventura sociológica: objetividade, paixão, improviso e método na pesquisa social*. Rio de Janeiro: Zahar, 1978. p. 36-46.

VEYNE, Paul. *Como se escreve a história*. 3. ed. Brasília: Ed. da UnB, 1995.

WAGNER, Roy. *The Invention of Culture*. 2. ed. Chicago: The University of Chicago Press, 1981.

Cotidiano e cotidiano escolar: chaves para pesquisas sobre jovens e escola

Carla Linhares Maia

Notas introdutórias

Este texto foi produzido para apresentação no *workshop* Diálogos Ibero-Americanos sobre Etnografia na Educação, realizado na PUC Minas. Esse *workshop* teve como objetivo central apresentar resultados da pesquisa *Etnografia para a América Latina: um outro olhar sobre a escola no Brasil e na Argentina* e se constituiu como espaço/tempo fundamental de (re)conhecimento e trocas entre pesquisadores de diferentes países sobre distintas temáticas no campo da antropologia da educação.

Na mesa para a qual este texto foi escrito, buscou-se refletir sobre o cotidiano e o cotidiano escolar como caminho metodológico para pesquisas no campo da educação e áreas afins, a partir do diálogo com as categorias "cotidiano" e "cotidiano escolar", desenvolvidas pelo grupo de pesquisadores mexicano do Instituto Politécnico, associados ao Departamento de Investigaciones Educativas do Centro de Investigación y de Estúdios Avanzados (DIE- Cinvestav). Referimos mais especificamente à obra *Observação participante*, das pesquisadoras Elsie Rockwell e Justa Ezpeleta, com larga recepção na pesquisa em educação no Brasil a partir da década de 1980.

Para contribuir com esse diálogo, neste texto primeiramente buscou-se situar brevemente o vasto e complexo campo do cotidiano, localizando as pesquisas do DIE-Cinvestav na perspectiva histórico-crítica, sob forte influência dos estudos marxistas de Henri Lefebvre e Agnes Heller. Em seguida, refletimos sobre a perspectiva aberta pelo grupo de pesquisadoras citado para o campo da educação no Brasil, principalmente nos estudos na e/ou sobre a escola. Como conclusão, refletimos sobre de que modos e caminhos, a perspectiva do cotidiano escolar por elas aberta nos auxilia a pensar a escola, as culturas e os sujeitos de nossas pesquisas.

Cotidiano: método, perspectiva ou apenas um mirada?

No Brasil, a partir da década de 1980, os estudos do/no cotidiano vêm constituindo-se como um rico campo de pesquisa em diversas áreas de conhecimento, como a História, a Antropologia, a Sociologia e a Educação. Nesta última, vários pesquisadores vêm se dedicando, sob a inegável influência de estudos sociológicos e antropológicos, a desenvolver pesquisas através de mergulhos no cotidiano de variados contextos e cenários ligados à escola e/ou a contextos educativos. Essa trilha aberta de pesquisas sobre e no cotidiano, agregando novas referências teóricas de variadas origens e matizes, demonstra a relevância desse debate.

Para início de conversa, porém, é preciso reconhecer que falar de cotidiano não é falar de um tema consensual, visto que o cotidiano é território de debates e embates entre distintas correntes de pensamento. Diferentes autores em diferentes matrizes e perspectivas pensam e lidam com o cotidiano, cada um trazendo enfoques, problemas e questões distintas e abrindo fronteiras diversas. Alguns caminhos convergem, outros, porém, trazem grandes dissonâncias, exigindo-nos assim uma explicitação e nosso posicionamento sobre nossa concepção e nosso caminho percorrido. "Muito se fala em cotidiano, sobre práticas cotidianas, sobre relações cotidianas, sobre modernidade e cotidiano, sobre história e cotidiano, o cotidiano aqui, o cotidiano ali [...] Mas o que é o cotidiano? É um lugar, é uma dimensão, um estado de espírito?" (TEDESCO, 2003, p. 11).

Provocados por essa indagação, seguiremos um pouco no diálogo com João Carlos Tedesco (2003) no livro *Paradigmas do cotidiano*. Nesse livro, o autor mapeia e perpassa as principais contribuições e correntes que concorreram para a constituição do campo da sociologia do cotidiano. Esse exercício descortina a riqueza e a proficuidade dessa categoria, que, como Georges Balandier afirma, "tem o mérito em demonstrar a possibilidade de estabelecer ligações entre os grandes dispositivos sociais e os que regulam a vida cotidiana, bem como em resgatar o reaparecimento do sujeito em face das estruturas, dos sistemas e do instituído no vivido" (BALANDIER, 1983 *apud* TEDESCO 2003).

Tedesco (2003) percorre um longo caminho pela sociologia, pela antropologia, pela história e pela filosofia, trazendo autores e correntes teóricas que de alguma forma contribuíram para a constituição do campo do cotidiano. Ele localiza em Émile Durkheim, Marcel Mauss, Talcott Parsons, Maurice Halbwachs, entre outros, as primeiras contribuições no campo da sociologia do cotidiano. Mesmo que muitas vezes essas contribuições tenham sido elaboradas sem a intencionalidade dos autores ou até mesmo caminhando em sentido contrário, suas obras foram delimitando o que atualmente se constitui e o que se compreende como cotidiano.

Durkheim seria, no entendimento de Tedesco, "a fonte básica de inspiração do campo sociológico do cotidiano, mesmo que nunca tenha sido esta sua intenção" (TEDESCO, 2003, p. 33). Para o autor, "é do paradigma durkheiminiano, do seu institucionalismo que nascem os debates sobre o campo da sociologia da vida cotidiana" (TEDESCO, 2003, p. 33). Como primeira contribuição, aponta os estudos de Durkheim sobre a produção social das instâncias subjetivas e/ou simbólicas. Para ele, a dicotomia posta por Durkheim entre morfologia e psicologia e corpo e simbólico nos leva à dedução de "que as ações ordinárias (cotidianas) são produtos de ordens complexas de determinação, em que fatores de diferentes escalas (Estado, mercado, direito) estão presentes (TEDESCO, 2003, p. 34). Outro exemplo, quando na obra *As formas elementares da sociedade*, Durkheim separa "representação" de "ação" (crença/rito, sagrado/profano), estabelece assim os fundamentos da "teoria da ação" sob a influência da moral, da institucionalização em relação ao mundo vivido. Durkheim mostra que "os sentimentos, bem como os ideais e os ritos que os manifestam e exercem expressões do viver cotidiano, funcionam como atributos do sistema institucional, mas tomam pé na realidade concreta da vida cotidiana" (TEDESCO, 2003, p. 34).

Tedesco enfatiza ainda que outra grande contribuição de Durkheim foi demonstrar que os símbolos podem ser compreendidos como "fundamentos das interações sociais, ainda que sejam manifestos como produtos individuais cristalizados no tempo e que ganham concretude no agir cotidiano" (TEDESCO, 2003, p.35). E seria dessa relação entre os sistemas simbólicos e as disposições individuais que outro pensador importante para a constituição do campo da sociologia do cotidiano, Georg Simmel, desenvolverá seu pensamento sobre o cotidiano, com ênfase nas relações (sociabilidade e sociação) e interação.

A principal contribuição de Simmel estaria na compreensão da realidade social como constituída por processos de interação, sendo estes também compreendidos como processos de socialização. Esses processos de socialização abrem novas vias em direção a uma maior compreensão da sociedade e das relações sociais. Para Simmel, não seria possível analisar a realidade social tendo como base uma oposição indivíduos e sociedade, pois em sua compreensão, a sociedade não é uma realidade concreta, mas "uma representação na qual o indivíduo vive em uma rede de interação que o leva à consciência de socializar ou de estar socializando" (MONGARDINI *apud* TEDESCO, 2003, p. 37).

Nessa trilha aberta por Durkheim e Simmel, Norbert Elias seria o outro pensador constituidor do campo do cotidiano, ao transmutar a noção de socialização pela de civilização, esta última compreendida como uma "interpretação histórica da socialização". Considerando Tedesco, a análise histórico-cultural proposta por Elias traz fundamentos importantes para o cotidiano, principalmente "ao demonstrar que a construção dos costumes e das ações [sociais] reflete de maneira exata a estrutura do quadro, englobante do conjunto dos indivíduos que o habitam" (TEDESCO, 2003, p.38). Elias identifica a vida coletiva como sendo parte constitutiva da vida cotidiana, e com essa identificação ele insere a estrutura da vida cotidiana como "parte integrante da estrutura de tal ou qual camada social, na medida em que essa camada não seja vista de maneira isolada das estruturas de poder da sociedade global" (TEDESCO, 2003, p. 38). E, ao se opor a uma concepção de autonomia da esfera da vida cotidiana, ele afirma a indissociabilidade entre vida cotidiana, e as mudanças estruturais da sociedade, a divisão do trabalho e os processos que envolvem as orientações estatais. Elias afirma claramente que o cotidiano é um dado societal no qual a análise não pode estar desvinculada das estruturas societais globais de poder, sendo portanto "um locus por excelência da interface da natureza e da cultura (TEDESCO, 2003, p. 38). Nesse sentido, "a vida cotidiana dos homens continua a ser produzida a partir de dados culturais, como lugar da produção e da reprodução dos ritmos socioculturais e de sua articulação com os ritmos siderais" (LALIVE D'EPINAY, 1983 *apud* TEDESCO, 2003).

Tedesco afirma, ainda, que no pensamento de Elias a constituição de uma sociologia da vida cotidiana ocorre quando a ação social passa a ser compreendida como "entrelaçada" com os mecanismos sociais da socialização, e assim passa a ser pensada como parte constitutiva dos fenômenos socioculturais. Nesse sentido, destaca a importância da rotinização (produção e reprodução de rotinas e rituais) na condução ao estabelecimento de uma cotidianidade (TEDESCO, 2003, p. 39). Concluindo, para Elias, a vida cotidiana não pode ser entendida desvinculada das condições estruturais e institucionais de sua realização. Assim, o indivíduo é concebido como tendo sua vida regulada e uniformizada, constituindo-se como um produto das normas sociais (TEDESCO, 2003, p. 39).

Em seguida, Tedesco traz à cena Halbwachs, importante pensador para a constituição do campo do cotidiano. Para Tedesco, uma de suas contribuições está no fato de afirmar que por trás das formas materiais existem estados afetivos e psicologia coletiva. Halbwachs destaca que as condições da vida econômica também influenciam na "modelação das mentalidades e nos estilos de vida" (HALBWACHS, 1990 *apud* TEDESCO, 2003, p. 34). Neste sentido, Tedesco considera que Halbwachs fornece os primeiros fundamentos empíricos dos estilos de vida cotidiana abertos ao movimento social. Seguindo a tradição antropológica e sociológica, Halbwachs defende que os estilos de vida se fundamentam em um conjunto de técnicas e ordens morais objetivadoras de um equilíbrio estável.

Outra importante contribuição desse autor é a afirmação de que "História" e "história de vida" são indissociáveis e que existe uma ligação entre memória pessoal e memória coletiva. E, para ele, "o espaço-tempo do cotidiano é indissociável da estrutura de classes e de sua dinâmica, pois esse espaço é fortemente estruturado pelos seus custos e sua segregação" (TEDESCO, 2003, p. 34). Por esse viés, "a vocação da Sociologia não seria mais apenas deduzir o individual do coletivo, mas saber como, em meio à trama institucional da existência, surge e se impõe a individuação" (TEDESCO, 2003, p. 35). Halbwachs mostra que "sem o conhecimento das margens (do que lhe dá especificidade) e da capacidade de ação não há como interpretar a vida cotidiana" (*apud* TEDESCO, 2003, p. 34-35).

Em seguida, Tedesco situa outras duas contribuições para a constituição do campo da sociologia do cotidiano que fundamentam as diferentes concepções contemporâneas da categoria: a "fenomenológica", com Edmund Husserl e Alfred Schutz, e a "marxista", com Lefebvre e Heller.

Vamos caminhar um pouco mais com esse autor, na medida em que seu mapeamento do campo do cotidiano nos auxilia a compreender sua introdução e expansão no campo da educação no Brasil, principalmente os estudos desenvolvidos pelo DIE-Cinvestav e a constituição da categoria "cotidiano escolar", que, na compreensão deste texto, trouxe grande contributo à compreensão dos fenômenos educacionais e abriu uma trilha fecunda para quem se enveda pelos campos dos estudos de juventude e educação.

Na fenomenologia, Tedesco identifica em Husserl e Schutz os fundamentos para a compreensão do conceito de cotidiano, considerado como "mundo da vida", "substrato de *habitus*" e como indissociável da autoconstituição. Ou, dito de outro modo, o cotidiano é elaborado como indissociável da "produção de si", ou ainda "da pessoa" como participante da definição de sua situação social, que coproduz objetivamente. Nesse sentido, a análise da vida cotidiana é indissociável da figura sociológica do ator, e por essa centralidade do ator deve se abster de toda hipótese causal e genérica.

Para Tedesco, a grande contribuição da fenomenologia de Schutz para a constituição do campo da sociologia do cotidiano foi a sua compreensão de que "toda a ação humana repousa sobre um conjunto de informações que nos são, em seu sentido mais amplo, fornecidas pelos outros" e que "são socialmente determinadas e se revelam sempre incompletas para interpretar o mundo". Assim, homens e mulheres "encontram na sua vida cotidiana a todo momento um *stock* de conhecimento disponível que lhe serve de esquema de interpretação de suas experiências passadas e presentes e determina também antecipações das coisas futuras" (SCHUTZ *apud* TEDESCO, 2003, p. 40).

Outra contribuição da fenomenologia para a compreensão do cotidiano repousaria em dois aspectos: o primeiro em relação à compreensão da realidade social, que na perspectiva de Schutz seria "produto de interações, do somatório de objetos e fatos da vida cultural e social que o senso comum experiência nas (inter)ações" (SCHUTZ, 1987, p. 143 *apud* TEDESCO, 2003, p. 41). O segundo, em relação à concepção de saber, que no pensamento de Schutz seria compreendido como um "social-em-ato", isto é, "constituído por transferência de geração em geração, por experiências e ações que demonstram sua eficácia e sua validade em sua prática". Pois, para Schutz, "este saber cotidiano ou "saber comum", de acordo com Schutz expressa-se numa forma de existência social, em tipificações que são socializadas cotidianamente em diferentes formas: "como forma de experiência do saber cotidiano, como reciprocidade de perspectivas entre indivíduos, como intercambialidade de pontos de vistas, como congruência biográfica e situacional". E por fim," como explicação/compreensão das ações/situações nas quais os indivíduos se encontram, sem necessidade de teorização, mas de dar significações práticas como conhecimento do mundo real" (JUAN, 1996 *apud* TEDESCO, 2003, p. 41).

Tedesco enfatiza ainda que, para Schutz, esse saber comum estruturaria o mundo da vida e interagiria com o mundo social, "concebido enquanto campo de ação e de orientação organizado ao redor de nós mesmos, a partir de nossos projetos de vida". Esse mundo social, de acordo com Schutz (SCHUTZ *apud* TEDESCO, 2003, p. 42) teria ainda outras características: concebido como um mundo cheio de sentidos que se constitui como "parâmetro" para os atores em processos de interação. Um mundo interpretado como um campo possível de ações para o coletivo que o produziu e que possibilita a identificação do conhecimento produzido por este coletivo e "essencial na determinação das explicações e argumentos consensuais. Nesse sentido, o "mundo social" não estaria desprovido de estruturas internas, mas composto por estruturas internas próprias de significação e pertinência para os indivíduos que aí vivem, pensam e agem. Sendo assim, "este mundo" é "pré-selecionado e pré-interpretado por uma série de construções próprias ao senso comum, portanto sobre uma realidade cotidiana" (JUAN, 1996; TEDESCO, 2003, p. 42).

Na segunda parte do livro, Tedesco apresenta as principais correntes teóricas constituintes da sociologia do cotidiano: antropologia do cotidiano; interacionismo simbólico; etnometodologia; presentismo formista de Maffesoli e, por fim, a vertente do pensamento marxista. No limite deste texto, passaremos agora a vertente marxista, na perspectiva histórico-crítica, na medida em que percebemos suas marcas no grupo de pesquisa do DIE.

Isso posto, passaremos a dialogar com pensadores da vertente marxista nos estudos do cotidiano, como Lefebvre, Georg Lukács e Heller. Para Tedesco, em Lukács se encontram os fundamentos da perspectiva do cotidiano nessa vertente crítica marxista, constituídas a partir de alguns pressupostos ontológicos:

1) a insuprimibilidade da vida cotidiana; ou seja, a compreensão de que, "enquanto espaço-tempo de constituição, produção e reprodução do ser social, a vida cotidiana é ineliminável" (LUKÁCS, 1996);
2) o cotidiano e a história são níveis que se constituem;
3) outros: a heterogeneidade; a imediaticidade; a superficialidade extensiva; a singularidade e não a genericidade; a particularidade; a homogeneização e a dialética cotidiano/suspensão.

Outros pensadores influentes nesse campo do cotidiano são pontuados no mapeamento realizado, tais como: Adorno, Horkheimer, Arendt, Morin, Bourdieu e Freud. Centraremos, porém, apenas em Henri Lefebvre, que, concordando com o autor, sem dúvida alguma foi o pensador que mais influenciou a obra de Heller e, consequentemente, mais tarde influenciou as pesquisadoras do grupo do DIE. E será com este último que percorreremos um pouco mais nessa perspectiva histórico-crítica.

Inicialmente, importa destacar que a vida cotidiana, para Lefebvre, não é apenas sinônimo de alienação nem pode ser pensada apenas pela lógica institucionalizada, pois é sobretudo espaço/tempo "do vivido". A vida cotidiana, para ele, não deve ser vista apenas como resíduo produzido historicamente por instituições, mas precisa ser compreendida também como uma categoria digna de interesse e, principalmente, como lócus de resistência e não apenas de reprodução da vida. Em seus estudos, a vida cotidiana se converte em objeto privilegiado de análise, abarcando diversos e distintos elementos, tais como: os indivíduos, a rotina, a reprodução das relações sociais, o virtual e as representações, os fragmentos da vida cotidiana – o ócio, o trabalho, as organizações, a festa – a estruturação, a manipulação e o controle racional do uso do tempo, do espaço e do corpo. Resumindo, "o cotidiano como lugar de embate entre o concebido e o vivido" (TEDESCO, 2003, p. 144-145).

Para Lefebvre, o horizonte de análise da vida cotidiana abarca três dimensões principais: o trabalho, os lazeres e a família. Ele enfatiza a necessidade de analisar nessas dimensões as continuidades e descontinuidades, o que é cíclico e o que é linear, a reprodução das relações de produção, seu poder de normalização. Esse autor contribui muito ao campo do cotidiano ao inserir a dimensão espacial, espaço entendido como lócus onde se despregam forças sociais antagônicas, lutas em jogo, regulação dos conflitos – apropriações do espaço, representações do espaço, entre outros aspectos. A vida cotidiana se torna, assim, nessa concepção, de uma parte, lugar da mistificação da consciência, da privatização da existência, do fetichismo, da alienação, mas, de outra, é a pedra de toque do valor do político, da obra, das relações de produção e das estruturas econômicas (TEDESCO, 2003, p. 145).

Para fecharmos o diálogo com a perspectiva histórico-crítica, apresentamos brevemente as contribuições de Heller para os estudos do cotidiano e para a construção da perspectiva do DIE. Heller (2000) afirma que o cotidiano é "o mundo da vida comum", do espaço do "homem inteiro", onde este coloca "em funcionamento, todos os seus sentidos, todas as suas capacidades intelectuais, suas habilidades manipulativas, seus sentimentos, suas paixões, ideias e suas ideologias" (HELLER, 2000, p. 20). E afirma também que a vida cotidiana não está fora da história, mas, ao contrário, se situa no centro do devir histórico, constituindo-se como a verdadeira "essência da substância social". Para Heller, quem "assimila a cotidianidade de sua época assimila também, com isso, o passado da humanidade, embora tal assimilação possa não ser consciente, mas apenas, em si" (HELLER, 2000, p. 22).

Essa filósofa argumenta ainda que a vida cotidiana é, em grande medida, heterogênea, sobretudo no que se refere ao conteúdo e à significação de nossos tipos de atividade, e, por isso, na condução da vida cotidiana, cada pessoa se apropria a seu modo da realidade. Assim como Lefebvre, Heller define como partes "orgânicas" da vida cotidiana: a organização do trabalho e da vida privada, os lazeres e o descanso, a atividade social sistematizada, entre outras.

Em Heller, é possível entender o cotidiano como o lugar da reprodução da vida social, o lugar que garante a permanência e o funcionamento da ou das sociedades, comunidades, escolas ou grupos. O cotidiano é o lugar do repetitivo, do habitual, do mecânico e do espontâneo, que, por meio dessas características, mantém e reproduz as estruturas e as culturas. O cotidiano não é sinônimo de dia a dia, mas é o lugar ou a esfera da vida em que todo ser humano já nasce inserido e que, em certa medida, determina como e o que deve pensar, fazer, comportar-se, entre outras ações.

A leitura de Heller evidencia a existência de mecanismos externos postos no cotidiano de cada ser humano ou grupo social que, em certa medida, condicionam o comportamento e o pensamento das pessoas e assim garantem a reprodução da vida social. Mas, assim como posto por Lefebvre, Heller reconhece no cotidiano também a existência de formas de apropriação e resistência dos indivíduos frente a esses mecanismos. Nesse sentido, o cotidiano é mais que alienação e reprodução, comportando também a dimensão de transformação social.

Para além do mapeamento realizado por Tedesco, trazemos outro estudioso do campo do cotidiano, ainda nessa perspectiva histórica: Michel de Certeau (2003). A adoção entre os educadores da perspectiva dos estudos do cotidiano escolar, que tanto tem contribuído para a ampliação do entendimento que temos da escola, do seu funcionamento, das relações de poder em seu interior e dos atores (professores, alunos, pais, funcionários, etc.) que a constituem, certamente passa pelos estudos este autor.

Michel de Certeau (2003) no clássico *A invenção do cotidiano* nos ensina que cotidiano é o que "nos é dado cada dia (ou o que nos cabe em partilha)". O cotidiano é o que "nos pressiona dia após dia, nos oprime," pois [não podemos ignorar que] existe uma opressão do presente". Ou dito de outro modo: "Todo dia pela manhã, aquilo que assumimos, ao despertar, é o peso da vida, a dificuldade de viver, ou de viver nesta ou noutra condição, com esta fadiga, com este ou aquele desejo" (CERTEAU, 2003, p. 31).

Seus estudos objetivam alcançar o cotidiano através do mapeamento e do exame das práticas cotidianas. O autor deixa claro que ao enfatizar essas práticas, sua opção não implica um regresso aos indivíduos. Para ele, a análise das práticas,

> De um lado [...] mostra antes que a relação (sempre social) determina seus termos e não o inverso, e que cada individualidade é o lugar onde atua uma pluralidade incoerente (e muitas vezes contraditória) de suas determinações relacionais. De outro, e, sobretudo, a questão tratada se refere a modos de operação ou esquemas de ação e não diretamente ao sujeito que é o seu autor ou seu veículo. Aquilo que nos prende intimamente, a partir do interior (CERTEAU, 2003, p. 38).

Os estudos de Certeau abrem novas perspectivas para pensar, captar "maneiras de pensar as práticas cotidianas dos consumidores", em seu dizer do "tipo tático", "gesto típico dos fracos" que os atores elaboram, em seu viver cotidiano, na tentativa de "dar golpes no campo do outro", ou seja, no campo "estabelecido pelo forte" (CERTEAU, 2003, p. 104).

A forma de entender o cotidiano em Certeau não se opõe à proposta de Heller, mas, ao contrário, dela se origina, e ambas se complementam. Tanto em Heller quanto em Certeau é possível entender o cotidiano como o lugar da reprodução da vida social, o lugar que garante a permanência e o funcionamento da ou das sociedades, das comunidades, das escolas ou dos grupos. O cotidiano é o lugar do repetitivo, do habitual, do mecânico e do espontâneo, que, por meio dessas características, mantém e reproduz as estruturas e as culturas.

Por esses dois autores, entendo que o cotidiano não é sinônimo de dia a dia, mas é o lugar ou a esfera da vida de todo ser humano, que, como mostra Certeau, o antecede, preexiste. Ou, no dizer de Heller, é o lugar onde todo ser humano já nasce inserido e que, em certa medida, determina como e o que deve pensar, fazer, comportar-se, entre outras ações. Arriscaria dizer, ousando, provavelmente, que o cotidiano seria o lugar onde as "teias de sentidos e significados", de Clifford Geertz, são construídas e por onde os seres humanos se encontram suspensos.

Os estudos de Heller e de Certeau nos possibilitam colocar maior ênfase nos sujeitos pesquisados, tanto em seu comportamento quanto no que dizem sobre si mesmos grupos, escola, entre outros. A leitura de

Heller evidencia a existência de mecanismos externos postos no cotidiano de cada ser humano ou grupo social que, em certa medida, condicionam o comportamento e o pensamento das pessoas e assim garantem a reprodução da vida social. Seus estudos indicam, também, a existência, no cotidiano, de formas de apropriação e resistência dos indivíduos frente a esses mecanismos.

Certeau, com certeza, amplia a compreensão do cotidiano, descortinando diferentes formas, ou, como ele diz, "maneiras" como os atores lidam com esse cotidiano que lhes é imposto de fora, criam estratégias e táticas próprias e, assim, elaboram novos saberes, novos fazeres, novos modos de dizer e se apropriar do cotidiano, "criam o seu lugar próprio para si".

O grupo do DIE e a perspectiva histórico-crítica: caminhos abertos para os estudos do cotidiano escolar no campo da educação no Brasil

Para compreender a perspectiva posta para os estudos no campo da educação e suas interfaces no Brasil – a partir do diálogo com as pesquisadoras do grupo do DIE, por meio dos estudos do cotidiano e, mais especificamente pela proposição da categoria "cotidiano escolar" – situamos essa proposta no vasto e multifacetado campo dos estudos do cotidiano e, nessa multiplicidade de vias, no diálogo com a perspectiva histórico-crítica.

Como indica Ana Maria Caldeira (1995) em seu estudo sobre *Saber docente e prática cotidiana*, foi muito grande a influência do grupo de pesquisadores do DIE, especialmente Ezpeleta e Rockwell (1989), Ruth Mercado, Verônica Edwards, Maria Antônia Candela, para os estudos no campo da educação no Brasil a partir da década de 1980, em que a escola deixa de ser pensada apenas como "aparelho ideológico do estado" e volta a ser estudada e considerada de forma mais complexa e multifacetada. Com a perspectiva dos estudos do cotidiano e da categoria "cotidiano escolar", articulada à pesquisa etnográfica, foi possível à pesquisa educacional um caminho original e diferente daquelas hegemônicas no quadro das interpretações do fenômeno educacional até os anos 1980.

Seus estudos trouxeram um contributo fundamental para o campo da educação, na abertura e na construção de um novo e fecundo caminho teórico-metodológico. Pois, conforme visto nos estudos de Caldeira

(1995) e Tosta (2012), na pesquisa apresentada neste *workshop*, esse grupo de pesquisas do DIE-Cinvestav, do Instituto Politécnico Nacional (IPN – México), partindo do pressuposto antropológico e em diálogo com o campo da sociologia da vida cotidiana, tendo como principais interlocutores autores abertamente filiados à tradição marxista da história, buscou articular diversas contribuições teóricas dentro de uma perspectiva histórica, tomando como objeto de análise a cotidianidade escolar, sobretudo procurando conjugar a linha teórica – análise do cotidiano – e a etnografia como caminho metodológico.

Situando-se na perspectiva marxista dos estudos do cotidiano, as pesquisadoras do DIE realizaram uma releitura dos clássicos do marxismo, principalmente nas interpretações de Georg Lukács e de Antonio Gramsci, mas também incorporando teóricos contemporâneos, como Louis Althusser, Agnes Heller, Jürgen Habermas, Pierre Bourdieu, Edward Thompson, entre outros, desenvolvendo, desse modo, uma alternativa complementar (não excludente) às perspectivas estruturalistas e fenomenológicas (TOSTA *et al.*, 2011).

Cotidiano escolar: uma categoria fecunda para o campo da educação e da juventude

Para Ezpeleta e Rockwell, aproximar-se da escola com a ideia de "vida cotidiana" significa algo mais que "chegar" e "observar" o que ocorre diariamente em seus corredores, salas de aula, entre outros espaços. Trata-se, antes, de uma postura teórico-metodológica, uma "orientação, de uma certa busca e de uma certa interpretação daquilo que pode ser observado na Escola" (EZPELETA; ROCKWELL, 1989, p. 21).

Em capítulo do livro *Pesquisa participante*, de 1989, "Escola e classes dependentes", as autoras afirmam que o estudo da vida cotidiana da escola permite elaborar uma concepção diferente a respeito de professores e alunos, o que, segundo elas, não era possível nas abordagens tradicionais da escola. Afirmam ainda que nas abordagens tradicionais as definições dos papéis e dos perfis de cada ator, aluno ou professor, apareciam como categorias fundamentais e incontestáveis. Já as abordagens que analisavam a escola dentro da perspectiva das denominadas análises críticas em boa parte caracterizariam o professor como agente reprodutor da ideologia do Estado, classificando os alunos, antes de tudo, em função do extrato social de onde provinham.

Ezpeleta e Rockwell afirmam, também, que o estudo do cotidiano evidencia que é através das práticas permanentes e da apropriação por sujeitos individuais que se reúnem na escola, como professores e alunos, que surgem a diversificação, a alteração e a historicização da realidade escolar.

É importante destacar, nos estudos dessas autoras, desenvolvidos em um conjunto de 15 escolas rurais do México, ainda na década de 1980, que elas romperam com os referenciais que analisavam a escola a partir dos registros oficiais e do discurso estatal.

Ao estudarem o cotidiano das escolas, elas conseguiram alcançar uma visão mais concreta dos papéis desempenhados pelos alunos e pelos professores e demonstraram que esses papéis eram muitas vezes divergentes do que apontavam as análises tradicionais, que consideravam os professores como sendo sempre agentes reprodutores da ideologia do Estado, e os alunos como meros receptores do que os professores ensinavam.

As pesquisadoras observaram, ainda, que em muitos casos da realidade analisada existia uma grande distância e divergência entre o que era estabelecido pela legislação através das normas e o que efetivamente acontecia no interior da escola. Registraram, através da observação do cotidiano dessas escolas, que os alunos não se apresentam como meros espectadores e receptores dos conhecimentos, das normas e das regras instituídas, e os professores não podiam ser definidos de forma generalizante como agentes reprodutores da ideologia do Estado.

Dessa forma, seus estudos apontaram que os estudantes:

> [...] encaram a convivência dentro da Escola com estratégias apropriadas e convertem este espaço num lugar onde a aprendizagem se dá conjuntamente [...], se mostram invulneráveis diante de temas alheios e tornam-se distraídos diante de discursos incompreensíveis. Animam e participam quando estão diante de tarefas e explicações que adquirem coerência ou sentido na trajetória de seu processo de construção de conhecimento, muito autônomo e social (EZPELETA; ROCKWELL, 1989, p. 7).

As pesquisas lhes permitiram observar, também, que os alunos das escolas pesquisadas percebem a existência de uma fronteira entre os conhecimentos escolares e os não escolares, e, assim, "sabedores" da existência dessa fronteira, "burlam o pretenso monopólio da Escola como único acesso à cultura, [...] confrontam e integram continuamente o conhecimento adquirido fora da Escola com a visão formulada dentro dela" (EZPELETA; ROCKWELL, 1989, p. 71).

Deste modo, Ezpeleta e Rockwell demonstraram que os estudos do cotidiano escolar revelam a especificidade que existe em cada escola, pois cada Escola se realiza num mundo profundamente diverso e diferenciado, podendo, portanto, apresentar uma diversidade de contextos, de alunos e professores. Nesse sentido, enfatizam que cada realidade estudada é única e não pode ser transposta mecanicamente para outra instituição, nem se podem estabelecer generalizações.

Considerações finais

Neste artigo, tratamos do cotidiano e do cotidiano escolar, considerando-os como categorias-chave para o desenvolvimento de pesquisas sobre a escola ou nela desenvolvidas. As considerações tecidas resultam de itinerâncias pelos campos dos estudos sobre juventude e escola, desenvolvidas primeiramente no mestrado e mais recentemente no doutorado, entre os anos 2002 e 2010, ambos no campo da Educação.

Nos caminhos percorridos nas duas pesquisas, a vida cotidiana se converteu em uma ferramenta conceitual fundamental na busca por uma interpretação das relações e imbricações no interior das escolas pesquisadas e no diálogo e na compreensão dos sujeitos e das práticas observadas. Essas pesquisas evidenciaram a potencialidade das categorias "cotidiano" e "cotidiano escolar" para a compreensão de fenômenos antropológicos e do campo da educação e juventude, entre outros.

Por essa trilha, constatou-se que cotidiano das escolas não pode ser visto como espaço/tempo de alienação, tampouco pode ser reduzido a reprodução ou agência estatal. Na cotidianidade escolar, observa-se que professores, alunos, funcionários, familiares, entre outros atores presentes, não se apresentam como meros espectadores e receptores de saberes, normas e valores prontos, mas, ao contrário, apresentam certa autonomia em relação ao que é instituído oficialmente, criando formas e estratégias próprias para lidarem com esse instituído.

Evidenciou-se que a vida cotidiana da escola, apesar do componente de reprodução e alienação em que os diferentes indivíduos se encontram imersos e presos, contém, também, como indicam Heller e Certeau, espaço e condições para que esses indivíduos saiam da dimensão cotidiana e alcancem a dimensão não cotidiana, ou seja, transformem-se em sujeitos reflexivos e capazes de elaborar saberes e estratégias próprias.

A perspectiva aberta pelas investigadoras do DIE possibilita olhar para os fenômenos educativos escolares e extraescolares e compreender a vida cotidiana de uma escola e ou de um grupo juvenil, enxergando a possibilidade transformadora da vida cotidiana, em que os diferentes atores, adquirindo uma consciência "para si", conseguem sair da condição de alienação e reprodução e criar estratégias, novos saberes e valores, na busca por um lugar próprio para si.

Referências

ALVES, Nilda. Cultura e cotidiano escolar. *Revista Brasileira de Educação*, n. 23, p. 62-72, 2003.

BOGDAN, Robert; BIKLEN, Sari. *Investigação qualitativa em educação: uma introdução à teoria e aos métodos*. Porto: Porto, 1994.

BUENO, Belmira Oliveira. Entre a antropologia e a história: uma perspectiva para a etnografia educacional. *Perspectiva*, Florianópolis, v. 25, n. 2, p. 471-501, jul.-dez. 2007. Disponível em: <http://www.perspectiva.ufsc.br>. Acesso em: 11 set. 2012.

CALDEIRA, Anna Maria Salgueiro. A apropriação e construção do saber docente e a prática cotidiana. *Cadernos de Pesquisa*, São Paulo, n. 95, p. 5-12, 1995.

CALDEIRA, Anna Maria Salgueiro. *Saber docente y prática cotidiana: un estudio etnográfico*. Barcelona: Octaedro, 1998.

CERTEAU, Michel de. *A invenção do cotidiano: a arte de fazer*. São Paulo: Vozes, 1994. v. 1.

CERTEAU, Michel de; GIARD, Lucy; MAYOL, Pierre. *A invenção do cotidiano: morar e cozinhar*. 5. ed. São Paulo: Vozes, 2003. v. 2.

DUARTE, Newton. Educação escolar e o conceito de vida cotidiana. In: *Educação escolar e a escola de Vigotski*. Campinas: Autores Associados, 2001. p. 31-42. (Coleção Polêmicas do Nosso Tempo).

DAYRELL, Juarez. *A música entra em cena: o Rap e o Funk na socialização da Juventude em Belo Horizonte*. 2001. Tese (Doutorado em Educação) – Universidade de São Paulo, São Paulo, 2001.

DAYRELL, Juarez. O jovem como sujeito social. *Revista Brasileira de Educação*, n. 24, set.-dez. 2003.

DAVIS, Natalie Zemom. *Culturas do povo: sociedade e cultura no início da França Moderna*. Rio de Janeiro: Paz e Terra, 1990.

EZPELLETA, Justa; ROCKWELL, Elsie. *Pesquisa participante*. São Paulo: Cortez, 1989.

GARCIA, Regina Leite. *Método: pesquisa com o cotidiano*. Rio de Janeiro: DP&A, 2003.

HELLER, Agnes. *O cotidiano e a história*. São Paulo: Paz e Terra, 2000.

JÚLIA, Dominique; BOUTIER, Jean. *Passados recompostos: campos e canteiros da história*. Rio de Janeiro: Ed. da UFRJ; Ed. da FGV, 1998.

MAIA, Carla Linhares. *Entre gingas e berimbaus: culturas juvenis e escolas*. Belo Horizonte: Autêntica, 2008.

MAIA, Carla Linhares. *Entre gingas e berimbaus: estudo de caso sobre culturas juvenis, grupos e escola*. 2004. 386 f. Dissertação (Mestrado em Educação) – Instituto de Ciências Humanas, Pontifícia Universidade Católica de Minas Gerais, Belo Horizonte, 2004.

MAIA. Carla Linhares. *Cartografias juvenis: mudanças e permanências nos territórios e modos de ser jovem*. 2010. Tese (Doutorado em Educação) – Faculdade de Educação, Universidade Federal de Minas Gerais, Belo Horizonte, 2010.

PAIS, José Machado. *Vida cotidiana: enigmas e revelações*. São Paulo: Cortez, 2003.

PENIN, Sônia T. *Escola e cotidiano: a obra em construção*. São Paulo: Ed. da UNESP, 1990.

PERALVA, Angelina. O jovem como modelo cultural. *Revista Brasileira de Educação*, São Paulo, n. 5-6, 1997.

TEDESCO, João Carlos. *Paradigmas do cotidiano: introdução à constituição de um campo de análise social*. Santa Cruz do Sul: EDUNISC; Passo Fundo: UFF, 2003.

TOSTA, Sandra Pereira. Antropologia e educação: tecendo diálogos. *Cadernos de Educação*, Belo Horizonte, v. 1, n. 4, 1998.

TOSTA, Sandra Pereira. *A missa e o culto vistos do lado de fora do altar*. 1999. 373 f. Tese (Doutorado em Antropologia Social) – Faculdade de Filosofia, Letras e Ciências Humanas, Universidade de São Paulo, São Paulo, 1999.

TOSTA, Sandra Pereira. *Etnografia para a América Latina: um outro olhar sobre a escola no Brasil e na Argentina*. Belo Horizonte: PUC Minas, 2012. Relatório de Pesquisa. Belo Horizonte: PUC Minas; Fapemig, 2011.

Um (possível) campo de pesquisa: aprender a cultura

Ana Maria Gomes

A proposta de investigação que busco aqui apresentar nasce de contatos com trabalhos de diferentes áreas da pesquisa em Educação, da Educação Física à Educação Matemática, passando pela História da Educação – na direção de identificar um possível campo de pesquisa dentro da rubrica ampla e ainda bastante fluida de antropologia e educação. Ao longo de mais de 20 anos de atividades, dentro da própria Antropologia houve interfaces com campos diversos, como a Antropologia da Religião, a Etnologia Indígena e, mais recentemente, com o campo da Antropologia da Tecnologia, assim como uma especial atenção aos estudos da linguagem. A atuação conjunta com colegas do Planejamento Regional e Urbano e/ou da Economia trouxe desdobramentos significativos ao tratar, por exemplo, de questões relativas à demografia indígena, aos problemas ambientais e de sustentabilidade em relação aos territórios e aos chamados projetos sociais realizados por comunidades indígenas – outra componente que marcou o percurso que veio se constituindo, dando uma muito maior amplitude aos temas tratados em relação à presença da escola em diferentes contextos sociais e históricos.[1]

Esse anúncio de um percurso assim multifacetado – no qual foram se dando sucessivos deslocamentos do olhar e foram se integrando diferentes provocações conceituais – serve como pano de fundo para contextualizar a tentativa de construir uma proposição inicial, de produzir um movimento

---

[1] Esses temas vêm sendo tratados no Grupo de Antropologia & Educação da Faculdade de Educação da Universidade Federal de Minas Gerais, do qual faz parte o Grupo de Educação Indígena. Orientações de dissertações e teses têm me levado a interagir com outros campos profissionais, como a Arquitetura e a Terapia Ocupacional, os quais não será possível aqui considerar.

seminal que permitisse desenhar uma entrada outra no tema, enunciado de forma inicialmente bem ampla, da *aprendizagem da cultura*. A necessidade de se desenhar uma outra entrada se impunha por diferentes motivos: tratar da aprendizagem no campo da educação significa abordar um conceito hipersaturado, e daí a importância fundamental do movimento provocado, ao longo desses anos, de distanciamentos e aproximações que permitiam colocar em perspectiva a noção de aprendizagem, noção essa evocada em campos tão diversos como a prática de esportes, as aulas de Matemática e a implementação de projetos sociais.

Por outro lado, tratar da aprendizagem na antropologia significa abordar um tema quase que silenciado, ainda que – seja qual for o conceito de cultura que se queira adotar, ou mesmo alternativas a ele – todos acabem por convergir na ideia de que *a cultura se aprende*, ou seja, não é algo que se possa herdar automaticamente, ou cuja transmissão possa ser dada como certa, garantida. Ao mesmo tempo, é preciso levar em conta que a noção de aprendizagem é uma noção corrente e corriqueiramente usada em diferentes ambientes profissionais e leigos, e que seus usos têm declinações muito variadas, que merecem e precisam ser indagadas.

Diante desse quadro, escolhemos trilhar um caminho que nos expusesse a contínuas provocações em relação ao que poderia ser considerado aprendizagem; objetos e temas de pesquisa que pudessem nos desestabilizar quanto à maneira como descrevemos aquilo que poderia ser considerado aprendizagem. Situações em que nosso modo de olhar fosse colocado em discussão, e nosso aparato conceitual – muitas das vezes colocado em ação de modo implícito – fosse diretamente interpelado, e fossem reveladas suas limitações e implicações.[2]

Um tal quadro nos levou a uma escolha importante para o desenho dessa entrada no tema: a de buscar situações e objetos de investigação em que a dimensão discursiva não fosse suficiente, ou não fosse determinante para o que se queria observar como aprendizagem (em tempos em que, a partir de diferentes fontes, vem sendo colocado em discussão o paradigma

---

[2] Desde os anos 1980, no curso de mestrado, quando então se tratava de identificar as pré-noções como etapa na formulação do objeto de investigação, como recomendado por Pierre Bourdieu (no *Ofício de sociólogo*); ou ainda quando no trabalho de campo em contexto urbano somos chamados a "estranhar o familiar", como nos advertiam Gilberto Velho e Roberto DaMatta, já havia me dado conta de quanto o uso corrente da ideia de aprendizagem precisava ser passado por um longo crivo de análise para revelar todas as suas conexões e implicações conceituais, como o fato de ser quase sempre referido como um fenômeno que ocorre no indivíduo.

discursivo nas teorias antropológicas, ou ainda a grande metáfora da cultura como texto).³ Outra escolha, provocada pelas diferentes experiências antes referidas, foi a de fazer mais atenção à materialidade da cultura, no sentido da *material culture,* corrente conhecida entre os antropólogos britânicos; mas também buscando contribuições na antropologia do corpo, especialmente nos estudos em que a materialidade do corpo fosse presente, ao lado das análises de seu significado simbólico – um corpo não só pensado/significado, mas também um corpo experienciado em sua concretude, com particular atenção para o tema do movimento e da aprendizagem do movimento.

Tem sido ainda importante considerar que se trata de uma busca de desenhar objetos que não se situam necessariamente em um determinado campo disciplinar; melhor dizendo, objetos que podem se situar em diferentes campos (e que, portanto, não pedem exatamente uma abordagem interdisciplinar), por serem pertinentes em ambos, ou em mais de um campo.

Assim vem se configurando o tema da *aprendizagem da cultura* como eixo de investigação – ao mesmo tempo teórico e empírico – em torno do qual temos reunido alguns trabalhos e procurado constituir um campo conceitual como referência comum. Não temos nenhuma intenção de propor uma antropologia "da" aprendizagem. A ideia que nos norteia é de como fazer antropologia "com" a aprendizagem (do esporte, da música, etc.).⁴

O texto segue organizado em duas partes: em um primeiro momento, busca desnaturalizar a noção de aprendizagem, para desvendar o panorama de indagações que vêm orientando nossas investigações. Em um segundo momento, retoma algumas proposições teóricas, em particular de Gregory Bateson e dos trabalhos de Jean Lave em relação ao tema da aprendizagem, com a atenção que essa autora vem dando em seus últimos trabalhos ao tema da vida cotidiana.

Desnaturalizando a noção de aprendizagem

Partimos da ideia de que a aprendizagem, mesmo se não expressa explicitamente, pode ser assumida como um tema teórico-metodológico de

---

³ Ver Ingold (1996).

⁴ A ideia de uma antropologia da aprendizagem foi proposta, ao que parece pela primeira vez, em um seminário em 1982, organizado por Harry Wolcott e publicado na revista *Antropology & Education Quarterly*. Mais recentemente, em 2012, houve uma sessão da AAA que retomou o tema: *Anthropologists Explore Learning: Crossing Cultural and Temporal Borders*.

convergência entre as várias abordagens do conceito de cultura (e mesmo as várias teorias antropológicas), no sentido que para todas elas a cultura é algo que é transmitido. Ou, em outras palavras, *é algo que se aprende*. Esta é a dificuldade e, ao mesmo tempo, o ponto instigante da proposição: como abordar algo de que, de uma forma ou outra, todos vão tratar; mas de que pouquíssimos tratam explicitamente? De que maneira o tema da aprendizagem aparece declinado e descrito (por vezes com descrições belíssimas), nos vários subcampos da antropologia? E, especialmente, como ele aparece atravessando, ou até mesmo sustentando, as etnografias?

Ao assumir essa perspectiva, estamos chamando a atenção para o fato de que a aprendizagem pode ser considerada como algo que ocorre o tempo todo em torno de nós, um fenômeno difuso e onipresente no tempo e no espaço. E essa é uma primeira forma de desestabilizar nosso olhar, muito habituado a ver a aprendizagem como relacionada a contextos e instituições específicas, uma vez que fazemos parte de uma configuração social que busca autonomizar as relações sociais em diferentes âmbitos, criando tipos específicos de relação. Marcel Mauss, em seu famoso *Ensaio sobre a dádiva* (1974) afirma que todas as sociedades têm mercado, em todas existe a circulação de objetos e serviços; mas em algumas delas temos mercadores e a autonomização (ou pelo menos a tentativa) das relações mercantis. Parafraseando Mauss, podemos dizer que todas as sociedades se ocupam de fazer com que seus membros aprendam o que é preciso para a continuidade de sua existência, e, nesse sentido, têm pessoas que ensinam; mas em algumas sociedades temos "ensinadores". Segundo os teóricos da "forma escolar" (VICENT; LAHIRE; THIN, 2001), que analisaram a sociedade europeia, onde se deu o surgimento da escola primária de massa tal como a conhecemos hoje, trata-se de uma configuração social que autonomizou a relação pedagógica. E as relações pedagógicas, assim como as relações mercantis, passam a existir em permanente tensão com as demais relações sociais.

Outro caminho para desestabilizar nosso olhar nos é sugerido por Ray McDermott e Herve Varenne (1998), quando tratam da constituição da "*learning disability*" (incapacidade ou inabilidade para aprender). McDermott e Varenne insistem no fato de que, ao iniciar a frequência à escola, os alunos se encontram em posições semelhantes quanto à maneira como se relacionam com a escrita e com o próprio ambiente escolar. Passando pelo processo escolar, alguns deles vão aprender a operar com o sistema, e outros vão aprender a se comportar como pessoas que não operam com o sistema. Ou seja, em ambos os casos são assumidos novos comportamentos em relação à escrita – o que não deve ser reduzido à simples fórmula que os classifica como quem aprendeu e quem não aprendeu (ou quem é capaz ou é incapaz de aprender). Em ambos os casos há aprendizagem, embora sejam aprendizagens diferentes. O autor nos mostra que, ao passar pela escola, quem foi identificado como deficiente/incapaz teve de aprender a agir culturalmente como tal – *não é alguém que não aprendeu, mas alguém que também aprendeu, e dentro do mesmo sistema*, utilizando-se das mesmas regras, para ocupar o lugar, ou se constituir, ou passar a ter uma performance de "incapaz". Essa seria uma leitura antropológica do fracasso escolar. O que nos interessa aqui é colocar em evidência que ser incapaz de fazer algo culturalmente dado é também um comportamento aprendido. Como um homem brasileiro que tem de aprender a ser um *homem que não joga futebol*, em um país onde quase todos os homens o fazem, e onde a própria masculinidade é fortemente associada à prática do futebol. Dizendo de outra forma, ao tratar do tema da aprendizagem do futebol, torna-se tópico de investigação quem aprende a ser jogador de futebol, quem aprende a ser torcedor de futebol, quem aprende a ser um homem que não joga futebol, entre outras posições.[5] Todos esses são aprendizados que possuem percursos próprios e dificuldades próprias – e mais, todos eles podem ser conduzidos de forma "exitosa", ou não.[6]

Seguindo nessa tentativa de desestabilizar o modo canônico de se pensar a aprendizagem, podemos explorar a aparente oposição entre esse tema e outros, como o tema do lazer. Curiosamente, tentar situar essa abordagem no campo de pesquisa da Educação pode nos levar a constrangimentos e dificuldades semelhantes à tentativa de situar o tema no campo dos Estudos do Lazer. Um grande número de atividades hoje consideradas próprias do lazer são atividades que implicam intensos e muito dificultosos processos de aprendizagem (da prática de danças várias e jogos associados ao lazer aos chamados esportes radicais, por exemplo). Entre as melhores atividades de lazer, ou mesmo entre as ações que nos dão muito prazer, é preciso aprender para praticar e para participar. Nessa concepção ampla de aprendizagem, torna-se crucial tentar entender melhor esse fenô-

---

[5] Ver Faria (2008).

[6] Em outro artigo (GOMES, 2009), busquei abordar o estranhamento que se faz necessário quando estamos lidando com o processo de escolarização, em se tratando de pessoas que vivem em uma sociedade escolarizada. Aqui sinalizo para as possíveis conexões entre esse tema em relação à necessidade de se estranhar também nossa concepção de aprendizagem.

meno. Se a cultura é transmitida, parte-se necessariamente do pressuposto de que ela é potencialmente disponibilizada para todos, ou para certos grupos quanto a específicos aspectos da cultura; ainda que ela não seja aprendida igualmente por todos. É esse processo mais amplo de aprendizagem da cultura, difusamente presente nas práticas sociais, que nos interessa focalizar. E ele está presente em todos os espaços e momentos da vida social.

Outro aspecto importante é descontruir a ideia de que *é preciso ensinar para aprender* (sem entrar no mérito, por agora, de que mesmo quando se decide ensinar, não se consegue necessariamente fazer com que se aprenda). A intenção da proposta é focalizar o fenômeno da aprendizagem e deixar em segundo plano – por uma decisão quanto ao desenho da investigação, e não por sua relevância social ou teórica – o ensino. É claro que se trata de uma escolha estratégica, de um recorte intencional, pois as situações de ensino fazem parte sem dúvida dos contextos empíricos investigados, mas não são abordadas como foco das análises, embora sejam consideradas elementos constitutivos de algumas das práticas em que a aprendizagem acontece. Dois rápidos exemplos, mas de contextos quase contrastantes, podem nos ajudar a ilustrar essa orientação. No terreiro de candomblé, muito pouco é explicitado no percurso de preparação dos iniciados, que ocorre de forma fluida e contínua, sem momentos marcados e voltados para o ensino sobre o culto. Aprender é como "catar folhas" (GOLDMAN, 2003), um exercício paciente de coletar informações fortuitas que, com o passar do tempo, chegarão a compor uma síntese mais ampla. Em um contexto bem diferente, no campo da Engenharia de Produção e da Formação Profissional, torna-se importante nas investigações, e no próprio trabalho, buscar identificar a maneira como as competências e os conhecimentos de operários mais experientes podem ser compartilhados com os operários iniciantes. Um colega da área nos relatou uma situação particular em que o pesquisador procurava saber como seria possível o mestre de obras ensinar o "macete"[7] na solução de problemas, "macete" que ele acionava tão bem em sua própria prática. Depois de muita insistência do pesquisador, o mestre de obras respondeu: "macete a gente não ensina, a gente aprende!".

O que se busca, portanto, é trazer à cena uma concepção de aprendizagem mais próxima da experiência cotidiana: precisamos aprender a

---

[7] O termo "macete" no dicionário Houaiss vem definido como "meio engenhoso para se obter resultado; recurso, truque, artifício".

dançar, jogar bola, correr, brincar com determinados jogos, etc.; assim como aprendemos a ler e a escrever, ou aprendemos a rezar e participar de cultos, etc.[8]

Até aqui, portanto, um primeiro passo: desnaturalizar a percepção ou o lugar que atribuímos à aprendizagem em nossas práticas – de pesquisa e de trabalho. E buscar nas teorias antropológicas formulações que possam nos ajudar a avançar nesse propósito.[9]

É ainda importante esclarecer que essa entrada no campo não deve ser dirigida somente às situações "exóticas" ou a contextos "tradicionais" ou de grupos marginais. Práticas que nos são bem próximas e consideradas muito contemporâneas, como a aprendizagem do uso dos computadores, tornam-se instigantes objetos de investigação e nos desafiam quanto à descrição dos modos de aprender. Em outro campo, temos a formação de profissionais como médicos e arquitetos, que combinam métodos explícitos e canônicos de ensino com um longo período de aprendizagem "não programada" – os estágios –, fundamentais na formação profissional da área da saúde (basta evocar a figura do estagiário que, por cima dos ombros do médico, acompanha todos os seus movimentos e aprende mimetizando até mesmo seu tom de voz para se dirigir aos pacientes).

É com esse olhar mais alargado, essa concepção mais ampla de aprendizagem que buscamos abrir um novo panorama de investigações; e, nesse caso, realizar o diálogo da antropologia com a educação.

---

[8] "Experiência" e "cotidiano" são termos teorizados; vou somente marcar que são ambos termos que remetem a teorias/autores que não serão aqui revisados (antropologia da experiência; revisão do lugar do cotidiano nas ciências sociais, via, por exemplo, *L'invention du quotidien*, de Michel de Certeau, ou *Critique de la vie quotidien*, de Henri Lefebvre; ou ainda revisão da produção do conhecimento científico como gerado no cotidiano do laboratório, como feito originalmente por Bruno Latour e Steve Woolgar).

[9] O foco prioritário no cotidiano não nos leva a desconsiderar outras abordagens ou campos de investigação, pois muito do que é possível explorar sobre processos de aprendizagem na literatura antropológica se encontra, por exemplo, no campo temático dos rituais de cura e dos rituais religiosos; ou ainda em certas práticas culturais tradicionais (como contar histórias, performances teatrais em certas culturas africanas, etc.). Nesse caso, existe uma oposição na forma como são tratados a vida cotidiana, de um lado, e, de outro, os rituais nos quais ocorrem situações específicas de aprendizagem – e de ensino também. As articulações entre ritual e vida cotidiana vêm se tornando possível foco para continuidade das investigações, na direção de se considerar que a dimensão simbólica e cosmológica, mais frequentemente atribuída aos e estudada nos rituais, é também presente e determinante para a experiência da vida cotidiana (ver HUGH-JONES, 1979).

Explorando teorias antropológicas sobre a aprendizagem: algumas proposições

As incursões que faremos aqui decorrem em parte do interesse por abordagens como da ação situada, da cognição situada e, o que pretendemos focalizar, da aprendizagem situada. Anterior a elas, no entanto, temos um autor pioneiro na forma de tratar o tema da aprendizagem: Gregory Bateson. Inicialmente formado biólogo, para mais tarde se dedicar à antropologia, Bateson afirmava que a aprendizagem é um processo vital, inerente a todos os seres vivos: aprender é um fenômeno da mesma natureza que os demais fenômenos vitais, como a evolução; e o organismo só para de aprender quando morre.

A aprendizagem é assumida, portanto, como esse processo contínuo de troca de informações entre o ambiente e o organismo/pessoa – o que nos remete às abordagens sistêmicas dos processos comunicacionais e à cibernética, com os conceitos de retroação, *feedback*, recursividade ou causalidade circular.

Como biólogo e antropólogo, Bateson nos ajuda a superar uma abordagem "mentalista" da aprendizagem, trazendo para um mesmo campo conceitual a dimensão simbólica, a materialidade do corpo e a presença do organismo/pessoa em seu ambiente. Tal posição possibilitaria, segundo Otávio Velho (2001), pensar uma possível abordagem ecológica do conceito de cultura, possibilidade essa que encontra desdobramentos nos trabalhos de Tim Ingold (2000).

Em seu livro *Mente e natureza*, Bateson nos dá uma clara e fecunda indicação sobre o tema da aprendizagem, afirmando que não é possível distinguir um comportamento do contexto ao qual ele está relacionado:

> Vou concentrar minha atenção sobre aquele gênero de *recepção de informação* (o chame se quiser de *aprendizagem*) que é o aprender coisas sobre "si" mesmo em um modo que pode conduzir a mudanças de "si". [...] *A aprendizagem dos contextos da vida* é coisa que deve ser discutida não como fato interno, mas como uma questão de relação externa entre duas criaturas. *E a relação é sempre produto de uma descrição dupla"* (BATESON, 1979, p. 132, grifos do autor, tradução nossa).

> O que estou dizendo é que existe uma aprendizagem do contexto, uma aprendizagem que é diferente do que veem os experimentadores, e que essa aprendizagem do contexto advém de uma espécie de descrição dupla que se acompanha

à relação e à interação. Além do que, como todos os temas de aprendizagem contextual, também estes temas de relação se autoconvalidam (BATESON, 1979, p. 134, tradução nossa).

Segundo Bateson, o que se aprende não são comportamentos ou ações em si mesmas, ou seja, não estamos lidando com categorias do comportamento, mas com *categorias de organização contextual do comportamento*.

Em uma passagem de seu livro anterior, *Steps to an Ecology of Mind*,[10] ao tratar do tema do que ele chama de deutero-aprendizagem (a aprendizagem de segunda ordem, ou o aprender a aprender), temos uma interessante definição de níveis de aprendizagem como categorias de maior complexidade na organização das respostas às situações:

1) aprendizagem nível zero – resposta direta a um determinado estímulo (segundo ele, a que estudam os comportamentistas);

2) aprendizagem nível um – quando se aprendem classes de repostas e em que momento se deve acionar cada classe de respostas;

3) aprendizagem nível dois – quando se procede a uma organização lógica de nível superior em relação às classes de respostas, e assim por diante (níveis mais altos de aprendizagem não seriam exibidos por um único indivíduo da espécie, mas por grupos).

Um exemplo muito explorado por Bateson é o caso da categoria "jogo", termo que por si só não define os atos que constituem um jogo, mas define um enquadramento para a ação (BATESON, 1979, p. 139)[11]: "isso é um jogo" (e não, por exemplo, uma agressão, embora parte das ações possam ser as mesmas ou semelhantes às situações de agressão).

Humberto Maturana e Francisco Varela, assim como Bateson, são autores que nos permitem pensar os processos de aprendizagem em uma lógica bem diferente da que habitualmente usamos e que os estendem a uma gama ampla de ações e comportamentos. Por exemplo, a noção de "prontidão para a ação", ressignificada por Maturana e Varela (a partir do conceito também sistêmico-ecológico de *acoplamento estrutural*), pode ser

---

[10] Ver p. 288 e seguintes.

[11] O conceito de *frame* (enquadramento), originalmente de Bateson, é utilizado na sociologia interacionista por Erving Goffman.

aplicada a uma ação aparentemente simples, como andar de bicicleta; ou à necessidade de desenvolver a ética, ou seja, para explorar as possibilidades de desenvolver prontidão de respostas no âmbito do comportamento ético (VARELA, 1995).

Com esse enquadramento da aprendizagem nas abordagens sobre as ações situadas, chegamos aos trabalhos de Jean Lave e sua definição da *aprendizagem como participação na prática social*. Segundo Lave,

> teorias que reduzem a aprendizagem à capacidade/atividade individual mental em última instância culpam as pessoas marginalizadas por estarem sendo marginais. As teorias comuns de aprendizagem começam e terminam com indivíduos (ainda que nos dias de hoje se inclinem, ou sinalizem para o "social" ou o "ambiental" no meio do processo) [...] A reconsideração da aprendizagem como algo social, coletivo, em lugar de individual ou como um fenômeno psicológico, nos oferece a única possibilidade para ir além do estado de coisas que posso perceber no momento atual (LAVE, 1996, p. 149).

Lave denuncia nossa incapacidade de pensar a aprendizagem: acrescento aqui uma crítica à metáfora da "escola da vida", usada até mesmo por analfabetos, como sinal exatamente dessa nossa "diminuída" capacidade em pensar a aprendizagem. A aprendizagem não seria "meramente situada na prática", mas é vista como constitutiva, como *inerente a toda prática social* (LAVE; WENGER, 1991, p.35). Nesse sentido, também em Lave se reforça a ideia de um fenômeno contínuo e onipresente.

Retomaremos o livro referência de Lave e Étienne Wenger – *Situated Learning* – para reforçar algumas demarcações de sua abordagem, que se originou nas pesquisas de campo sobre o regime de aprendizado (*apprenticeship*) e evoluiu daí para uma abordagem da prática social.[12] Para descrever brevemente o modelo de aprendizagem presente na vida cotidiana, recorremos ao conceito de "participação periférica legitimada", de Lave e Wenger (1991). Partindo de uma análise do regime do aprendizado (*apprenticeship*), os autores formularam em um primeiro momento a noção de "aprendizagem situada" (*situated learning*) para chegar em

---

[12] O termo "*apprenticeship*" não tem precisa tradução em português. Ele se refere à ideia de noviciado ou tirocínio (estágio, exercício ou treino), ou seja, um regime de trabalho (ou de convivência) – daí fazermos referência ao "regime de aprendizado" – em que pessoas mais experientes partilham suas atividades com principiantes.

seguida a propor o conceito de "participação periférica legitimada em comunidades de prática".[13]

Um dos primeiros aspectos a serem considerados nesse modelo é a relação mestre-aprendiz, que possui uma grande variabilidade no tempo e no espaço. Importante ainda observar que "uma relação específica entre mestre e aprendiz *não* é uma característica onipresente do regime de aprendizado" (LAVE; WENGER, 1991, p. 91, grifo meu). A aprendizagem ocorre no decorrer das atividades ordinárias da vida cotidiana, em que a participação periférica legitimada acontece de modo difuso, em função do fato de se ser membro de uma comunidade. Se se trata da aprendizagem de um trabalho especializado, existem formas de "apadrinhamento dentro da comunidade de prática" (p. 92) que se tornam importantes. A busca intencional de estabelecer relações pode acontecer, mesmo se, ao se instituírem relações mestre-aprendiz, "a questão da legitimidade dos papéis é mais importante do que a ideia de promover o ensino" (p. 92). Nos casos analisados pelos autores, era basicamente observável o fenômeno da aprendizagem, e muito pouco visível o que poderia ser considerado ensino:

> A prática da comunidade cria um "curriculum" potencial, em um sentido mais amplo – o qual pode ser aprendido pelos recém-chegados com o acesso periférico legitimado. A atividade de aprender aparece com um padrão característico. Existem fortes objetivos para a aprendizagem porque os aprendizes, como participantes periféricos, podem desenvolver uma visão do conjunto da atividade a ser realizada, e do que deve então ser aprendido. A aprendizagem é, ela mesma, uma prática improvisada: um currículo de aprendizagens se manifesta nas oportunidades para se engajar na prática. Este não é especificado como um conjunto de preceitos sobre uma prática adequada.
>
> No regime de aprendizado, as oportunidades para aprender são, com muita frequência, dadas pelas práticas de trabalho em lugar de serem dadas pelas relações fortemente assimétricas entre mestre e aprendiz. Nessas circunstâncias, os

---

[13] O conceito é elaborado com base na análise de cinco estudos que descreviam diferentes experiências de aprendizado: o aprendizado das parteiras do Yucatec (México); o aprendizado dos alfaiates Vai e Gola (África); o aprendizado dos oficiais intendentes na Marinha norte-americana; o aprendizado dos açougueiros em uma cidade norte-americana; e o aprendizado dos "alcoólatras que não bebem", da associação AA.

aprendizes podem encontrar um espaço de "negligência benigna da comunidade" [são deixados livres] dentro do qual podem configurar eles próprios suas relações com os outros aprendizes" (LAVE; WENGER, 1991, p. 93).

Ao buscar mais explicitamente uma teoria da prática social, Lave se pergunta *do que trata* efetivamente uma teoria da aprendizagem. Para superar a ideia de aprendizagem individual, ela propõe três pontos[14]:

1) um *telos*, ou direção para as mudanças implicadas na noção de aprendizagem; ou seja, uma direção ou movimento da aprendizagem (que NÃO é a mesma coisa que finalidade ou atividade diretiva);

2) a relação básica que se assume que exista entre o sujeito e o mundo social, ou seja, uma especificação geral das relações entre os sujeitos e o mundo social (não necessariamente construídos como aprendizes e como coisas-a-serem-aprendidas);

3) os mecanismos de aprendizagem: modos pelos quais a aprendizagem supostamente deve acontecer, ou caminhos pelos quais ela emerge (LAVE, 1996, p. 156).

Cabe ressaltar a importância da noção de participação (que implica identidade); da legitimação (que implica o acesso à prática, em suas diferentes dimensões); e da ideia de ação coletiva (implicada na noção de comunidade).

Da discussão sobre *apprenticeship* e *situated learning*, Lave passa a tematizar a aprendizagem na vida cotidiana, o que nos permite expandir as proposições e demarcações antes delineadas. Em trabalho de 1999 (e publicado mais tarde, em 2008), Lave aprofunda alguns questionamentos e revê posições recorrentes quanto à natureza da vida cotidiana e quanto à relação entre cotidiano e aprendizagem. Busca evidenciar, a partir da contribuição de diferentes autores, três diferentes estratégias na forma de se definir uma "localização" para o cotidiano: uma primeira o aborda como algo estritamente epistemológico, que se oporia então a atividades outras como produzir teoria e fazer filosofia – o cotidiano é tomado como objeto de reflexão, mas a vida cotidiana não seria ela mesma lugar de reflexão filosófica; uma segunda estratégia assume a existência de "diferentes zonas

---

[14]Ver também Parker; Lave (2008).

da vida social" (o doméstico ou privado, por exemplo), que seriam porém distintas de outras exatamente por suas características epistemológicas, mantendo a ideia "da vida cotidiana polarizada entre o ordinário e o especial ou privilegiado"; e enfim uma terceira abordagem, que assume a vida cotidiana como "o tecido da existência social" (LAVE, 2008, p. 4; LAVE; PARKER, 2008, p. 39). Nessa terceira posição, toda a existência social é dada nos termos do dia a dia. A vida cotidiana é considerada como o caráter constitutivo da existência social.

Nas duas primeiras encontramos a separação e a desqualificação do cotidiano – visto com algo residual, repetitivo e monótono; do cotidiano como algo mais concreto, em oposição à atividade reflexiva. Nessa mesma direção, a aprendizagem estaria relacionada a essa polarização entre o ordinário e o excepcional – ou seja, nos levaria à definição da aprendizagem como algo que ocorre em momentos específicos, em locais específicos, algo que não tem o caráter ordinário da vida de todo dia.

As pesquisas em curso nos revelam, no entanto, que perseguir o processo de aprendizagem no cotidiano não só é decisivamente necessário para compreender muitos dos contextos estudados, como também é extremamente desafiador em suas dinâmicas e seus procedimentos. O fluxo da vida cotidiana de fato não prevê a separação de instâncias onde a aprendizagem acontece ou é propiciada, embora ela possa emergir de modo explícito em diferentes ocasiões, que o etnógrafo busca seguir. O desafio é conceitual e prático – da prática da etnografia – para captar, nos dizeres de Lave, "um currículo improvisado" de ocasiões nas quais se torna possível (ou não) aprender a prática da qual se participa.

No conjunto, os aspectos até aqui evocados nos permitem criar um enquadramento de pesquisa considerando-se a importância de buscar constituir um acervo de etnografias que tratem do tema da aprendizagem na vida cotidiana, alternando diferentes campos de investigação: aprendizado de cultos, de rituais, de usos de plantas medicinais e processos de cura tradicionais; de performances culturais, como congado, capoeira, ou a execução de instrumentos musicais, especialmente no caso de músicos populares; do uso de instrumentos e equipamentos específicos de determinados contextos profissionais (da atividade de mestre de obras em canteiros de construção civil à elaboração de projetos com uso de computadores em escritórios de arquitetura); entre muitas outras em que a prática partilhada e o "fazer juntos" se configuram como contextos privilegiados de aprendizagem.

Algumas considerações finais de uma proposta em curso

Retorno à ideia de uma proposta seminal de enquadramento das pesquisas, para então reafirmar a possibilidade de trabalhar esse olhar específico sobre as práticas sociais em diferentes campos e situações: das atividades de lazer às aulas de matemática; da prática de esportes à formação de profissionais em campos bem-determinados; da revitalização e reprodução de tradições culturais à incorporação de novos aparatos tecnológicos. O interesse é dar visibilidade a processos que, embora em princípio possam ocorrer em muitos desses contextos, podem se tornar mais visíveis e passíveis de serem registrados em alguns *settings* empíricos e não em outros, junto a determinados sujeitos, mais do que em campo com outros. E exatamente através de um confronto e de um trabalho de análise feito em conjunto, avançar na direção de desvelar as aprendizagens constitutivas dessas práticas.

Por outro lado, as pesquisas já realizadas e em campo nos mobilizam no sentido de estarmos à altura da densidade das situações e mesmo das singulares expressões com as quais nossos interlocutores em campo buscam expressar as aprendizagens por eles vivenciadas (aqui me remeto a algumas das cenas trazidas por pesquisadores do grupo):

- "aprender vadiando" a construir casas e pintar decorativamente com barro colorido local, o toá (PEREIRA, 2003);
- "aprender olhando" a tocar tambor, em um terreiro de umbanda (BERGO, 2011);
- "futebol é um jogo de contato, de muito contato entre seres humanos", essa a filosofia de um adolescente de 16 anos ao explicar como se joga futebol e como é preciso aprender, e apreender, a "moral do outro" (FARIA, 2008).

Cada cena reporta um aspecto que nos levou a deslocamentos de nosso olhar. O que cada uma dessas cenas revela nos provoca a dar contornos mais precisos, e ao mesmo tempo mais amplos, à ideia de aprendizagem na vida cotidiana, e coloca em evidência ou dá visibilidade a aspectos significativos que podem estar presentes nas demais situações. Ao associar aprendizagem e vadiagem (com todas as nuances que o termo provoca), somos levados a assumir mais integralmente a ideia de que aprender pode estar associado a práticas as mais variadas – da prática profissional às práticas de lazer e até mesmo ao fazer aparentemente sem intenções (não é raro as pessoas dizerem que aprenderam sozinhas, o que suscita muitas instigantes questões de investigação). Em outras palavras, aprender, retomando Lave (1991), é inerente a toda prática social.

A relação entre aprender e fazer é um tema que ainda que desafia os (muitos) quadros conceituais disponíveis e que pode ser provocado quando, em algumas práticas, as pessoas nos indicam curiosas inversões, como essa: algo da ordem do fazer corporal (mas não só) e que se aprende olhando. Tem sido desafiador buscar compreender o lugar e os modos do olhar nas práticas e nas aprendizagens.

E, por fim, aprender o movimento, tema presente em muitas das práticas investigadas no grupo e que assume contornos muito particulares quando se trata de aprender uma prática como a do futebol, em um país como o Brasil. Tema que, por sua complexidade e riqueza, poderia ser considerado, seguindo Ingold (2011), como emblemático para se repensar a própria antropologia.

Referências

BATESON, Gregory. *Mind and Nature*. New York: E.P. Dutton, 1979 (edição brasileira: *Mente e Natureza*. Rio de Janeiro: Francisco Alves, 1986).

BATESON, Gregory. *Steps to an Ecology of Mind*. San Francisco: Chandler, *1972*.

BERGO, Renata Silva. *Quando o santo chama: o terreiro de umbanda como contexto de aprendizagem na prática*. 2011. Tese (Doutorado em Educação) – Faculdade de Educação, Universidade Federal de Minas Gerais, Belo Horizonte, 2011.

FARIA, Eliene. *A aprendizagem da e na prática social: um estudo etnográfico sobre as práticas de aprendizagem do futebol em um bairro de Belo Horizonte*. 2008. Tese (Doutorado em Educação) – Faculdade de Educação, Universidade Federal de Minas Gerais, Belo Horizonte, 2008.

GOLDMAN, Márcio. Os tambores dos mortos e os tambores dos vivos: etnografia, antropologia e política em Ilhéus, Bahia. *Revista de Antropologia*, São Paulo, v. 46, n. 2, 2003.

GOMES, Ana Maria R. Explorando a "cultura" entre o estranhamento e a escolarização. In: YAZBECK, Dalva Carolina; ROCHA, Marlos Bessa Mendes da (Org.). *Cultura e história da educação: intelectuais, legislação, cultura escolar e impressa*. Juiz de Fora: Ed. da UFJF, 2009. p. 49-68.

HUGH-JONES, Christine. *From the Milk River: Spatial and Temporal Processes in Northwest Amazonia*. Cambridge: Cambridge University Press, 1979.

INGOLD, Tim (Ed.). *Key Debates in Anthropology*. New York: Routledge, 1996.

INGOLD, Tim (Ed.). *Redrawing Anthropology: Materials, Movements, Lines.* Farnham: Ashgate, 2011.

INGOLD, Tim. *The Perception of the Environment: Essays in Livelihood, Dwelling, and Skill.* London; New York: Routledge, 2000.

LAVE, Jean. Everyday Life and Learning. In: MURPHY, Patricia; MCCORMICK, Robert. *Knowledge and Practice: Representations and Identities.* Milton Keynes: The Open University/Sage (UK), 2008.

LAVE, Jean. Teaching, as Learning, in Practice. *Mind, Culture and Activity,* v. 3, n. 3, p. 149-164, 1996.

LAVE, Jean; PARKER, Martin. Towards a Social Ontology of Learning. In: NIELSEN, Klaus et al. (Ed.). *A Qualitative Stance: Essays in Honor of Steiner Kvale.* Arhus: Aarhus University Press, 2008. p. 17-45.

LAVE, Jean; WENGER, Etienne. *Situated Learning: Legitimate Peripheral Participation.* Cambridge: Cambridge University Press, 1991.

MAUSS, Marcel. *Ensaio sobre a dádiva: forma e razão da troca nas sociedades arcaicas.* São Paulo: Edusp, 1974. (Sociologia e Antropologia, 2).

MCDERMOTT, Ray; VARENNE, Herve. *Successful Failure: the School America Builds.* Boulder: Westview Press, 1998.

PEREIRA, Verônica Mendes. *A cultura na escola ou escolarização da cultura?: um olhar sobre as práticas culturais dos índios Xacriabá.* 2003. Dissertação (Mestrado em Educação) – Faculdade de Educação, Universidade Federal de Minas Gerais, Belo Horizonte, 2003.

VARELA, Francisco J. *Sobre a competência ética.* Lisboa: Edições 70, 1995.

VELHO, Otávio. De Bateson a Ingold: passos na constituição de um paradigma ecológico. *Mana,* v. 7, n. 2, p. 133-140, 2001.

VIDAL, Diana. O estudo do fracasso: a estenografia e as práticas escolares de escrita no fim do séc. XIX. In: MENDONÇA, Ana Waleska et al. (Org.). *Escola, cultura e saberes.* Rio de Janeiro: Ed. da FGV, 2005.

VINCENT, Guy; LAHIRE, Bernard; THIN, Daniel. Sobre a história e a teoria da forma escolar. *Educação em Revista,* Belo Horizonte, n. 33, p. 7-48, jun. 2001.

Aportes finais de um debate em aberto

Neusa M. M. de Gusmão

A difícil tarefa de sintetizar em algumas páginas as diferentes abordagens da etnografia na educação presentes nesta coletânea organizada por Sandra Pereira Tosta e Gilmar Rocha coloca o que se segue como aportes a um debate em aberto, cujos caminhos se encontram em processo de construção permanente.

Os organizadores optaram por demonstrar a complexidade de abordagens que estruturam a presença da antropologia na educação na América Latina e no Brasil tendo presente dois pontos convergente, como dizem na Apresentação, quais sejam: 1) a *importância da etnografia*, não só como instrumento metodológico, mas também como "um profundo e significativo processo de reflexão epistemológica" a produzir conhecimento; 2) o *papel da história* na compreensão das relações entre antropologia e educação e a dimensão política dessa relação. A leitura dos textos revela a propriedade desses pontos e seu alcance para se pensar uma antropologia e uma educação de características próprias e específicas aos países representados: México, Argentina, Brasil e, por contraponto, a antropologia portuguesa e seu diálogo com a educação. É nesse sentido que as quatro partes que estruturam a obra são ordenadas por artigos diferentes entre si e constituem espaços alargados que se cruzam, se somam e se complementam em um intenso diálogo. A base inicial desse diálogo (Parte I – Texto 1) é a investigação educativa proposta pelo Departamento de Investigaciones Educativas (DIE), do Instituto Politécnico Nacional, do México, e sua influência em pesquisas na América Latina. Busca-se evidenciar não só o contexto acadêmico onde se origina e se consolida como tradição, mas também os contextos sociais e políticos que estabelecem condições para a emergência de princípios acadêmicos comprometidos com as realidades de seu entorno. Adentra ainda a diversificação dos objetos de estudo através de um inventário de temáticas e abordagens que se multiplicaram ao longo dos anos, adensando e transformado a própria experiência do DIE. Se a proposta do DIE é central na construção da coletânea, tendo em vista sua influência na América Latina, torna-se significativo que o Texto 2, da mesma Parte I, esteja centrado na experiência portuguesa e, portanto, europeia. O Texto 2 retoma o percurso histórico da civilização europeia para dizer como a cada época corresponde uma visão de educação e dos processos educativos e, assim, situa uma antropologia da educação do passado e faz um mapeamento dessa questão no presente. A questão América Latina e Europa importa, pois a própria constituição das ciências sociais e, em particular, da antropologia no caso brasileiro é marcada por matrizes do velho mundo e se diferencia historicamente das trajetórias latino-americanas desse mesmo campo, em muitos aspectos. Talvez aí residam uma das muitas dificuldades de consolidação do diálogo da antropologia com a educação no Brasil e, também, os limites da apropriação da proposta do DIE nos chamados estudos etnográficos em torno da educação no caso brasileiro, o que será apontado pelo Texto 4, já na Parte II. Voltando ao Texto 2 e ao contexto português, percebe-se outro aspecto que acentua as possibilidades de diferença nas abordagens do DIE e em Portugal. No Texto 1 a questão está centrada na escola e em seu entorno, apreendidos por intenso trabalho de campo, denominado etnografia educativa. Seu propósito: a "busca de uma educação pública, gratuita, democrática e de qualidade". Para tanto, define-se um modo de fazer etnografia e se elege o cotidiano como categoria fundante. O Texto 2 também passa por questões relativas ao método e ao(s) objeto(s) do campo antropológico, mas vai tomar por centro os processos educativos para além da escola, evidenciando as múltiplas possibilidades da etnografia como método científico aberto a vários domínios da vida social e, como tal, como "um lugar de fronteira". Fronteira que encontra no conceito de cultura seu centro multifacetado pelos contextos simbólicos e socioculturais incidindo no uso do método etnográfico em contextos educativos. Tal proposta ultrapassa visões fechadas da educação, como escolarizada e reprodutivista. Neste último aspecto, a proposta do DIE e a visão portuguesa contemporânea se aproximam. Porém, no caso mexicano, defende-se uma etnografia educativa, e no caso português, defende-se uma etnografia da educação, de caráter interpretativista e semiológico, postura também defendida por alguns antropólogos brasileiros.

 A partir desse quadro bastante amplo, a coletânea apresenta, na Parte II, o modo como a proposta do DIE estabelece caminhos diversos no estudo da educação no caso da Argentina e no caso do Brasil. Na Argentina, a etnografia que se pratica, claramente influenciada pela proposta do DIE e consubstanciada em uma larga tradição de estudos antropológicos com a problemática educativa, define a investigação socioantropológica como tendo enfoque histórico-etnográfico, que diferencia educação, em sentido amplo, de escolarização. Percebe-se, no Texto 3, que a trajetória desses estudos procura repensar a escola, seu papel e seu significado na construção da nação argentina, através de marcos legais e de processos sociais emergentes, buscando a realidade historicizada e seus agentes em múltiplas dimensões. Os estudos nessa vertente assumem a questão do cotidiano das práticas escolares e as ampliam em termos de novos atores do campo educativo, que nos últimos anos emergem com os movimentos populares. O caso brasileiro se apresenta, no Texto 4, através de releitura e análise de teses e dissertações com a temática da educação e ditas etnográficas, produzidas em programas de pós-graduação sob explícita influência do DIE, buscando entender como se dá a apropriação de sua proposta nesses estudos. Portanto, se os textos da Parte I buscam demonstrar a relação entre antropologia e educação e propor uma metodologia de investigação da educação através da etnografia, os Textos 3 e 4 possuem um olhar centrado na etnografia que se pratica na Argentina e no Brasil. Pode-se afirmar que o Texto 4 fecha a trilogia iniciada com o México e chega ao Brasil como um exemplo fraco, senão problemático, da influência do DIE. A Argentina (Texto 3) é, seguramente, o lócus de maior influência da proposta mexicana. A questão dos problemas dessa metodologia no Brasil não tem tanto a ver com os aportes da proposta do DIE, mas é resultado de como ela é apreendida e utilizada, sem uma clara compreensão do significado da etnografia, não só como método, mas também como epistemologia geradora de conhecimento. Nesse sentido, está em discussão o aparato teórico consistente que embasa os estudos etnográficos na antropologia, a própria natureza do trabalho de campo e, também, a análise dos fenômenos educativos, tal como é proposto nos três contextos de referência: México, Argentina e Brasil. Aqui, a ausência ou a escassez na tradição de estudos antropológicos com o tema educação, no caso brasileiro, talvez seja algo a ser considerado. Na verdade, no Brasil, na primeira metade do século XX, mais que a antropologia, foi a sociologia que olhou mais detidamente para a educação. A razão está em que, nesse período, sob a égide do positivismo, a antropologia que se constituiu no Brasil assumiu um cariz cultural, fato que leva posteriormente à negação da educação como objeto de interesse por parte dos antropólogos. A antropologia mais crítica que emerge nos anos 1950 gradualmente "esquece" a educação e deixa de vê-la como um campo político de muitas possibilidades. Contudo, os quatro textos expostos nas Partes I e II trazem também um contínuo temporal bastante demarcado para situar o interesse por estudos mais qualitativos, nos quais a etnografia passa a ser importante quando o tema é educação. Trata-se da segunda metade do século XX, mais nomeadamente dos anos de 1970/1980 em diante – época política intensa nos três países, com ditaduras e movimentos sociais emergentes, e também de transformação, no caso português, com a Revolução dos Cravos, em 1975. Nesse sentido, há uma retomada de valores e de posicionamentos também no mundo acadêmico, da segunda metade do século XX em diante, em relação à educação e a muitos outros temas antes tidos como secundários ou menores (questão étnica, de gênero, por exemplo). Esse contexto possibilita a emergência da proposta do DIE (Texto 1) e sua forte presença na Argentina (Texto 3); constitui uma antropologia da educação em Portugal (Texto 2), mas, no Brasil, esta só começa a tomar fôlego ao final do século em tela, dos anos de 1990 em diante. Daí que, no Brasil, a fraca presença de estudos antropológicos com a temática da educação (com exceção da educação indígena) e a ausência de formação com o tema nos cursos de ciências sociais, particularmente na Antropologia, enfraquece também os contornos de uma etnografia educativa (DIE) ou de uma etnografia da educação no molde português ou de outro tipo. Razão, talvez, das diferenças entre Argentina e Brasil e causa das dificuldades nos estudos brasileiros com a educação e com o método etnográfico.

Diante do fato e de certo mascaramento da questão na antropologia, hoje tem-se por exigência rever não um, mas vários momentos seminais da antropologia que se pratica no Brasil e que ainda ensaia seus passos. Mesmo assim, é sabido que a história desse campo científico e seus diferentes expoentes mostram que a educação ora foi lembrada, ora foi esquecida. A razão tem a ver com o campo tensional em que a cultura, morada por excelência da educação, segundo Carlos Rodrigues Brandão, fez-se conceito fundante do campo disciplinar ou foi por ele negado, minorizado em importância e alcance explicativo.

Aqui, perfeitamente articulada aos debates anteriores, a Parte III nos apresenta três discussões distintas, porém capazes de exemplificar o contexto descrito. Nesse sentido, a retomada da cultura popular e educação (Texto 5) pelo antropólogo Carlos Rodrigues Brandão, em termos dos Movimentos de Cultura Popular (MCPs) na década de 1960 e seus desdobramentos posteriores, coloca em primeiro plano o conceito de *cultura*, tomado em uma dimensão política e vinculado a um projeto de transformação social, para além do mundo acadêmico. No caso dos MCPs, a ideia central é a cultura popular como parte do trabalho político que se realiza através da educação. Assim, se associações podem ser feitas, por caminhos diferentes, o DIE e os MCPs tinham algo em comum: a cultura para além da academia, o espaço da cultura como elemento de crítica social e engajamento político. Como diz Brandão: "Trocado em miúdos, isso quer dizer o seguinte: há um espaço concreto de luta política que se realiza no domínio da cultura".

Nesse sentido, já em pleno século XXI, o que é preciso assumir em tempos de reconhecimento da diversidade e da diferença é que a cultura é, sem dúvida, um campo político que exige superar visões conservadoras ou fechadas. Trata-se de superar medos e limitações de certo culturalismo do passado, mas que não pode ser desconsiderado. Nesse caso, seria "jogar fora a criança com a água do banho" e não ter presentes erros e acertos que configuraram uma antropologia da educação do século XX para pensar uma nova antropologia e educação no e do século XXI, pelo menos no caso brasileiro. Para tanto, é preciso retomar o conceito de cultura no interior de uma dimensão mais ampla, historicizada, teórica e politicamente definida em seu alcance e sua razão, diante das demandas de nosso tempo, em particular no campo educacional. Aqui, os Textos 6 e 7, respectivamente de Tania Dauster e de Marco Antônio Gonçalves, são complementares nesse debate e exemplificam a prática de formação em que teoria e prática não se separam. Ambos revelam, por caminhos diferentes, como educar se faz como um trabalho de mediação entre aprender e ensinar, seja em razão da própria docência, seja no fazer da antropologia como ciência. É assim que a reflexão sobre o processo de produção do conhecimento na antropologia consiste em uma pedagogia específica de aprendizagem e estipula um "aprender aprendendo" de caráter específico, possibilitando uma epistemologia de caráter reflexivo e comparativo, cujo "operador epistemológico" é o trabalho de campo. É aquilo que se faz no cotidiano da pesquisa, mas que transcende aos sujeitos que são postos em relação de troca e de descoberta mútua. Como diz Gonçalves: "em um processo incessante de aprendizado". Aqui, indubitavelmente, cultura e educação não apenas se tocam como também são intrinsecamente ligadas. Por se fazerem tão íntimas é que se torna fundamental pensar o cotidiano dos espaços nos quais cultura e educação se fazem presentes, entre eles o espaço da escola, tal como se discute nos textos finais da presente coletânea. A Parte IV é, então, aquela na qual se realizam algumas possibilidades em torno do cotidiano, categoria-chave da postura do DIE, aqui vista a partir de diferentes abordagens.

O Texto 8 e o Texto 9 (Parte IV), respectivamente de Gilmar Rocha e de Carla Linhares Maia, são exemplos de que o cotidiano, tal como outras categorias com as quais buscamos explicar as realidades que estudamos, apresenta-se no campo científico como não sendo absoluto, mas perpetrado pelo momento histórico, sua conjuntura e ideologia. Portanto, não por acaso, a trajetória do DIE, dos MCPs, da antropologia lá e cá, etc... Pela mesma razão, percorrer trajetórias teóricas de constituição das diferentes categorias e, em particular, da categoria cotidiano na tradição antropológica (Texto 8) e na tradição do DIE (Texto 9) mostra a possibilidade e a potencialidade explicativa de cada postura, de cada abordagem. O que importa é compreender o campo teórico que nos coloca diante de realidades concretas, momentos históricos definidos e que exigem posturas multidisciplinares em diálogo permanente. Nesse sentido, não só o conjunto de textos desta coletânea corresponde a essa demanda, como também o texto de Rocha demonstra ser a antropologia uma forma de educação, fazendo eco ao texto de Gonçalves (Texto 7) com respeito ao fazer antropológico, ou seja, o trabalho de campo. A etnografia é, assim, um intenso processo de aprendizagem. Um processo que, afirma Ana Maria Gomes (Texto 10), consiste em diferentes possibilidades, uma delas: a de aprender a cultura, assumida em termos das práticas sociais em diferentes campos e situações. Aqui, também, a categoria de cotidiano retorna ressemantizada como meio e instrumento para "desvelar as aprendizagens constitutivas" das práticas sociais, incluindo aí as práticas científicas e o próprio trabalho de campo.

Para fechar esse debate em aberto, não há como negar que a escola é um dos espaços sociais incumbidos da reprodução de ideologias, o que não exclui sua existência como espaço de resistência e reelaboração de conhecimentos e valores instituídos socialmente, tal como postula o DIE. A dupla dimensão da educação – a dos saberes tidos como universais e a dos saberes produzidos por diferentes processos educativos – é a mesma que movimenta e articula a antropologia para além dela, escola. O caminho de investigação que a antropologia propõe é a etnografia, o trabalho de campo, cujos princípios orientam, ainda hoje, as pesquisas antropológicas. Portanto, superar racismos, discriminações, reconhecer valores e práticas diversas próprias de diferentes grupos sociais, étnico-raciais e outros têm sido um desafio do campo educacional, com o qual pode a antropologia contribuir como ciência tradicionalmente voltada para o "outro", diverso e diferente. Espírito que movimentou e movimenta a proposta do DIE e que é inerente à antropologia como ciência em qualquer latitude do planeta.

Nesse sentido, a defesa do diálogo entre campos diversos constitui um campo de tensão e de "relações perigosas", nem por isso menos fecundo e legítimo diante da realidade de nosso tempo. Esse é o debate que proponho entre áreas e, particularmente, entre a antropologia e a educação.

Uma antropologia social que se interessa pelas relações sociais que se podem apreender, concretamente, através das interações mais banais e mais cotidianas, que nos conduza a pensar os aspectos marginais ou marginalizados do mundo social. Arte na qual a antropologia encontra seu *modus operandi*. O intuito é a construção de alternativas no processo educativo, dentro e fora da escola, de modo a possibilitar a descoberta conjunta de meios de ação e reflexão. Portanto, que possibilitem o compromisso com a realidade e com a vida.

Os autores

ANA MARIA GOMES
Doutora em Educação pela Università degli Studi di Bologna. Professora da Faculdade de Educação da Universidade Federal de Minas Gerais. Coordenadora do Grupo de Antropologia & Educação, do Programa de Extensão em Educação Indígena do projeto do Observatório da Educação na FAE/UFMG sobre educação indígena e educação quilombola.

CARLA LINHARES MAIA
Doutora em Educação (UFMG). Professora visitante do Programa de Pós-Graduação em Educação da UFMG. Pesquisadora do Observatório da Juventude da UFMG e do EDUC-Grupo de Estudos e Pesquisas em Educação e Culturas da PUC Minas.

CARLOS RODRIGUES BRANDÃO
Psicólogo convertido à educação popular (1963) e à antropologia (1972). Desde há cinquenta anos tem sua vida dividida entre trabalhos junto a movimentos sociais/populares, a literatura e o magistério universitário e pesquisas de campo nas áreas de cultura popular, campesinato e interações entre a educação e a cultura.

GABRIELA NARANJO FLORES
Doctora en Ciencias con especialidad en Investigación Educativa en el DIE CINVESTAV. Profesor de la carrera de Psicología en la Universidad Nacional Autónoma de México y Asesora Técnico Pedagógica en la Dirección de Educación Especial.

GILMAR ROCHA
Doutor em Antropologia Cultural (IFCS-UFRJ). Professor do Programa de Pós-Graduação em Cultura e Territorialidades (PPCULT) e do Departamento de Artes e Estudos Culturais (RAE), da Universidade Federal Fluminense (UFF). Pesquisador dos Grupos de Estudos Educação e

Culturas (EDUC/PUC Minas) e Muane – Dança Teatro e Performances Afro-brasileiras (UFF).

Marco Antônio Gonçalves

Doutor em Antropologia Social pelo Programa Pós-Gradução de Antropologia Social do Museu Nacional-UFRJ. Professor do Programa de Pós-Graduação em Sociologia e Antropologia da UFRJ e do Departamento de Antropologia Cultural do IFCS-UFRJ. Coordenador do Núcleo de Experimentações em Etnografia e imagem no PPGSA-IFCS-UFRJ.

María Rosa Neufeld

Antropóloga social. Profesora Consulta Titular de la Facultad de Filosofía y Letras (UBA). Directora de la Maestría en Antropología Coordina el Programa de Antropologia y Educación de la UBA.

Neusa M. M. de Gusmão

Doutora em Antropologia Social (USP). Professora titular e colaboradora do Departamento de Ciências Sociais na Educação (DECISE), do Programa de Pós-Graduação em Educação (FE/UNICAMP) e do Doutorado em Ciências Sociais (Antropologia) do IFCH/UNICAMP.

Ricardo Vieira

Doutor em Antropologia Social. Professor da Escola Superior de Educação e Ciências Sociais do Instituto Politécnico de Leiria e Investigador do Centro de Investigação Identidade(s) e Diversidade(s) (CIID-IPL) e do CESNOVA.

Sandra Pereira Tosta

Doutora em Antropologia Social (USP). Professora da PUC Minas no Programa de Pós-Graduação em Educação e na Faculdade de Comunicação e Artes. Coordenadora do Grupo de Estudos e Pesquisas em Educação e Culturas (EDUC) da PUC Minas.

Tania Dauster

Doutora em Antropologia (Museu Nacional/UFRJ). Professora Emérita da PUC-Rio. Fundadora da Cátedra UNESCO de Leitura da PUC-Rio. Coordenadora do Grupo de Estudos de Antropologia da Leitura e Educação. Coordenadora do Laboratório de Memória do Programa de Pós-Graduação da PUC-RIO e do projeto "Fundadores" – A construção da memória do Programa de Pós-Graduação da PUC-Rio.
E-mail: tdauster@puc-rio.br

Este livro foi composto com tipografia Minion Pro e impresso
em papel Off Set 75 g/m² na Formato Artes Gráficas.